한 번에 합격,
자격증은 이기적

이렇게
기막힌
적중률

자격증 독학, 어렵지 않다!
수험생 합격 전담마크
이기적 스터디 카페

- 스터디 만들어 함께 공부
- 전문가와 1:1 질문답변
- 프리미엄 구매인증 자료
- 365일 진행되는 이벤트

이기적 스터디 카페

인증만 하면, **고퀄리티 강의가 무료!**

100% 무료 강의

1년 365일 이기적이 쏜다!

365일 진행되는 이벤트에 참여하고 다양한 혜택을 누리세요.

EVENT ❶ 기출문제 복원

- 이기적 독자 수험생 대상
- 응시일로부터 7일 이내 시험만 가능
- 스터디 카페의 링크 클릭하여 제보

이벤트 자세히 보기 ▶

EVENT ❷ 합격 후기 작성

- 이기적 스터디 카페의 가이드 준수
- 네이버 카페 또는 개인 SNS에 등록 후
  이기적 스터디 카페에 인증

이벤트 자세히 보기 ▶

EVENT ❸ 온라인 서점 리뷰

- 온라인 서점 구매자 대상
- 한줄평 또는 텍스트 & 포토리뷰 작성 후
  이기적 스터디 카페에 인증

이벤트 자세히 보기 ▶

EVENT ❹ 정오표 제보

- 이름, 연락처 필수 기재
- 도서명, 페이지, 수정사항 작성
- book2@youngjin.com으로 제보

이벤트 자세히 보기 ▶

N Pay
네이버페이
포인트 쿠폰
20,000원

영진닷컴 쇼핑몰
30,000원

- N페이 포인트 5,000~20,000원 지급
- 영진닷컴 쇼핑몰 30,000원 적립
- 30,000원 미만의 영진닷컴 도서 증정

※ 이벤트별 혜택은 변경될 수 있으므로 자세한 내용은 해당 QR을 참고하세요.

이기적 크루를 찾습니다!

WANTED

저자 · 강사 · 감수자 · 베타테스터 상시 모집

저자 · 강사

- **분야** 수험서 전 분야
  수험서 집필 혹은 동영상 강의 촬영
- **요건** 관련 강사, 유튜버, 블로거 우대
- **혜택** 이기적 수험서 저자 · 강사 자격
  집필 경력 증명서 발급

감수자

- **분야** 수험서 전 분야
- **요건** 관련 전문 지식 보유자
- **혜택** 소정의 감수료
  도서 내 감수자 이름 기재
  저자 모집 시 우대(우수 감수자)

베타테스터

- **분야** 수험서 전 분야
- **요건** 관련 수험생, 전공자, 교사/강사
- **혜택** 활동 인증서 & 참여 도서 1권
  영진닷컴 쇼핑몰 30,000원 적립
  스타벅스 기프티콘(우수 활동자)
  백화점 상품권 100,000원(우수 테스터)

◀ 모집 공고 자세히 보기

이메일 문의하기 ✉ book2@youngjin.com

기억나는 문제 제보하고 N페이 포인트 받자!
기출 복원 EVENT

| 성명 | 이기적 | 수험번호 | 2 0 2 4 1 1 1 3 |

Q. 응시한 시험 문제를 기억나는 대로 적어주세요!

① 365일 진행되는 이벤트   ② 참여자 100% 당첨   ③ 우수 참여자는 N페이 포인트까지

영진닷컴 쇼핑몰
30,000원

N Pay

네이버페이
포인트 쿠폰   **20,000원**

적중률 100% 도서를 만들어주신 여러분을 위한 감사의 선물을 준비했어요.

신청자격   이기적 수험서로 공부하고 시험에 응시한 모든 독자님

참여방법   이기적 스터디 카페의 이벤트 페이지를 통해 문제를 제보해 주세요.

※ 응시일로부터 7일 이내의 시험 복원만 인정됩니다.

유의사항   중복, 누락, 허위 문제를 제보한 경우 이벤트 대상에서 제외됩니다.

참여혜택   영진닷컴 쇼핑몰 30,000원 적립

정성껏 제보해 주신 분께 N페이 포인트 5,000~20,000원 차등 지급

이벤트 페이지 확인하기 ▶

이기적이
다 드립니다

여러분은 합격만 하세요! 이기적 합격 성공세트 BIG 3

저자가 직접 알려주는, 무료 동영상 강의

시간 단축 조리법부터 절대 실수하지 않는 방법까지!
조리법 순서대로 차근차근, 저자와 함께 만들어 보세요.

연습할 때도 간편하게, 모바일 핵심암기장

실기 연습할 때, 교재 펼쳐놓고 보기 불편하시죠?
여러분을 위해 모바일 버전도 준비했어요.

무엇이든 물어보세요, 1:1 질문답변

회원 수 14만, 조리기능사 자격증 최대 커뮤니티!
저자가 함께하는 '조리모' 카페를 적극 활용해 보세요.

※ 〈2025 이기적 조리기능사〉 교재를 구매한 회원에게만 드리는 자료입니다.

조리모 카페 방문하기 ▶

시험 환경 100% 재현!
CBT 온라인 문제집

편리한 학습을 돕는
글자 크기 변경 기능

글자 크기 100% 150% 200%

한 문제도 놓치지 않도록
안 푼 문제 수 확인

· 전체 문제 수 : 40 · 안 푼 문제 수 : 40

실전 시간관리 연습
제한 / 남은시간 표시

제한 시간 40분
남은 시간 38분 50초

CBT 시험 그대로!
답안 표기란

답안 표기란

1 ① ② ③ ④

언제 어디서나 학습하는
모바일 CBT 모의고사

이용 방법

STEP 1

이기적 CBT
cbt.youngjin.com
접속

STEP 2

과목 선택 후
제한시간 안에
풀이

STEP 3

답안 제출하고
합격 여부
확인

STEP 4

틀린 문제는
꼼꼼한 해설로
복습

이기적 CBT

이렇게
기막힌
적중률

한식조리기능사
필기 기본서

"이" 한 권으로 합격의 "기적"을 경험하세요!

YoungJin.com Y.
영진닷컴

차례

출제빈도에 따라 분류하였습니다.
(상) : 반드시 보고 가야 하는 이론
(중) : 보편적으로 다루어지는 이론
(하) : 알고 가면 좋은 이론

PART 01

위생관리 및 안전관리

CHAPTER 01 위생관리

(하) **SECTION 01** 개인 위생관리   18
(상) **SECTION 02** 식품 위생관리   20
(중) **SECTION 03** 주방 위생관리   32
(상) **SECTION 04** 식중독관리   37
(중) **SECTION 05** 식품위생관계법규   44
(상) **SECTION 06** 공중보건   60

CHAPTER 02 안전관리

(하) **SECTION 01** 개인 안전관리   80
(하) **SECTION 02** 장비 · 도구 안전작업   82
(하) **SECTION 03** 작업환경 안전관리   84

PART 02

재료관리 및 구매관리

CHAPTER 01 재료관리

(상) **SECTION 01** 식품재료의 성분   90
(중) **SECTION 02** 효소   102
(중) **SECTION 03** 식품과 영양   103

CHAPTER 02 구매관리

(하) **SECTION 01** 시장조사 및 구매관리   106
(하) **SECTION 02** 검수관리   109
(중) **SECTION 03** 원가   113

PART 03

음식 조리

CHAPTER 01 기초 조리실무

(하) **SECTION 01** 조리준비   118
(상) **SECTION 02** 식품의 조리원리   131

CHAPTER 02 **한식조리**

하 SECTION 01	밥 조리	154
하 SECTION 02	죽 조리	157
하 SECTION 03	국 · 탕 조리	159
하 SECTION 04	찌개 조리	161
중 SECTION 05	전 · 적 조리	162
하 SECTION 06	생채 · 회 조리	163
하 SECTION 07	조림 · 초 조리	165
하 SECTION 08	구이 조리	167
하 SECTION 09	숙채 조리	169
하 SECTION 10	볶음 조리	170
중 SECTION 11	김치 조리	171

PART 04

**해설과 함께 보는
최신 기출문제**

최신 기출문제 01회	174
최신 기출문제 02회	183
최신 기출문제 03회	193
최신 기출문제 04회	204
최신 기출문제 05회	214

PART 05

**해설과 따로 보는
최신 기출문제**

최신 기출문제 01회	226
최신 기출문제 02회	235
최신 기출문제 03회	243
최신 기출문제 04회	251
최신 기출문제 05회	260

PART 06

정답 & 해설

해설과 따로 보는 최신 기출문제	270

추가 제공자료

CBT 온라인 모의고사
cbt.youngjin.com

실기 시험 과제 핵심 요약
license.youngjin.com

'영진닷컴 이기적' 검색→이기적 홈페이지
(license.youngjin.com) 접속→'자료실'
게시판→'조리/제과제빵/운전면허' 클릭

이 책의 구성

꼼꼼하게 정리된 이론

다년간 분석한 기출문제의 출제빈도, 경향을 토대로 각 섹션마다
출제빈도를 상 중 하로 나눴습니다.

출제빈도 상 중 하

각 SECTION을 상 중 하 등급으로
나누었습니다.

빈출 태그 ▶

자주 출제되는 중요 단어를 정리했습니다.
해당 단어가 나오는 부분은 집중해서 보세요.

🅑 기적의 TIP

시험공부를 하며 꼭 알아야 하는 선생님의
노하우와 팁을 제시하였습니다.

✓ 개념 체크

이론을 이해했는지 바로바로 확인할 수 있도록
개념체크 문제를 풀어보세요.

STEP 02

해설과 함께 보는 최신 기출문제

이론학습이 모두 끝난 후 빠르게 실력을 점검할 수 있도록 해설과 함께 보는 최신 기출문제를 5회분 제공합니다.

문제 바로 아래의 해설을 참고하며 정답이 아닌 선택지를 지워갈 수 있어요. 해설을 꼼꼼히 읽으며 문제를 내 것으로 만드는 연습을 하세요.

STEP 03

해설과 따로 보는 최신 기출문제

출제 경향을 제대로 반영한 최신 기출문제 5회분을 해설과 따로도 준비했습니다. 실전처럼 풀어보며 감각을 키워보세요.

소요 시간 1시간 내로 문제를 모두 풀이할 수 있도록 꾸준히 연습하세요.

오답 피하기와 추가 이론을 해설에 꼼꼼히 담았습니다. 틀렸거나 헷갈렸던 문제들은 해설을 다시 한번 짚어보며 단순 채점으로 끝내지 않도록 하세요.

시험의 모든 것

01 필기 응시 자격 조건

남녀노소 누구나 응시 가능

02 원서 접수하기

- 큐넷(www.q-net.or.kr)에서 원서 접수 가능
- 원하는 장소 및 시간 등 선착순 접수
- 자세한 사항은 시행처(큐넷) 사이트 확인

03 필기 시험

- CBT(Computer Based Test) 시험
- 객관식 4지택일형, 총 60문항(1시간)
- 한식 재료관리, 음식조리 및 위생관리

04 필기 합격자 발표

- 큐넷(www.q-net.or.kr)에서 합격자 확인 가능
- 필기시험 합격예정자 및 최종합격자 발표시간
  은 해당 발표일 09:00임

01 실시기관 명칭 및 홈페이지

한국산업인력공단(www.q-net.or.kr)

02 검정 방법 및 합격 기준

- 객관식 4지 택일형, 총 60문항(60분)
- 100점 만점에 60점 이상

03 출제기준

출제기준 바로보기

주요항목	세부항목
1. 음식 위생관리	1. 개인 위생관리
	2. 식품 위생관리
	3. 작업장 위생관리
	4. 식중독 관리
	5. 식품위생 관계 법규
	6. 공중 보건
2. 음식 안전관리	1. 개인안전 관리
	2. 장비ㆍ도구 안전작업
	3. 작업환경 안전관리
3. 음식 재료관리	1. 식품재료의 성분
	2. 효소
	3. 식품과 영양
4. 음식 구매관리	1. 시장조사 및 구매관리
	2. 검수 관리
	3. 원가
5. 한식 기초 조리실무	1. 조리준비
	2. 식품의 조리원리
	3. 식생활 문화
6. 한식 밥 조리	1. 밥 조리
7. 한식 죽 조리	1. 죽 조리
8. 한식 국ㆍ탕 조리	1. 국ㆍ탕 조리
9. 한식 찌개 조리	1. 찌개 조리
10. 한식 전ㆍ적 조리	1. 전ㆍ적 조리
11. 한식 생채ㆍ회 조리	1. 생채ㆍ회 조리
12. 한식 조림ㆍ초 조리	1. 조림ㆍ초 조리
13. 한식 구이 조리	1. 구이 조리
14. 한식 숙채 조리	1. 숙채 조리
15. 한식 볶음 조리	1. 볶음 조리
16. 김치조리	1. 김치 조리

시험 출제 경향

PART 01 위생관리 및 안전관리

음식조리 작업에 필요한 위생 관련 지식을 이해하고, 주방의 청결 상태와 개인위생 · 식품위생을 관리하여 전반적인 조리작업을 위생적으로 수행할 수 있고, 조리사가 주방에서 일어날 수 있는 사고와 재해에 대하여 안전기준 확인, 안전수칙 준수, 안전예방 활동을 할 수 있도록 학습합니다.

1. 위생관리   88%

빈출태그 식품 위생, 질병, 미생물의 종류, 곰팡이, 세균, 바이러스, 기생충, 살균, 소독, 식품첨가물의 종류, HACCP의 정의, 12절차 7원칙, 교차오염, 위해요소, 식중독의 종류, 곰팡이, 세균성 식중독, 독소형 식중독, 자연독 식중독, 식품위생관계법규의 정의, 신고와 허가업종, 원산지 표시, 소분업, 식품의약품안전처장, 공중보건, 직업병, 수질오염, 수인성 감염병, 법정 감염병, 세균, 바이러스, 리케차

2. 안전관리   12%

빈출태그 안전관리, 사고, 예방, 조치, 안전한 조리 장비, 도구 관리, 작업장 환경, 안전 교육, 소화기

PART 02 재료관리 및 구매관리

식품은 물, 단백질, 지질, 탄수화물, 비타민, 무기질로 구성되어 있는데 각 구성 성분과 성질을 이해하고 색, 맛, 향의 변질에 대해서도 공부합니다. 또한 필요한 재료를 저장 · 재고 관리 · 선입선출하여 효율적으로 관리할 수 있도록 하고, 조리에 필요한 양질의 식재료, 조리기구, 장비를 적절한 시기에 구매할 수 있도록 학습합니다.

1. 재료관리   80%

빈출태그 유리수, 자유수, 수분활성도, 탄수화물, 단백질, 지질, 비타민, 무기질의 종류와 특징, 갈변, 효소적 갈변, 비효소적 갈변, 분해효소, 식품, 영양, 영양소의 정의, 칼로리

2. 구매관리   20%

빈출태그 시장조사, 식품의 구매, 대치 식품, 신선한 식품 검수, 조리기구, 원가, 직접원가, 제조원가, 총원가, 판매원가

PART 03 음식 조리

음식 조리를 하면서 사용하는 도구와 사용법, 조리 용어에 대한 설명이 있는 파트입니다. 조리의 원리를 생각하고 과학적으로 설명한 내용입니다. 우리가 늘 먹는 밥이 벼에서 밥이 되기까지 과정과 도정, 온도, 씻기, 밥이 된 후의 변화 과정 등에 대해 이해하며 공부하면 가장 재밌게 공부할 수 있는 파트입니다.

1. 기초 조리실무

상   75%

 빈출태그 습열 조리, 건열 조리, 복합 조리, 계량 방법, 조리장의 시설과 기구, 폐기량과 정미량, 농산물 · 축산물 · 수산물 · 냉동 · 유지의 조리, 가공, 저장, 특성, 조미료, 향신료

2. 한식 조리

중   25%

빈출태그 밥의 조리, 물의 양, 가공, 죽의 조리, 국 · 탕의 분류, 육수, 국 · 탕 조리하기, 찌개의 분류, 찌개 조리하기, 전 · 적의 분류, 전 · 적 조리하기, 생채 · 회의 종류, 생채 · 회 조리하기, 조림 · 초의 종류, 조림 · 초 조리하기, 구이 조리하기, 숙채 조리하기, 볶음 조리하기, 양념, 숙성, 유산균, 미생물, 염도, pH

CBT 시험 가이드

CBT란?

CBT는 시험지와 필기구로 응시하는 일반 필기시험과 달리, 컴퓨터 화면으로 시험 문제를 확인하고 그에 따른 정답을 클릭하면 네트워크를 통하여 감독자 PC에 자동으로 수험자의 답안이 저장되는 방식의 시험입니다.
오른쪽 QR코드를 스캔해서 큐넷 CBT를 체험해 보세요!

큐넷 CBT
체험하기

CBT 필기시험 진행방식

본인 좌석
확인 후 착석 → 수험자
정보 확인 → 화면 안내에
따라 진행 → 검토 후
최종 답안 제출 → 퇴실

CBT 응시 유의사항

- 수험자마다 문제가 모두 달라요, 문제은행에서 자동 출제됩니다!
- 답지는 따로 없어요!
- 문제를 다 풀면, 반드시 '제출' 버튼을 눌러야만 시험이 종료되어요!
- 시험 종료 안내방송이 따로 없어요.

FAQ

Q CBT 시험이 처음이에요! 시험 당일에는 어떤 것들을 준비해야 좋을까요?

A 시험 20분 전 도착을 목표로 출발하고 시험장에는 주차할 자리가 마땅하지 않은 경우가 많으므로, 대중교통을 이용하는 것을 추천합니다. 무사히 시험 장소에 도착했다면 수험자 입장 시간에 늦지 않게 시험실에 입실하고, 자신의 자리를 확인한 뒤 착석하세요.

Q 기존보다 더 어려워졌을까요?

A 시험 자체의 난이도 차이는 없지만, 랜덤으로 출제되는 CBT 시험 특성상 경우에 따라 유독 어려운 문제가 많이 출제될 수는 있습니다. 이러한 돌발 상황에 대비하기 위해 이기적 CBT 온라인 문제집으로 실제 시험과 동일한 환경에서 미리 연습해두세요.

CBT 진행 순서

좌석번호 확인	수험자 접속 대기 화면에서 본인의 좌석번호를 확인합니다.
수험자 정보 확인	시험 감독관이 수험자의 신분을 확인하는 단계입니다. 신분 확인이 끝나면 시험이 시작됩니다.
안내사항	시험 안내사항을 확인하고, 다음을 클릭합니다.
유의사항	시험과 관련된 유의사항을 확인합니다.
문제풀이 메뉴 설명	시험을 볼 때 필요한 메뉴에 대한 설명을 확인합니다. 메뉴를 이용해 글자 크기와 화면 배치를 조정할 수 있습니다. 남은 시간을 확인하며 답을 표기하고, 필요한 경우 아래의 계산기를 이용할 수 있습니다.
문제풀이 연습	시험 보기 전, 연습을 해 보는 단계입니다. 직접 시험 메뉴화면을 클릭하며, CBT가 어떻게 진행되는지 확인합니다.
시험 준비 완료	문제풀이 연습을 모두 마친 후 [시험 준비 완료] 버튼을 클릭하면 시험 감독관의 지시에 따라 시험이 시작됩니다.
시험 시작	시험이 시작되었습니다. 수험자분들은 제한 시간에 맞추어 문제풀이를 시작합니다.
답안 제출	시험을 완료하면 [답안 제출] 버튼을 클릭합니다. 답안을 수정하기 위해 시험화면으로 돌아가고 싶으면 [아니오] 버튼을 클릭합니다.
답안 제출 최종 확인	답안 제출 메뉴에서 [예] 버튼을 클릭하면, 수험자의 실수를 방지하기 위해 한 번 더 주의 문구가 나타납니다. 완벽히 시험 문제 풀이가 끝났다면 [예] 버튼을 클릭하여 최종 제출합니다.
합격 발표	CBT 시험이 모두 종료되면, 퇴실할 수 있습니다.

이제 완벽하게 CBT 필기시험에 대해 이해하셨나요?
그렇다면 이기적이 준비한 CBT 온라인 문제집으로 학습해 보세요!

이기적 온라인 문제집 : https://cbt.youngjin.com

이기적 CBT
바로가기

PART

01

위생관리 및 안전관리

파트 소개

음식조리 작업에 필요한 위생 관련 지식을 이해하고, 주방의 청결 상태와 개인위생 · 식품위생을 관리하여 전반적인 조리작업을 위생적으로 수행할 수 있고, 조리사가 주방에서 일어날 수 있는 사고와 재해에 대하여 안전기준 확인, 안전수칙 준수, 안전예방 활동을 할 수 있도록 학습합니다.

01

위생관리

학습 방향

위생관리 과목은 미생물을 분류하고 각각의 미생물의 특징과 종류 등을 알아야 합니다. 그 외 기생충, 식중독도 공부하는 방법은 동일하고 문제는 골고루 출제가 됩니다. 소독하는 방법과 종류 식품첨가물의 종류와 유해 첨가물도 한 문제 이상 출제됩니다. HACCP에 대해 용어 정의, 식품위생법의 지정자, 단체급식에 대한 내용이 자주 출제됩니다.

출제빈도

SECTION 01	하	5%
SECTION 02	상	30%
SECTION 03	중	5%
SECTION 04	상	20%
SECTION 05	중	10%
SECTION 06	상	30%

개인 위생관리

빈출 태그 ▶ 식품 위생·질병

01 위생관리기준

1) 손의 세척 및 소독

① 식품을 취급하기 전에는 반드시 손을 세척한다.

② 역성비누로 손을 소독하는 방법은 일반비누로 먼저 손을 세척하고, 10% 희석한 역성비누로 약 30초 정도 손을 비비면서 소독한다.

③ 일반비누와 역성비누를 같이 섞어 사용하면 살균력이 떨어지니 주의해야 한다.

2) 상처 및 질병

① 식품 취급자 자신의 건강상태를 확인하고 개인 위생에 주의를 기울인다.

② 음식물을 통해 감염될 수 있는 병원균을 보유하고 있거나 설사, 구토, 황달, 기침, 콧물, 가래, 오한, 발열 등의 증상이 있을 때는 일을 해서는 안 된다.

③ 위장염 증상, 부상으로 인한 화농성 질환, 피부병, 베인 부위가 있을 때는 즉시 상급자에게 보고하고 작업하지 않는다.

3) 개인 위생수칙

① 주기적으로 위생교육을 받아야 하며 교육에 대한 효과를 확인 받는다.

② 작업장에서는 지정된 위생복, 위생모, 위생화, 위생장갑 및 위생마스크를 청결한 상태로 착용한다. 머리카락이 외부로 노출되지 않도록 위생모를 착용한다. 앞치마는 조리용, 서빙용, 세척용으로 용도에 따라 색상을 달리하거나 구분하여 사용한다. 위생장갑은 전처리용, 조리용, 설거지용, 청소용 등으로 용도에 따라 색상별로 구분, 관리할 수 있다.

③ 작업자는 작업 전에 손, 신발을 세척하고 소독한다.

④ 손톱은 청결하게 하고, 매니큐어 및 짙은 화장, 향수는 사용하지 않는다.

⑤ 작업장 내에는 음식물, 담배, 장신구 및 기타 불필요한 개인용품의 반입을 하지 않는다.

⑥ 작업장 내에서는 흡연행위, 껌 씹기, 음식물 먹기 등을 하지 않는다.

⑦ 작업장 내에서는 지정된 이동경로를 따라서 이동한다.

⑧ 작업장에의 출입은 반드시 지정된 출입구를 이용하여야 하며, 별도의 허가를 받지 않은 인원은 출입을 할 수 없다.

⑨ 작업장에서 사용하는 모든 설비 및 도구는 항상 청결한 상태로 정리, 정돈한다.

⑩ 모든 종업원은 작업장 내에서의 교차오염 또는 2차 오염의 발생을 방지한다.

🅱 기적의 TIP

위생관리의 목적
- 식중독 위생사고 예방
- 식품위생법 및 행정처분 강화
- 상품의 가치 상승과 안전한 먹거리
- 점포의 청결한 이미지
- 고객 만족과 매출 증진
- 대외적 브랜드 이미지 관리

02 식품 위생에 관련된 질병

1) 식품 취급 시의 위생관리

① 식품은 항상 청결하고 위생적으로 취급하여 병원미생물, 먼지, 유해물질 등에 의한 오염을 방지한다.
② 식품이 오염되거나 부주의에 의한 위생사고가 없도록 주의한다.
③ 사람의 손, 파리, 바퀴, 쥐, 먼지 등에 의하여 오염되지 않도록 위생적으로 취급한다.
④ 살충제, 살균제, 기타 유독 약품류는 식품과 별도로 보관한다.

2) 건강진단의 의무

식품 또는 식품첨가물을 채취 · 제조 · 가공 · 조리 · 저장 · 운반 또는 판매하는 일에 직접 종사하는 영업자 및 종업원(단, 완전 포장된 식품 또는 식품첨가물을 운반하거나 판매하는 일에 종사하는 사람은 제외)은 1년에 1회 건강진단을 해야 한다.

3) 조리사의 결격 사유

① 정신질환자(전문의가 조리사로서 적합하다고 인정하는 자는 제외)
② 감염병환자(B형간염환자는 제외)
③ 마약이나 그 밖의 약물 중독자
④ 조리사 면허의 취소처분을 받고 그 취소된 날부터 1년이 지나지 아니한 자

🎁 기적의 TIP

조리사의 결격 사유에 대해 묻는 문제가 나와요.

✔ 개념 체크

1 손을 세척할 때는 일반비누와 역성비누를 섞어서 사용하면 좋다. (O, X)
2 피부병 등이 있을 때에는 즉시 상급자에게 보고하면 조치 후 작업할 수 있다. (O, X)
3 B형간염환자는 조리사의 결격 사유에 해당하지 않는다. (O, X)

1 X 2 X 3 O

식품 위생관리

★ 미생물
육안으로 볼 수 없고, 현미경으로만
식별할 수 있는 생물군

01 미생물의 종류와 특성

1) 미생물*의 종류

① 곰팡이(Mold)

- 포자법으로 번식하고, 호기성으로 약산성 pH 5~6에서 잘 자란다.
- 질병, 감염, 알레르기를 발생시킨다.
- 비정상적인 곰팡이 식품은 폐기한다.

종류	식품
Aspergillus(누룩곰팡이) 속	누룩과 메주 제조에 이용함
Penicillium(푸른곰팡이) 속	치즈의 제조, 떡, 빵, 과일 등에 번식함
Mucor(털곰팡이) 속	전분의 당화나 치즈 숙성에 이용함
Rhizopus(거미줄곰팡이) 속	채소, 과일, 빵에 번식, 술 양조에 이용함

② 효모(Yeast)

- 형태로는 원형, 균사형, 소시지형이 있다.
- 출아법으로 번식하고, 비운동성이다.

종류	식품
Zygo saccharomyces(삭카로미세스) 속	누룩과 메주 제조에 이용함
Torula(토루라) 속	된장, 간장, 포도주, 맥주, 청량음료, 꿀, 치즈의 당을 변패
Pichia(피키아), Hansenula(한센눌라) 속	• 산막효모 • 알코올 제조에 이용
Candida(칸디다), Mycoderma(마이코데르마) 속	• 산막효모 • 맥주, 간장, 포도주의 유해 균주

③ 스피로헤타(Spirochaeta)

- 연약한 나선형 구조를 하고 있다.
- 운동성을 갖는다.
- 매독, 재귀열, 와일씨병의 병원체이다.

④ 세균(Bacteria)

- 병원 미생물의 대부분이 세균이다.
- 단세포이고, 분열에 의하여 증식하여 분열균이라고 부른다.
- 형태로는 구균, 간균, 나선균의 형태로 존재한다.

종류	식품
Bacillus(바실러스) 속	쌀밥, 어묵, 통조림 식품 부패의 원인균
Vibrio(비브리오) 속	어류
Clostridium(클로스트리디움) 속	육류, 가공품, 어패류, 통조림 등에 번식함
Lactobacillus(락토바실러스) 속	치즈, 발효음료, 술, 된장, 간장의 제조에 이용함

⑤ 리케차(Rickettsia)

• 운동성이 없고, 살아 있는 세포 속에서만 증식한다.
• 발진티푸스, 발진열의 병원체이다.

⑥ 바이러스(Virus)

• 보통의 광학현미경으로 볼 수 없고 세균여과기에 통과하는 가장 작은 미생물이다.
• 천연두, 인플루엔자, 소아마비, 일본뇌염의 병원체이다.
• 식품 취급자의 위생으로 예방이 가능하다.

🅱 기적의 TIP

미생물의 크기를 순서대로 외워주세요.
곰팡이 〉 효모 〉 스피로헤타 〉 세균 〉 리케차 〉 바이러스

2) 미생물 증식에 필요한 조건

① 영양소

• 질소원 : 아미노산, 무기질소
• 탄소원 : 탄수화물, 포도당 등의 당류 등(주로 에너지원으로 이용)
• 무기질 : 황(S), 인(P) 등
• 비타민 : 비타민 B군 등

② 수분

• 미생물의 증식에 이용되는 물은 자유수이다.
• 수분활성도(Aw)가 0.6 이하이면 미생물 번식 억제가 가능하다.
• 미생물 생육 수분활성도(Aw) : 세균(0.94) 〉 효모(0.88) 〉 곰팡이(0.80)

③ 온도

• 미생물은 최저 온도 이하에서는 증식이 정지되지만 사멸되지는 않는다.
• 저온균 : 최적온도 10~20℃인 세균으로 물속, 냉장고에서도 번식한다.
• 중온균 : 최적온도 25~40℃인 세균으로 자연계에 가장 광범위하게 분포한다.
• 고온균 : 55℃ 이상에서 증식이 가능하고, 온천수에서도 번식한다.

④ 산소

• 호기성균 : 산소가 존재하는 상태에서만 증식하는 세균이다.
  예 곰팡이, 효모, 바실러스, 식초산균, 방선균 등
• 혐기성균 : 산소가 없거나 아주 미량일 경우에만 증식하는 세균으로 산소를 필요로 하지 않는다.
  예 낙산균, 클로스트리디움 등
• 통성 혐기성균 : 산소가 있거나 없거나 관계 없이 발육하는 세균이다.
  예 젖산균, 효모 등
• 편성 혐기성균 : 산소를 절대적으로 기피하는 균이다.
  예 보툴리누스균, 웰치균 등

⑤ pH(수소이온농도)
- 곰팡이, 효모 : pH 4.0~6.0인 약산성에서 잘 자란다.
- 세균 : pH 6.5~8.0인 보통 중성 내지 약알칼리성에서 잘 자란다.

⑥ 삼투압
- 식염용액의 경우 보통 1~2% 정도의 농도에서 미생물 생육이 저해된다.
- 내염성 미생물 : 10~20% 농도에서도 생육이 가능한 균이다.
- 호염성 세균 : 어느 정도의 식염농도가 없으면 증식되지 않는 균이다.

기적의 TIP

미생물의 증식에 필요한 3대 조
건은 영양소, 수분, 온도예요.

3) 미생물에 의한 식품의 변질

① 변질의 정의
식품이 여러 환경 요인에 의해 맛, 냄새, 색, 유해물질 등이 생성되어 섭취가 불가능한 상태를 말한다.

② 변질의 원인
- 미생물의 번식(세균, 곰팡이, 효모)
- 자가소화, 효소적 갈변 현상
- 공기 중 산화로 비타민 파괴, 지방의 산패

③ 변질의 종류

변패	식품 성분 중 탄수화물, 지방이 분해되어 변질된 현상
부패	단백질 식품이 미생물에 의해 분해되어 악취, 유해 물질이 생성되는 현상
산패	지방질 식품이 산화되어 불쾌한 냄새를 형성하고, 성분과 색이 변질된 현상
발효	탄수화물 식품이 미생물에 의해 알코올과 유기산을 생성하여 유용한 물질을 만들어 내는 현상

④ 식품의 부패판정
- 관능검사 : 시각, 촉각, 미각, 후각을 이용한다.
- 생균수 : 식품 1g당 생균수가 10^7~10^8인 경우 초기 부패로 판정한다.
- VBN(휘발성 염기질소) : 초기 부패 어육은 30~40mg%100g, 부패 생선은 50mg% 이상으로 보고 있다. 식품 공전에서 20mg% 이하로 규정, 우육에서는 15mg% 이상이 되면 부패 감지가 가능하다.
- TMA(트리메틸아민) : 1μg에서 맛이 저하되고, 2~3μg 정도이면 부패 어류이다.
- K값 : 생선의 K값이 20 전후이면 생선회로 섭취가 가능하고, 40~50이면 가열 조리가 필요하다.
- 히스타민 : 어육은 4~10mg%이면 알레르기성 식중독을 일으킨다.
- pH : 어육은 pH 5.5 전후이면 신선하고, pH 6.2이면 초기 부패로 판정한다.
- 황화수소(H_2S), 인돌, 암모니아, 피페리딘 : 식품의 부패 과정에서 생기는 냄새이다.

02 식품과 기생충병

1) 중간숙주에 의한 기생충 분류

① 중간숙주가 없는 것
- 회충 : 경구침입, 일광에 사멸, 소장에 기생
- 요충 : 집단감염, 항문소양증
- 편충 : 대장에 기생, 채소류로부터 감염, 충란으로 감염
- 구충(십이지장충) : 경피 감염
- 동양모양선충 : 내염성, 절임채소에도 붙어 감염

🅵 기적의 TIP

회충은 우리나라에서 감염률
이 제일 높아요.

② 중간숙주가 하나인 것
- 무구조충(민촌충) : 소
- 유구조충, 선모충 : 돼지
- 만소니열두조충 : 닭

③ 중간숙주가 두 개인 것

기생충	제1중간숙주	제2중간숙주
간흡충(간디스토마)	왜우렁이	붕어, 잉어
폐흡충(폐디스토마)	다슬기	가재, 게
요꼬가와흡충	다슬기	담수어, 은어, 잉어
광절열두조충(긴촌충)	물벼룩	연어, 송어
유극악구충	물벼룩	민물고기(가물치), 양서류
아니사키스	프랑크톤	대구, 청어, 조기, 오징어

2) 선충 예방법

① 육류나 어패류를 날것으로 먹지 않는다.
② 야채류는 희석시킨 중성세제로 세척 후 흐르는 물에 5회 이상 씻는다.
③ 조리 기구를 잘 소독한다.
④ 개인위생 관리를 철저히 한다.
⑤ 인분뇨를 사용하지 않고 화학비료를 사용하여 재배한다.

3) 구충 및 구서

해충	감염병	예방법
파리	소화기계, 호흡기계 감염병	서식처 제거, 방충망, 살충제, 끈끈이 테이프
모기	말라리아, 사상충증, 황열, 뎅구열	발생지 제거, 하수도의 고인 물 정체 방지
이	발진티푸스, 재귀열	주위 청결, 세탁, 세발, 살충제 살포
벼룩	발진티푸스, 페스트, 발진열, 재귀열	주의 청결, 살충제
바퀴	소화기계 질병, 소아마비	서식처 제거, 청결, 살충제
진드기	쯔쯔가무시, 재귀열, 유행성출혈열, 양충병	서식처 제거, 청결, 온도 습도 관리
쥐	유행성출혈열, 쯔쯔가무시, 페스트, 서교증, 와일씨병, 발진열	살서제(쥐약), 포서기(쥐덫), 훈증법(연막탄)

4) 구충과 구서의 구제법

① 발생의 근원, 즉 서식지를 제거한다.
② 광범위하게 동시에 실시한다.
③ 생태, 습성에 따라 실시한다.
④ 발생 초기에 실시한다.

03 살균 및 소독의 종류와 방법

1) 세척과 살균의 정의

① 세척 : 시설, 도구 및 조리장비로부터 더러운 오염물질을 제거하는 과정이다.
② 살균, 소독 : 세척표면에서 미생물의 수를 안전한 수준으로 줄이는 과정이다.

2) 소독의 종류

① 멸균 : 병원 미생물뿐만 아니라 균, 아포, 독소 등을 사멸시키는 것이다.
② 살균 : 미생물을 사멸 또는 불활성화 시키는 것을 말한다.
③ 소독 : 병원성 미생물을 죽이거나 병원성을 약화시키지만 아포는 죽이지 못한다.
④ 방부 : 미생물의 증식을 억제하여 균의 발육을 저지시켜 부패나 발효를 방지한다.

기적의 TIP

살균 작용의 정도를 순서대로 외워주세요.
멸균 〉 살균 〉 소독 〉 방부

3) 세척제의 종류

① 알칼리성 세제 : 유리창용 세제, 가정용 왁스세제, 기름때 전용 세제, 얼룩 제거 세제, 탄화 전용 세제, 만능 세제 등
② 중성 세제 : 가정용 식기 세제나 욕조 전용 세제 등
③ 산성 세제 : 불산, 염산, 인산, 붕산 등 산성을 띤 세제, 화장실 전용 세제
④ 표백제 : 염소계 세제, 화장실용 세제
⑤ 살균제 : 도마 등의 조리용구의 살균에 사용하는 알코올이 주성분인 세제

구분	사용 용도
1종 세제	야채, 과일 세척제
2종 세제	식기 세척제
3종 세제	식품의 가공기구 세척제

4) 소독의 물리적인 방법

① 무가열에 의한 방법
• 일광법
　－ 장티푸스, 결핵균, 페스트균은 10~15초의 조사로 사멸
• 자외선 조사
　－ 살균 파장 : 2500~2800 Å ★
　－ 소독 : 공기, 물, 식품, 기구, 용기 등
　－ 자외선 살균 효과가 크고, 내성이 없음
　－ 자외선이 닿는 표면에만 살균 효과
　－ 단백질이 많은 식품에 살균력 저하

★ 1 Å (옹스트롬)
0.1nm(나노미터)

- 방사선 조사
  - Co^{60}, $Cs^{i\ 7}$의 γ선이 널리 이용
  - 양파, 감자의 발아 억제, 과일, 채소의 후숙 지연
  - 열에 의하지 않고 성질의 변화 없이 살균 가능
- 여과
  - 미생물이 통과할 수 없는 여과기에 제거하는 방법
  - 가열로 맛이 변할 수 있는 음료수
  - 가열 살균으로 조성이 불안해지는 의약품이나 세균배양기 등

기적의 TIP

여과 과정을 통해서 바이러스가 제거되지는 않아요.

② 가열에 의한 방법

분류	소독 방법	종류
화염멸균법	화염 속 20초 접촉	불에 타지 않는 금속, 도자기 멸균
고압증기멸균법	121℃, 15~20분	통조림, 고무제품, 거즈 및 약액
유통증기간헐멸균법	100℃의 증기, 30분씩, 3회	유리그릇, 금속제품
유통증기소독법	100℃의 증기, 30~60분	기구, 의류, 고무제품
자비소독	100℃, 10~20분	식기, 행주
저온살균법(LTST법)	61~65℃, 30분간	
고온단시간살균법	70~75℃, 15~20초	우유
초고온단시간살균법	130~140℃, 2초	

5) 소독의 화학적인 방법

① 소독약의 구비 조건
- 살균력과 침투력이 강할 것
- 간편하고 저렴할 것
- 금속 부식성이 없을 것
- 표백성이 없을 것

② 소독약의 종류

분류	사용 용도	사용 농도
염소	수돗물, 과일, 야채, 식기	상수도 0.2ppm, 수영장 0.4ppm
표백분(클로르칼키)	우물, 수영장, 과일, 야채, 식기	50~200ppm
역성비누(양성비누)	과일, 야채	0.01~0.1%
	식기, 손 소독	10%
석탄산	변소, 하수도, 오물, 의류	3%
포름알데히드(기체)	병원, 도서관, 거실	40%
포르말린	변소, 하수도, 진개 등의 오물	30~40%
생석회	변소, 하수도, 진개 등의 오물	석회:물 = 2:8
크레졸	변소, 하수도, 진개 등의 오물	3%
과산화수소	피부, 상처 소독	3%
승홍수	피부 소독, 금속 부식성	0.1%
에틸알콜	손 소독	70%

③ 석탄산

- 비교적 안정적이고 유기물에도 소독력이 약화되지 않으므로 살균력의 지표가 된다.
- 독성이 강하고 피부 점막에 자극성이 있으며 금속을 부식시킨다는 단점이 있다.
- 석탄산 계수 = 소독약의 희석배수 ÷ 석탄산의 희석배수
- 석탄산 계수가 낮을수록 소독력은 떨어진다.
- 크레졸은 석탄산보다 냄새와 소독력이 강하고 피부 자극은 약하다.

04 식품의 위생적 취급기준

1) 주방위생 관련 시설기준

① 주방 시설 · 도구 관리기준 준수
- 청소 용이성, 비독성, 녹슬지 않는 제품
- 작업장의 모든 장비, 용기, 바닥을 물로 청소하고 식품 접촉표면은 염소계 소독제 200ppm을 사용하여 살균한 후 습기를 제거

② 주방 시설 · 도구 위생 관리
세척, 살균, 소독, 건조 등

③ 주방시설 방역을 위한 약품 선정
- 허가된 지정약품만 사용하고 약품에 대한 내성을 고려해서 반기별로 약품을 교체
- 세계보건기구(WHO)가 공인한 약품만을 사용
- 약품 보관 장소는 격리된 장소에 잠금장치를 하여 보관하고 사용현황을 파악할 수 있도록 담당자를 지정하여 기록을 유지
- 외부 전문방역업체의 방역작업 후 소독필증을 보관

2) 식품 조리기구의 관리

① 청소의 용이성, 독성, 식품에 유해성이 없는 조리기구인지 확인한다.
② 작업장의 모든 장비, 용기, 바닥을 물로 청소하고 식품에 닿는 표면은 염소계 소독제를 사용한다.

3) 방충 · 방서 및 소독

① 해충은 전문적인 점검과 진단을 통해 해충의 특성 및 생태를 파악하여 발생 원인을 제거하고 방역방법 및 방역주기를 결정한다.
② 물리적 방역 : 해충의 서식지를 제거하거나 발생하지 못하도록 물리적으로 환경을 조성한다. 시설 개선 및 환경을 개선한다.
③ 화학적 방역 : 약제를 살포하여 해충을 구제하는 방법으로 단시간에 효과적이고 경제적이다. 독성이 강하기 때문에 관리에 주의해야 한다.
④ 생물학적 방역 : 천적생물을 이용하는 방법으로 해충의 서식지를 제거한다.

4) 위생적인 식품 선택

① 식품의 유통기한, 제조일 표시

- 식품은 유통기한을 정하여 표시하여야 한다. 다만, 설탕, 아이스크림류, 빙과류, 식용얼음, 과자류 중 껌류(소포장 제품에 한한다)와 제재 · 가공 소금 및 주류(탁주 및 약주를 제외한다)는 유통기한 표시를 생략할 수 있다.
- 유통기한은 식품의 제조일로부터 소비자에게 판매가 허용되는 기한을 말한다.

② 위생적인 식품 보관 및 선택

- 야채류 : 야채류는 선입선출하고 필름 포장하여 냉장온도에서 신선도를 유지한다.
- 냉동식품류(냉동육류, 냉동해산물류) : 냉동보관을 하고 해동한 것은 재냉동하지 않는다. 식품을 냉동하여도 유해균이 생기므로 유통기한을 잘 지킨다.
- 냉장식품류 : 냉동식품에 비해 유통기한이 짧으므로 주의하고, 온도의 변화가 심하지 않도록 일정온도를 유지한다. 개봉한 제품은 당일 소비하는 것이 좋으며, 보관을 해야 할 경우 랩이나 위생팩으로 포장하여 보관한다.
- 과일류 : 사과 같이 색이 잘 변하는 과일은 껍질을 벗기거나 남은 경우 레몬을 설탕물에 담가 방지하도록 한다. 바나나는 상온에 보관하고 수박이나 멜론 등은 랩을 사용하여 표면이 마르지 않도록 하며, 딸기 등은 쉽게 뭉그러지고 상하기 쉬우므로 눌리지 않게 보관한다.
- 건어물류 : 장기 보관 시 냉동보관하고 개별 포장하여 사용하는 것이 편리하고 위생적이다.
- 양념류 : 플라스틱 용기에 보관하여 사용하고 습기로 인해 딱딱하게 굳거나 이물질이 섞이지 않도록 뚜껑을 잘 덮어서 보관하도록 한다. 물이 묻은 용기의 사용은 피하도록 한다.
- 소스류 : 적정 재고량을 보유하고 유통기한을 수시로 체크하도록 한다. 사용하기에 편리하도록 물기를 제거한 플라스틱 용기에 적정량의 소스를 담는다.
- 캔류 : 개봉한 캔은 바로 사용하고, 밀폐용기 보관 시 유통기한을 표시한다.

05 식품첨가물과 유해물질

1) 식품첨가물의 의의

① **식품첨가물의 정의** : 식품을 제조 · 가공 또는 보존하는 과정에서 식품에 넣거나 섞는 물질 또는 식품을 적시는 등에 사용되는 물질을 말한다. 이 경우 기구 · 용기 · 포장을 살균 · 소독하는 데에 사용되어 간접적으로 식품으로 옮아갈 수 있는 물질을 포함한다.

② **식품첨가물의 지정** : 식품의약품안전처장은 국민보건을 위하여 필요하면 판매를 목적으로 하는 식품 또는 식품첨가물에 관한 사항을 정하여 고시한다.

③ 식품첨가물의 조건
- 인체에 무해하다.
- 식품 목적에 따른 효과는 소량으로 충분해야 한다.
- 식품에 나쁜 영향을 주지 않아야 한다.
- 식품의 상품가치를 향상시켜야 한다.
- 식품의 영양가를 유지해야 한다.
- 식품성분 등에 의해서 그 첨가물을 확인할 수 있어야 한다.

④ 식품첨가물의 사용 목적
- 식품의 부패와 변질을 방지한다.
- 기호 및 관능을 만족시킨다.
- 영양을 강화한다.
- 품질 개량 및 일정기간 유지시킨다.

🅱 기적의 TIP

식품첨가물의 종류를 짝짓는
문제가 주로 나와요.

2) 식품첨가물의 종류

① 보존료(방부제)
- 식품의 변질 및 부패를 방지한다.
- 데히드로초산(DHA), 데히드로초산나트륨(DHA-S) : 치즈, 버터, 마가린 외 사용 금지
- 소르빈산(염), 소르빈산칼륨 : 육제품, 절임 식품, 잼, 케첩, 된장, 고추장
- 안식향산(염), 안식향산나트륨 : 청량 음료수, 간장, 식초
- 프로피온산(염) : 빵, 생과자
- 파라옥시안식향산부틸, 파라옥시안식향산에틸 : 간장, 식초, 청량 음료, 과일 소스, 과일 및 과채의 표피
- 이초산나트륨 : 빵, 식용유지, 식육가공품

② 살균료
- 식품의 부패 원인균을 사멸시킨다.
- 차아염소산나트륨(표백 작용) : 참깨 사용을 금지하고, 과일과 채소의 살균을 목적으로 하며, 최종 식품 완성 전에 제거해야 한다.
- 표백분(표백 작용), 고도표백분(표백 작용), 이염화이소시아눌산나트륨, 에틸렌옥사이드

③ 항산화제(산화방지제)
- 식품의 산화에 의한 변질 현상을 방지한다.
- 천연 첨가물(비타민 C-아스코르브산, 비타민 E-토코페롤), BHA(부틸히드록시아니졸), BHT(디부틸히드록시톨루엔), 에르소르브산염, L-아스코르브산나트륨, 몰식자산프로필, 아스코르빌팔미테이트, 고시폴

④ 조미료
- 식품에 지미(감칠맛)를 부여한다.
- 구연산나트륨, 글리신, 호박산나트륨, 이노신산(염), 글루타민산나트륨, 구아닐산나트륨

⑤ 감미료
- 식품에 감미(단맛)를 부여한다.
- 사카린나트륨, D-소르비톨액, 글리실리진산2나트륨, 아스파탐

⑥ 산미료
- 식품에 산미(신맛)를 부여한다.
- 구연산(결정), 구연산(무수), 빙초산, 이산화탄소, 젖산, 초산

⑦ 강화제
- 손실된 영양분의 보충, 본래 함유된 영양분의 증가, 함유되지 않은 영양분의 첨가를 위해 사용하는 식품첨가물이다.
- 구연산염, 구연산칼슘(무기염류 강화), 비타민제

⑧ 팽창제
- 빵, 과자를 부풀게 하여 연하고 맛을 좋게 하고 소화되기 쉬운 상태가 되게 하기 위한 것이다.
- 황산알루미늄칼륨(명반), 탄산수소나트륨, L-주석산수소칼륨, 탄산암모늄, 탄산수소암모늄, 효모(천연, 이스트)

⑨ 착색료
- 색을 복원하거나 외관을 보기 좋게 하기 위한 식품첨가물이다.
- 식용색소 : 녹색3호, 적색2, 3호, 청색1, 2호, 황색4, 5호, 적색0호
- 삼이산화철, 수용성 안나토, 철클로로필린나트륨, 동클로로필린나트륨, 이산화티타늄

⑩ 발색제
- 색의 변색 방지, 발색, 식품 중 색소 성분과 반응한다.
- 아질산나트륨, 질산나트륨, 질산칼륨 : 식육 제품, 고래고기 제품(0.07g/kg), 어육 소시지, 어육 햄(0.05g/kg), 명란젓, 연어알젓(0.005g/kg)
- 황산제1철, 황산제2철, 소명반 : 채소, 과일의 변색 방지

⑪ 착향료
- 식품 자체 내의 냄새를 없애거나, 변화, 강화시킨다.
- 계피알데히드, 멘톨, 바닐린

⑫ 표백제
- 퇴색을 방지하고, 흰 것을 더 희게 하고, 본래 색을 없앨 때 사용한다.
- 과산화수소(최종 식품 완성 전에 분해 제거), 아황산염

기적의 TIP

아질산칼륨은 발색제이나 국내에서 식품첨가물로 지정한 발색제는 아니다.

개념 체크

1 식품첨가물은 다량으로 효과를 볼 수 있어야 한다. (O, X)
2 식품에 단맛을 부여하는 것은 조미료이다. (O, X)

1 X 2 X

⑬ 소맥분 개량제

- 표백작용을 하고, 밀가루를 쫄깃쫄깃하게 한다.
- 표백 및 숙성기간을 단축한다.
- 과산화벤조일(희석), 과황산암모늄, 이산화염소, 염소, 스테아릴젖산나트륨, 아조디카르본아미드

⑭ 호료(증점제) 및 안정제

- 매끈하고 점성이 커지고, 분산안정제, 결착보수제, 피복제 역할을 한다.
- 젤라틴(동물성 응고제), 알긴산프로필렌글리콜, 카르복시메틸셀룰로오스칼슘, 카르복시메틸스타치나트륨, 폴리아크릴산나트륨

⑮ 유화제(계면활성제)

- 서로 혼합되지 않는 2종류의 액체를 유화시키려는 목적으로 첨가하는 식품첨가물이다.
- 대두 인지질 및 지방산에스테르 4종, 노른자의 레시틴

⑯ 소포제

- 거품을 소멸, 억제하는 식품첨가물이다.
- 규소수지(실리콘수지)

⑰ 피막제

- 수분 증발을 방지한다.
- 초산비닐수지, 몰호린지방산염

⑱ 이형제

- 빵을 제조할 때 형태를 손상시키지 않고 빵을 분리해내기 위한 식품첨가물이다.
- 유동 파라핀

⑲ 용제

- 식품첨가물을 넣을 경우 잘 녹지 않으므로 용해시켜 균일하게 흡착하기 위해 사용하는 식품첨가물이다.
- 글리세린, 글리세린지방산에스테르, 프로필렌글리콜

⑳ 추출제

- 유지의 추출을 용이하게 하기 위해 첨가하는 식품첨가물이다.
- n-헥산 : 우유에서 지방만 빼낼 때 사용한다.

㉑ 껌 기초제

- 착향료와 감미료를 제외한 추잉껌의 기초원료로, 추잉껌(Chewing Gum)의 기초제라고도 한다.
- 초산비닐수지, 에스테르껌, 연껌, 폴리부텐, 폴리이소부틸렌, 로진

🅑 기적의 TIP

허가된 식품첨가물과 불량 식품첨가물을 구분하여 암기 하도록 해요.

3) 불량 식품첨가물

① 유해 착색제
- 아우라민 : 황색색소, 단무지
- 로다민 B : 핑크색 색소, 토마토 케첩, 과자류
- 파라니트로아닐린(황색 색소), 실크스카렛(등적색 색소)

② 유해 감미료 : 에틸렌글리콜, 파라니트로오르토톨루이딘, 둘신, 페릴라틴, 사이클라메이트, 니트로아닐린, 메타니트로아니린

③ 유해 표백제 : 롱갈리트, 형광표백제, 니트로겐트리클로라이드, 아황산납, 삼염화질소

④ 유해 보존제 : 붕산, 포름알데히드, 불소화합물, 승홍

⑤ 메탄올
- 주류 발효과정에서 존재하고 포도주, 사과주 등에 메탄올이 생성되어 함유될 수 있다.
- 허용량 : 0.5mg/mL 이하
- 증상 : 시신경 염증, 두통, 구토, 설사, 실명, 심하면 호흡곤란으로 사망하게 된다.

SECTION 03 주방 위생관리

출제빈도 상 중 하
반복학습 1 2 3

빈출 태그 ▶ HACCP의 정의 • 12절차 7원칙 • 교차오염 • 위해요소

01 주방 위생 위해요소

1) 생물학적 위해요소

곰팡이, 세균, 바이러스 등의 미생물과 기생충 및 원충 등의 생물체가 관여하는 것을 말한다.

구분	미 생물
세균	클로스트리디움보툴리누스균, 바실러스세레우스, 살모넬라, 비브리오, 황색포도상구균, 리스테리아, 병원성대장균, 이질균 등
바이러스	노로바이러스, 로타바이러스 등
기생충	아니사키스, 선모충, 폐디스토마, 간디스토마, 편충 등

2) 화학적 위해요소

① 식품의 제조, 가공, 포장, 보관, 유통, 조리 등의 과정에서 오염되는 것을 말한다.
② 곰팡이독(에르고톡신), 감자(솔라닌, 셉신), 복어(테트로도톡신), 살구(아미그달린), 농약, 항생제, 중금속, 식품첨가물 등이 있다.

3) 물리적 위해요소

① 식품에 오염된 원료, 잘못된 시설이나 장비, 오염된 포장재, 직원의 부주의 등과 관련된 것을 말한다.
② 머리카락, 장신구, 곤충, 비닐, 못, 열쇠, 뼈, 돌 등이 있다.

✔ **개념 체크**

1 화학적 위해요소에는 곰팡이독, 감자독, 복어복 등이 있다. (O, X)
2 머리카락, 비닐, 돌 등의 위해요소를 심리적 위해요소라고 한다. (O, X)
3 '위해요소중점관리기준'을 줄여서 'HACCP'이라고 한다. (O, X)

1 O 2 X 3 O

02 식품안전관리인증기준(HACCP)

1) HA*CCP*(Hazard Analysis and Critical Control Point)의 정의

① '해썹', '위해요소중점관리기준'이라고 한다.
② 식품의 원재료 생산, 제조, 가공, 보존, 유통을 거쳐 최종 소비자가 섭취하기 전까지 각 단계에서 생물학적, 화학적, 물리적 위해요소가 해당 식품에 혼입되거나 오염되는 것을 방지하기 위한 위생관리 시스템이다.

2) HACCP의 특징

① 미국, 일본, 유럽연합, 국제기구(Codex, WHO, FAO) 등에서도 모든 식품에 HACCP 적용을 권장한다.
② 우리나라는 1995년 12월 29일 식품위생법에 HACCP 제도를 도입하고, 제32조에 위해요소중점관리기준에 대한 조항을 신설하였다.

3) HACCP의 목적

① 식품의 안전성을 확보한다.
② 식품 업체의 자율적이고 과학적 위생 관리 방식의 정착을 도모한다.
③ 국제기준 및 규격과의 조화를 도모한다.

4) HACCP 의무적용대상

① 법 제48조제2항에서 "총리령으로 정하는 식품"이란 다음 각 호의 어느 하나에 해당하는 식품을 말한다.
  1. 수산가공식품류의 어육가공품류 중 어묵 · 어육소시지
  2. 기타수산물가공품 중 냉동 어류 · 연체류 · 조미가공품
  3. 냉동식품 중 피자류 · 만두류 · 면류
  4. 과자류, 빵류 또는 떡류 중 과자 · 캔디류 · 빵류 · 떡류
  5. 빙과류 중 빙과
  6. 음료류(다류(茶類) 및 커피류는 제외)
  7. 레토르트식품
  8. 절임류 또는 조림류의 김치류 중 김치(배추를 주원료로 하여 절임, 양념혼합 과정 등을 거쳐 이를 발효시킨 것이거나 발효시키지 아니한 것 또는 이를 가공한 것에 한함)
  9. 코코아가공품 또는 초콜릿류 중 초콜릿류
  10. 면류 중 유탕면 또는 곡분, 전분, 전분질원료 등을 주원료로 반죽하여 손이나 기계 따위로 면을 뽑아내거나 자른 국수로서 생면 · 숙면 · 건면
  11. 특수용도식품
  12. 즉석섭취 · 편의식품류 중 즉석섭취식품
  12의2. 즉석섭취 · 편의식품류의 즉석조리식품 중 순대
  13. 식품제조 · 가공업의 영업소 중 전년도 총 매출액이 100억 원 이상인 영업소에서 제조 · 가공하는 식품

★ 위해요소분석(HA)
위해가능성이 있는 요소를 분석, 평가
★ 중요관리점(CCP)
해당 위해요소를 방지, 제거하고 안전성을 확보하기 위해 중점적으로 다루어야 하는 관리점

② 제1항에 따른 식품에 대한 식품안전관리인증기준의 적용 · 운영에 관한 세부적인 사항은 식품의약품안전처장이 정하여 고시한다.

5) HACCP 적용의 순서(12절차 7원칙)

① HACCP 팀 구성
- 생산, 시설 설비, 물류, 품질 관리 등의 인력으로 각 팀원과 팀장을 구성한다.
- CCP 모니터링 관리 요원까지 해당 공정의 현장 종사자를 구성한다.

② 제품 설명서 작성
위해요소 파악, 예방 조치에 필요한 모든 정보를 파악하기 위해 제품 설명서를 작성한다.

③ 제품의 용도 확인
소비 대상, 가열 또는 섭취 방법을 확인한다.

④ 공정 흐름도 작성
원 부재료 및 포장 재료의 입고부터 출하까지 전 공정에 대하여 위해요소의 교차오염, 증식, 2차 오염 가능성을 파악하고 공정도를 작성한다.

⑤ 공정 흐름도 현장 확인
공정 흐름도 및 평면도가 현장과 일치하는지를 검증한다.

⑥ 원칙 1 : 위해요소 분석
- 인체의 건강을 해칠 우려가 있는 생물학적, 화학적, 물리적 위해요소 목록을 작성한다.
- 위해 평가 실시, 심각성과 발생 가능성 평가, 예방 조치 방법
- 급성 독성 : 화학물질을 시험동물에 1회 또는 24시간 안에 반복 투여하거나, 흡입될 수 있는 화학물질을 24시간 안에 1회 노출시켰을 때 1일~2주 안에 나타나는 독성
- 아급성 독성 : 농약 등의 약물을 실험동물에 반복 처리할 경우 처리 후 1~3개월 사이에 생체의 기능 혹은 조직에 장해를 주는 성질
- 아만성 독성 : 3개월간을 연속 투여했을 때 생기는 특성으로, 아만성 독성시험 결과 최대무작용량 산출 및 만성독성 투여약량 수준을 결정하는 데 이용됨

⑦ 원칙 2 : 중요 관리점(CCP) 결정
- 위해요소를 예방하고 제거할 수 있는 공정상의 단계 과정이다.
- 공정을 결정한다.

⑧ 원칙 3 : 한계 기준 설정
- 위해요소 관리 허용 범위의 기준치를 설정한다.
- 반수치사량 : 일정한 조건하에서 시험동물의 50%를 사망시키는 물질의 양
- 최대무작용량 : 식품첨가물의 사용기준을 정하기 위한 각종 독성시험(급성, 만성, 발암, 변이원성 등)에서, 전혀 유해 작용이 확인되지 않는 투여량
- 1일 섭취 허용량 : 인간이 한평생 매일 섭취하더라도 장해가 인정되지 않는다고 생각되는 화학물질의 1일 섭취량(mg/kg 체중/1일)

⑨ 원칙 4 : 모니터링 방법 설정
지속적인 측정, 관찰 방법을 설정한다.

⑩ 원칙 5 : 개선 조치 설정
중요 관리점의 한계 기준에 준수되지 않은 경우, 재발 방지를 위한 원인을 규명하고 개선 조치를 설정한다.

⑪ 원칙 6 : 검증 방법 설정
- 적절성과 실행성을 파악한다.
- 최초 검증, 정기 검증, 일상 검증, 특별 검증

⑫ 원칙 7 : 기록 유지 및 문서 관리
HACCP 관리 과정 기록물을 문서화시킨다.

03 작업장 교차오염 발생요소

1) 교차오염의 원인

① 나무재질의 도마, 행주, 주방 바닥, 트렌치★, 생선과 채소, 과일 준비 코너 등에서 교차오염이 발생한다.

② 냉장·냉동 저장 공간은 식자재와 음식물의 출입이 빈번하여 세균침투와 교차오염이 발생한다.

2) 교차오염 개선 방안

① 원재료의 전처리 과정에서 더욱 세심한 청결상태의 유지와 식재료의 관리가 필요하다.

② 냉장·냉동고는 최대한 자주 세척 및 살균한다.

③ 상온 창고에 적재용 깔판, 팔레트, 선반, 환풍기, 창문 방충망, 온습도계 등을 관리한다.

④ 배수로는 하부에 부착된 찌꺼기까지 청소하여 해충이나 악취가 발생하는 것을 차단한다.

★ 트렌치
건물의 배선·배관·벨트 컨베이어 따위를 바닥을 파서 설치한 도랑 모양의 콘크리트 구조물

식중독관리

출제빈도 상 중 하
반복학습 1 2 3

빈출 태그 ▶ 식중독의 종류 · 곰팡이 · 세균성 식중독 · 독소형 식중독 · 자연독 식중독

01 세균성 식중독

1) 감염형 식중독

미생물에 의해 오염된 음식물의 섭취가 원인이 되는 식중독[★]으로, 균이 증식하는 데 일정한 시간이 걸리므로 잠복기가 대체로 길다.

기적의 TIP

식중독의 종류를 분류하여 암기하면 이해가 쉬워요.

★ 식중독
음식물, 기구, 용기, 포장, 첨가물을 통해 인체에 들어간 병원 미생물, 유독, 유해한 화학물질이 급성 위장염 등의 생리적 이상을 초래하는 것

① 살모넬라 식중독(Salmonella Food Poisoning)

특징	• 식품이 쥐, 파리에 의해 오염되고, 우리나라에서 흔한 발병 • 그램 음성, 통성 혐기성, 무포자 간균
잠복기	12~24시간(평균 18시간)
증상	두통, 복통, 설사
원인 식품	어패류, 난류, 우유, 채소, 샐러드
예방대책	조리기구 청결, 열에 약하여 60℃에서 30분간 가열하면 사멸, 저온보존

② 장염비브리오 식중독(Vibrio Food Poisoning)

특징	3% 소금이 있는 환경에서 생육하는 호염성 세균, 통성 혐기성, 아포가 없는 간균, 그램 음성균
잠복기	식후 13~18시간
증상	빈번한 설사, 두통, 복통
원인 식품	어패류, 조리기구 등을 통한 2차 감염, 7~9월 집중 발생
예방대책	가열 조리 후 섭취, 청결한 관리

③ 병원성 대장균 식중독(Enterotoxigenic Escherichia Coli Food Poisoning)

특징	• 물, 흙 속에서 존재, 분변오염지표로 사용 • 젖먹이(영유아)에게 많이 발생, 분변오염 • 그램 음성균, 간균. 호기성 또는 통성 혐기성균 • E.Coli O157:H7
잠복기	평균 13시간
증상	두통, 복통, 설사, 발열
원인 식품	우유, 가정에서 만든 마요네즈
예방대책	분변오염 유의, 변소시설과 위생상태를 관리해야 함

2) 독소형 식중독

식중독 세균이 증식할 때에 생산된 독소를 함유한 음식물을 섭취함으로써 일어나는 균으로 포도상구균, 보툴리늄균, 세레우스균이 있으며 잠복기가 비교적 짧다.

① 황색포도상구균 식중독(Staphylococcus Food Poisoning)

특징	• 독소인 엔테로톡신은 열에 강하지만, 포도상구균은 열에 약하여 80℃에서 30분 가열 시 파괴 • 밥을 주식으로 하는 나라에서 많이 발생함 • 그램 양성균
잠복기	1~6시간(평균 3시간)
증상	급성 위장염
원인 식품	떡, 콩가루, 쌀밥
예방대책	• 화농성질환자의 식품 조리 및 가공 금지 • 조리사의 마스크, 모자 착용

② 클로스트리디움 보툴리늄 식중독(Clostridium Botulinum Food Poisoning)

특징	• 독소인 뉴로톡신은 열에 약하여 80℃에서 30분 가열 시 파괴 • 아포는 열에 강하여 120℃에서 20분 이상 가열해야 함 • 그램 양성균, 혐기성균
잠복기	12~36시간
증상	특이한 신경 증상, 눈의 시력 저하, 동공 확대, 청각마비, 언어장애, 치사율이 높음
원인 식품	햄, 소시지, 병조림, 통조림 식품
예방대책	음식물 가열 처리, 통조림 살균을 철저히 함

③ 바실러스 세레우스 식중독(Bacillus Cereus Food Poisoning)

특징	• 포자는 내열성으로 135℃에서 4시간 가열에도 죽지 않음 • 엔테로톡신, 그램 양성균, 간균, 통성 혐기성균
잠복기	8~16시간(평균 12시간)
증상	복통, 설사, 구토
원인 식품	• 가열 조리 식품 중에서 살아남아 냉각과 함께 발아, 증식을 함 • 쌀밥, 면류, 복합식품, 육류, 채소, 수프, 푸딩 등
예방대책	오염 가능한 식품은 조리 후 바로 섭취, 저온 저장

3) 기타 식중독

① 웰치균 식중독(Clostridium Perfringens Food Poisoning)

- 웰치균의 경우 A, C형은 감염형이고, 나머지는 독소형이다. 따라서 중간형으로 분리하기도 한다.
- 포자 형성 시 엔테로톡신을 형성한다.

특징	그램 양성균, 편성 혐기성, 아포 형성(열에 강함), 식중독 원인균은 A, F형
잠복기	8~22시간(평균 12시간)
증상	심한 설사, 1~2일이면 회복
원인 식품	육류, 가공품, 통조림, 족발, 국 등의 재가열 식품
예방대책	10℃ 이하나 60℃ 이상에서 보존

② 알레르기성 식중독

특징	• 세균이 직접 원인이 아니라, 세균의 효소작용에 의해 유독 물질이 생산되어 발생 • 식품 중의 아미노산의 분해로 히스타민이 생성됨 • 원인균 : 프로테우스 모르가니균
잠복기	30~60분
증상	두드러기성 발진, 두통, 발열, 구토, 설사
원인 식품	꽁치, 고등어, 정어리, 건어물, 가공품 등 히스티딘 함량이 많은 식품
예방대책	항히스타민제 투여

③ 바이러스 식중독

특징	• 원인 물질에 따라 식중독으로 분류되고 감염형에 속함 • 미량의 개체로 발병하며, 2차 감염으로 인한 대형 식중독 유발 가능성이 있음 • 노로바이러스, 아스트로바이러스, 장관아데노바이러스, 로타바이러스 A군
잠복기	24~48시간
증상	오심(메스꺼움), 구토, 복통 및 설사 증상
원인 식품	오염된 음식물, 물, 물체
예방대책	청결, 손 씻기, 위생을 철저히 함

4) 경구 감염병과 세균성 식중독의 차이점

구분	경구 감염병(소화기계 감염병)	세균성 식중독
원인	감염병균에 오염된 식품과 물을 섭취한 경우 발생	감염병균에 오염된 식품을 섭취한 경우 발생
균의 양	적은 양의 균으로도 감염	많은 양의 균과 독소가 있음
2차 감염	있지만 적은 편임	없음
잠복기	세균성 식중독에 비하여 김	짧음
예방	예방접종이 되는 경우도 있지만, 대부분 불가능	식품 중 균의 증식을 억제함
음료수	물에 기인하는 경우가 많음	음료수와 관련이 적음
독성	강함	약함
면역성	대부분 면역성이 있음	대부분 면역성이 없음

02 자연독 식중독

1) 식물성 식중독

① 식물성 식품과 독성

종류	독성 물질
감자 싹	솔라닌(Solanine)
부패된 감자	셉신(Sepsine)
독미나리	시큐톡신(Cicutoxin)
청매, 살구씨	아미그달린(Amygdalin)

🅑 기적의 TIP

식품과 독의 이름을 연결시켜서 외우세요.

피마자	리신(Ricin)
목화씨(면실유)	고시풀(Gossypol)
독보리	테물린(Temuline)
맥각	에르고톡신(Erogotoxin)
미치광이풀	히요시아민(Hyoscyamine)
꽃무늬	리코린(Lycorine)
독버섯	무스카린, 무스카리딘, 팔린, 아마니타톡신, 필지오린

② 독버섯의 특징
• 줄기가 세로로 찢어지지 않고 부스러지며, 찢었을 때 액즙이 분비된다.
• 특유의 향이 나고 악취가 있다.
• 색깔이 선명하고 아름답다.
• 표면에 점액이 있다.
• 쓴맛, 신맛이 나지만 절대 맛을 봐서는 안 된다.
• 은수저 등으로 문질렀을 때 검은색으로 변한다.

③ 독버섯의 중독 증상
• 콜레라형 중독(알광대버섯, 독우산버섯) : 경련, 허탈, 혼수상태
• 위장형 중독(무당버섯, 큰붉은버섯, 화경버섯) : 위장장애
• 신경계 장애 중독(파리버섯, 광대버섯) : 중추신경장애, 땀내기, 광증, 침흘리기
• 혈액형 중독(마귀곰보) : 콜레라형 위장장애, 용혈작용, 황달, 혈색뇨

2) 동물성 식중독

① 동물성 식품과 독성

종류	독성 물질
복어	테트로도톡신(Tetrodotoxin)
모시조개, 굴, 바지락	베네루핀(Venerupin)
검은조개, 섭조개, 대합조개	삭시톡신(Saxitoxin)

② 복어
• 독성 : 테트로도톡신
• 독소량 : 난소 〉간 〉내장 〉피부
• 치사량 : 2ml
• 치사율 : 50~60%
• 유독시기 : 산란기(5~6월)
• 증상 : 마비성 식중독, 사지의 마비, 호흡곤란, 호흡마비로 인한 사망

③ 모시조개, 굴, 바지락
• 독성 : 베네루핀
• 특징 : 끓여도 파괴되지 않음
• 유독시기 : 5~6월
• 증상 : 피하의 출혈성 반점, 구토, 변비, 의식혼란 등

④ 검은조개, 섭조개, 대합조개
- 독성 : 삭시톡신
- 특징 : 끓여도 파괴되지 않음
- 유독시기 : 2~4월
- 증상 : 신경마비, 신체마비, 호흡곤란 등

3) 화학성 식중독

① 유해성 금속에 의한 식중독

유해성 금속	원인	증상
Cu(구리)	첨가물, 식기, 용기	구토, 매스꺼움
Zn(아연)	식기, 용기	구토, 설사, 복통
Cd(카드뮴)	식기, 기구, 용기	골연화증, 신장장애, 이타이이타이병
Hg(수은)	유기수은 오염된 해산물	지각이상, 구토, 미나마타병
Pb(납)	인료, 농약	피로, 지각소실, 시력장애
As(비소)	농약, 살충	구토, 설사, 심장마비
Sn(주석)	통조림	구토, 설사, 복통
PCB(미강유중독)	PCB	식욕부진, 구토, 흑피증

② 농약에 의한 식중독

농약의 종류		증상	예방법
유기인제	파라티온, 말라티온, 다이아지논, TEPP	설사, 구토, 두통, 전신권태의 증상	살포 시 흡입 주의, 과채류의 산성액 세척, 수확 전 15일 이내 살포 금지
유기염소제	DDT, BHC		
비소화합물	산성비산납, 비산석회		
카바메이트제	BPMC, MIMC, NAC		

③ 식품 반응에 의한 발암성 물질

- 니트로소아민(Nitrosoamine)
  - 아질산염과 아민류가 산성조건하에서 반응하여 생성하는 물질로 강한 발암성을 갖는 물질이다.
  - 햄, 베이컨, 소시지 등에 붉은색을 내고 장기 보관할 수 있도록 발색제로 아질산염을 첨가하는데, 식품의 아민과 반응하여 생성하기도 하고 체내의 위 내에서 합성될 가능성이 있다.
- 벤조피렌(Benzopyrene)

  - 다환방향족 탄화수소이며, 훈제육이나 태운 고기에서 다량 검출되는 발암 물질이다.
  - 석탄, 석유, 목재 등을 태울 때 매연, 담배연기 등 불완전 연소에서 생성된다.

🅑 기적의 TIP

주석의 식중독에 관한 문제가 많이 나오는데 특징까지 알아두면 좋아요. 통조림의 표면에 철이 녹스는 것을 막기 위해 주석을 입히는데 산성이 강한 과일, 캔, 주스 등에서 용출될 가능성이 높아요.

- 메탄올(Methyl Alcohol)
  - 과실주의 알코올 발효 과정에서 펙틴으로부터 생성되고, 정제가 불충분한 에탄올, 증류주에 미량씩 함유되어 있다.
  - 중독 증상은 두통, 현기증, 구토, 복통, 심하면 시신경의 염증, 실명, 사망을 초래하는 경우도 있다.
- 트리할로메탄(THM)
  - 물의 염소 소독 시 유기물질과 반응하여 생성되는 오염물질이다.
- 다이옥신(Dioxin)
  - 석탄, 석유를 쓰는 발전소, 쓰레기 소각, 염소계 표백공정, 자동차나 도시가스, 염소 등의 세정수에서 검출된다.

④ 기구, 용기 및 포장의 유해물질

- 종이류
  - 외관을 희게 보이게 하기 위하여 형광 증백제가 사용되고 있다.
  - 유해물질 : 착색제, 형광염료, 파라핀, PCB 펄프용 잔류 방부제
- 금속제품
  - 식품의 조리 기구, 용기를 금속이나 합금으로 많이 사용하는데, 금속의 용출과 불순물의 용출이 되어 위생상의 문제가 된다.
  - 유해물질 : 납, 주석(도금), 도료성분, 구리, 안티몬, 카드뮴, 아연
- 도자기, 법랑기구, 유리제품
  - 오래된 법랑 용기가 산성물질과 접촉한 경우 금속이 쉽게 용출된다.
  - 도자기는 표면에 채색할 때 전사지에 연단 또는 붕산을 사용하는데, 산성물질과 접촉할 경우 쉽게 용출된다.
  - 유리는 규산을 주성분으로 하여 만드는데, 오랫동안 산성물질과 접촉하면 용출된다.
  - 유해물질 : 납(유약, 크리스털 잔), 안료, 규산
- 플라스틱
  - 플라스틱을 만들 때 안정제, 착색제, 가소제, 산화방지제 등 각종 첨가제가 사용된다.
  - 유해물질 : 페놀, 포르말린, 독성이 강한 첨가제

⑤ 방사성 물질

- ^{90}Sr(스트론튬) : 골수의 조혈 기능 저해, 백혈병, 골수암을 일으킨다.
- ^{137}Cs(세슘) : 생식선 조사 장해를 일으킨다.
- ^{131}I(요오드) : 갑상선 장애를 일으킨다.

🅕 기적의 TIP

유해한 발암물질의 이름과 특징을 암기해 주세요.

4) 곰팡이 식중독(Mycotoxin)

① 식중독을 일으키는 곰팡이 독

구분	독소	증상	원인 식품
아스퍼질러스 속	아플라톡신	간장독	재래식 된장, 간장, 고추장, 밀가루
	오크라톡신		쌀, 보리, 밀, 옥수수
	루테오스키린		황변미
페니실리움 속	시트리닌	신장독	황변미
	아스란디톡신	간장독	황변미
	시트리오비리딘	신경독	황변미
	파툴린		젖소(사료)
맥각균	에르고톡신, 에르고타민	간장독	호밀, 보리, 밀

② 곰팡이 독의 특징

- 발생한 지역의 식품이나 사료에 곰팡이 오염과 독이 함께 존재한다.
- 고온다습하면 발생한다.
- 계절과 밀접한 관련이 있다.
- 탄수화물이 풍부한 곡류에 많이 발생한다.
- 감염성, 항생물질의 효과가 없다.

🅑 기적의 TIP

종류		예
세균성 식중독	감염형	살모넬라 식중독, 장염비브리오 식중독, 병원성대장균 식중독
	독소형	황색포도상구균 식중독, 클로스트리디움 보툴리늄
	중간형	웰치균 식중독
	기타	알러지성 식중독
바이러스성 식중독	감염형	노로바이러스, 아스트로바이러스, 장관아데노바이러스, 로타바이러스
자연독 식중독	식물성	독버섯, 감자
	동물성	복어독, 조개류
	곰팡이	아플라톡신, 황변미독
화학성 식중독	의도적	인공감미료, 착색료 등 식품첨가물
	비의도적	농약, 수은, 납 등

01 총칙

① **목적** : 식품으로 인하여 생기는 위생상의 위해를 방지하고 식품 영양의 질적 향상을 도모하며 식품에 관한 올바른 정보를 제공하여 국민 보건의 증진에 이바지함을 목적으로 한다.

② **정의**

• 식품 : 모든 음식물(의약으로 섭취하는 것은 제외)

• 식품첨가물 : 식품을 제조 · 가공 또는 보존하는 과정에서 식품에 넣거나 섞는 물질 또는 식품을 적시는 등에 사용되는 물질

• 화학적 합성품 : 화학적 수단으로 원소 또는 화합물에 분해 반응 외의 화학 반응을 일으켜서 얻은 물질

• 기구 : 식품 또는 식품첨가물에 직접 닿는 기계 · 기구나 그 밖의 물건

• 용기 · 포장 : 식품 또는 식품첨가물을 넣거나 싸는 것으로서 식품 또는 식품첨가물을 주고받을 때 함께 건네는 물품

• 위해 : 식품, 식품첨가물, 기구 또는 용기 · 포장에 존재하는 위험요소로서 인체의 건강을 해치거나 해칠 우려가 있는 것

• 영업 : 식품 또는 식품첨가물을 채취 · 제조 · 수입 · 가공 · 조리 · 저장 · 소분 · 운반 또는 판매하거나 기구 또는 용기 · 포장을 제조 · 수입 · 운반 · 판매하는 업(농업과 수산업에 속하는 식품 채취업은 제외)

• 영업자 : 영업 허가를 받은 자나 영업 신고를 한 자 또는 영업 등록을 한 자

• 식품위생 : 식품, 식품첨가물, 기구 또는 용기 · 포장을 대상으로 하는 음식에 관한 위생

• 집단급식소 : 영리를 목적으로 하지 아니하면서 특정 다수인에게 계속하여 음식물을 공급하는 기숙사, 학교, 병원, 사회복지시설, 산업체, 국가, 지방자치 단체 및 공공기관, 그 밖의 후생기관

• 식품이력추적관리 : 식품을 제조 · 가공 단계부터 판매 단계까지 각 단계별로 정보를 기록 · 관리하여 그 식품의 안전성 등에 문제가 발생할 경우 그 식품을 추적하여 원인을 규명하고 필요한 조치를 할 수 있도록 관리하는 것

• 식중독 : 식품 섭취로 인하여 인체에 유해한 미생물 또는 유독물질에 의하여 발생하였거나 발생한 것으로 판단되는 감염성 질환 또는 독소형 질환

• 집단급식소에서의 식단 : 급식대상 집단의 영양섭취기준에 따라 음식명, 식재료, 영양성분, 조리 방법, 조리 인력 등을 고려하여 작성한 급식 계획서

③ 식품 등의 취급
- 누구든지 판매 목적으로 식품 또는 식품첨가물을 채취·제조·가공·사용·조리·저장·소분·운반 또는 진열을 할 때에는 깨끗하고 위생적으로 하여야 한다.
- 영업에 사용하는 기구 및 용기·포장은 깨끗하고 위생적으로 다루어야 한다.
- 식품, 식품첨가물, 기구 또는 용기·포장의 위생적인 취급에 관한 기준은 총리령으로 정한다.

02 식품과 식품첨가물

① 위해식품 등의 판매 등 금지
- 누구든지 다음 각 호의 어느 하나에 해당하는 식품 등을 판매하거나 판매할 목적으로 채취·제조·수입·가공·사용·조리·저장·소분·운반 또는 진열하여서는 아니 된다.
- 썩거나 상하거나 설익어서 인체의 건강을 해칠 우려가 있는 것
- 유독·유해물질이 들어 있거나 묻어 있는 것 또는 그러할 염려가 있는 것. 다만, 식품의약품안전처장이 인체의 건강을 해칠 우려가 없다고 인정하는 것은 제외한다.
- 병을 일으키는 미생물에 오염되었거나 그러할 염려가 있어 인체의 건강을 해칠 우려가 있는 것
- 불결하거나 다른 물질이 섞이거나 첨가된 것 또는 그 밖의 사유로 인체의 건강을 해칠 우려가 있는 것
- 안전성 평가 대상인 농·축·수산물 등 가운데 안전성 평가를 받지 아니하였거나 안전성 평가에서 식용으로 부적합하다고 인정된 것
- 수입이 금지된 것 또는 수입신고를 하지 아니하고 수입한 것
- 영업자가 아닌 자가 제조·가공·소분한 것

② 병든 동물 고기 등의 판매 등 금지
- 누구든지 총리령으로 정하는 질병에 걸렸거나 걸렸을 염려가 있는 동물이나 그 질병에 걸려 죽은 동물의 고기·뼈·젖·장기 또는 혈액을 식품으로 판매하거나 판매할 목적으로 채취·수입·가공·사용·조리·저장·소분 또는 운반하거나 진열하여서는 아니 된다.
- 리스테리아병, 살모넬라병, 파스튜렐라병 및 선모충증

③ 기준·규격이 고시되지 아니한 화학적 합성품 등의 판매 등 금지
- 누구든지 다음 각 호의 어느 하나에 해당하는 행위를 하여서는 아니 된다. 다만, 식품의약품안전처장이 식품위생심의위원회 심의를 거쳐 인체의 건강을 해칠 우려가 없다고 인정하는 경우에는 그러하지 아니하다.
- 기준·규격이 고시되지 아니한 화학적 합성품인 첨가물과 이를 함유한 물질을 식품첨가물로 사용하는 행위
- 식품첨가물이 함유된 식품을 판매하거나 판매할 목적으로 제조·수입·가공·사용·조리·저장·소분·운반 또는 진열하는 행위

 기적의 TIP

병든 동물 고기 등의 판매를 금지하는 질병 이름을 외워야 해요.

03 기구와 용기·포장

① 유독기구 등의 판매·사용 금지
- 유독·유해물질이 들어있거나 묻어있어 인체의 건강을 해칠 우려가 있는 기구 및 용기·포장과 식품 또는 식품첨가물에 직접 닿으면 해로운 영향을 끼쳐 인체의 건강을 해칠 우려가 있는 기구 및 용기·포장을 판매하거나 판매할 목적으로 제조·수입·저장·운반·진열하거나 영업에 사용하여서는 아니 된다.

② 기구 및 용기·포장에 관한 기준 및 규격

- 식품의약품안전처장은 판매하거나 영업에 사용하는 기구 및 용기·포장에 관하여 제조 방법에 관한 기준, 기구 및 용기·포장과 그 원재료에 관한 규격을 정하여 고시한다.
- 식품의약품안전처장은 기준과 규격이 고시되지 아니한 기구 및 용기·포장에 대하여는 시험·검사기관의 검토를 거쳐 해당 기구 및 용기·포장의 기준과 규격으로 인정할 수 있다.
- 수출할 기구 및 용기·포장과 그 원재료에 관한 기준과 규격은 수입자가 요구에 따를 수 있다.

04 표시

① 유전자재조합식품 등의 표시
- 생명공학기술을 활용하여 재배·육성된 농산물·축산물·수산물 등을 원재료로 하여 제조·가공한 식품 또는 식품첨가물은 유전자변형식품임을 표시하여야 한다. 다만, 제조·가공 후에 유전자변형 디엔에이(DNA, Deoxyribonucleic Acid) 또는 유전자변형 단백질이 남아 있는 유전자변형식품 등에 한정한다.
  - 인위적으로 유전자를 재조합하거나 유전자를 구성하는 핵산을 세포 또는 세포 내 소기관으로 직접 주입하는 기술
  - 분류학에 따른 과(科)의 범위를 넘는 세포융합기술
- 유전자변형식품 등은 표시가 없으면 판매하거나 판매할 목적으로 수입·진열·운반하거나 영업에 사용하여서는 아니 된다.
- 표시의무자, 표시대상 및 표시방법 등에 필요한 사항은 식품의약품안전처장이 정한다.

05 공전

식품의약품안전처장은 다음 각 호의 기준 등을 실은 식품등의 공전을 작성·보급하여야 한다.
- 식품 또는 식품첨가물의 기준과 규격
- 기구 및 용기·포장의 기준과 규격

06 검사

① 위해평가

- 식품의약품안전처장은 국내외에서 유해물질이 함유된 것으로 알려지는 등 위해의 우려가 제기되는 식품으로 의심되는 경우에는 그 식품 등의 위해요소를 신속히 평가하여 그것이 위해식품 등인지를 결정하여야 한다.
- 식품의약품안전처장은 위해평가가 끝나기 전까지 국민건강을 위하여 예방조치가 필요한 식품 등에 대하여는 판매하거나 판매할 목적으로 채취 · 제조 · 수입 · 가공 · 사용 · 조리 · 저장 · 소분 · 운반 또는 진열하는 것을 일시적으로 금지할 수 있다. 다만, 국민건강에 급박한 위해가 발생하였거나 발생할 우려가 있다고 식품의약품안전처장이 인정하는 경우에는 그 금지조치를 하여야 한다.
- 식품의약품안전처장은 일시적 금지조치를 하려면 미리 심의위원회의 심의 · 의결을 거쳐야 한다. 다만, 국민건강을 급박하게 위해할 우려가 있어서 신속히 금지조치를 하여야 할 필요가 있는 경우에는 먼저 일시적 금지조치를 한 뒤 지체 없이 심의위원회의 심의 · 의결을 거칠 수 있다.
- 심의위원회는 제3항 본문 및 단서에 따라 심의하는 경우 대통령령으로 정하는 이해관계인의 의견을 들어야 한다.
- 식품의약품안전처장은 심의위원회의 심의 · 의결에서 위해가 없다고 인정된 식품 등에 대하여는 지체 없이 일시적 금지조치를 해제하여야 한다.

② 소비자 등의 위생검사 등 요청

- 식품의약품안전처장, 시 · 도지사 또는 시장 · 군수 · 구청장은 위생검사 등의 요청에 따르는 경우 14일 이내에 출입 · 검사 · 수거(위생검사) 등을 하고 그 결과를 대통령령으로 정하는 바에 따라 위생검사 등의 요청을 한 소비자, 소비자단체 또는 시험 · 검사기관에 알리고 인터넷 홈페이지에 게시하여야 한다.
- 위생검사 등의 요청 요건 및 절차, 그 밖에 필요한 사항은 대통령령으로 정한다.
- 영업자나 그 밖의 관계인에게 필요한 서류나 그 밖의 자료의 제출 요구
- 관계 공무원으로 하여금 다음 각 목에 해당하는 출입 · 검사 · 수거 등의 조치
  - 판매를 목적으로 하거나 영업에 사용하는 식품 등 또는 영업시설 등에 대하여 하는 검사
  - 검사에 필요한 최소량의 식품 등의 무상 수거
  - 영업에 관계되는 장부 또는 서류의 열람
- 출입 · 검사 · 수거 또는 열람하려는 공무원은 그 권한을 표시하는 증표를 지니고 이를 관계인에게 내보여야 한다.

③ 위해식품 등에 대한 긴급대응

식품의약품안전처장은 판매하거나 판매할 목적으로 채취 · 제조 · 수입 · 가공 · 조리 · 저장 · 소분 또는 운반(이하 이 조에서 "제조 · 판매 등"이라 한다)되고 있는 식품 등이 다음 각 호의 어느 하나에 해당하는 경우에는 긴급대응방안을 마련하고 필요한 조치를 하여야 한다.

✔ 개념 체크

1 유전자변형식품 등은 표시가 없어도 영업에 사용할 수 있다. (O, X)

2 식품의약품안전처장은 국민건강을 급박하게 위해할 우려가 있는 경우 일시적 금지조치를 먼저 한 후 심의위원회의 심의 · 의결을 거칠 수 있다. (O, X)

1 × 2 O

④ 유전자변형식품 등의 안전성 심사
- 유전자변형식품 등을 식용으로 수입·개발·생산하는 자는 최초로 유전자변형식품 등을 수입하는 경우 등 대통령령으로 정하는 경우에는 식품의약품안전처장에게 해당 식품 등에 대한 안전성 심사를 받아야 한다.
- 식품의약품안전처장은 유전자변형식품 등의 안전성 심사를 위하여 식품의약품안전처에 유전자변형식품 등 안전성심사위원회를 둔다.
- 안전성심사위원회는 위원장 1명을 포함한 20명 이내의 위원으로 구성한다. 이 경우 공무원이 아닌 위원이 전체 위원의 과반수가 되도록 하여야 한다.
- 안전성심사위원회의 위원은 유전자변형식품 등에 관한 학식과 경험이 풍부한 사람으로서 식품의약품안전처장이 위촉하거나 임명한다.

⑤ 검사명령
- 식품의약품안전처장은 식품 등을 채취·제조·가공·사용·조리·저장·소분·운반 또는 진열하는 영업자에 대하여 식품전문 시험·검사기관 또는 국외시험·검사기관에서 검사를 받을 것을 명할 수 있다.
- 검사명령을 받은 영업자는 총리령으로 정하는 검사기한 내에 검사를 받거나 관련 자료 등을 제출하여야 한다.

⑥ 특정 식품 등의 수입·판매 등 금지
- 식품의약품안전처장은 특정 국가 또는 지역에서 채취·제조·가공·사용·조리 또는 저장된 식품 등이 그 특정 국가 또는 지역에서 위해한 것으로 밝혀졌거나 위해의 우려가 있다고 인정되는 경우에는 그 식품 등을 수입·판매하거나 판매할 목적으로 제조·가공·사용·조리·저장·소분·운반 또는 진열하는 것을 금지할 수 있다.
- 식품 등에서 유독·유해물질이 검출된 경우에는 해당 식품 등의 수입을 금지하여야 한다. 다만, 인체의 건강을 해칠 우려가 없다고 식품의약품안전처장이 인정하는 경우는 그러하지 아니하다.
- 식품의약품안전처장은 금지를 하려면 미리 관계 중앙행정기관의 장의 의견을 듣고 심의위원회의 심의·의결을 거쳐야 한다. 다만, 국민건강을 급박하게 위해할 우려가 있어서 신속히 금지 조치를 하여야 할 필요가 있는 경우 먼저 금지조치를 한 뒤 지체 없이 심의위원회의 심의·의결을 거칠 수 있다.

⑦ 출입·검사·수거
- 식품의약품안전처장, 시·도지사 또는 시장·군수·구청장은 식품 등의 위해방지·위생관리와 영업질서의 유지를 위하여 필요하면 다음 각 호의 구분에 따른 조치를 할 수 있다.
  - 영업자나 그 밖의 관계인에게 필요한 서류나 그 밖의 자료의 제출 요구
  - 관계 공무원으로 하여금 다음 각 목에 해당하는 출입·검사·수거 등의 조치
  - 영업소에 출입하여 판매를 목적으로 하거나 영업에 사용하는 식품 등 또는 영업시설 등에 대하여 하는 검사
  - 검사에 필요한 최소량의 식품 등의 무상 수거
  - 영업에 관계되는 장부 또는 서류의 열람
- 출입·검사·수거 또는 열람하려는 공무원은 그 권한을 표시하는 증표 및 조사기간, 조사범위, 조사담당자, 관계 법령 등 대통령령으로 정하는 사항이 기재된 서류를 지니고 이를 관계인에게 내보여야 한다.

⑧ 식품위생감시원

- 식품위생에 관한 지도 등을 하기 위하여 식품의약품안전처, 시·도 또는 시·군·구에 식품위생감시원을 둔다.
- 식품위생감시원의 자격·임명·직무범위, 그 밖에 필요한 사항은 대통령령으로 정한다.
  - 위생사, 식품기술사·식품기사·식품산업기사·수산제조기술사·수산제조기사·수산제조산업기사 또는 영양사
  - 대학 또는 전문대학에서 의학·한의학·약학·한약학·수의학·축산학·축산가공학·수산제조학·농산제조학·농화학·화학·화학공학·식품가공학·식품화학·식품제조학·식품공학·식품과학·식품영양학·위생학·발효공학·미생물학·조리학·생물학 분야의 학과 또는 학부를 졸업한 자 또는 이와 같은 수준 이상의 자격이 있는 자
  - 외국에서 위생사 또는 식품제조기사의 면허를 받은 자나 제2호와 같은 과정을 졸업한 자로서 식품의약품안전처장이 적당하다고 인정하는 자
  - 1년 이상 식품위생행정에 관한 사무에 종사한 경험이 있는 자
  - 식품의약품안전처장, 시·도지사 또는 시장·군수·구청장은 인력 확보가 곤란하다고 인정될 경우에는 식품위생행정에 종사하는 자 중 소정의 교육을 2주 이상 받은 자에 대하여 그 식품위생행정에 종사하는 기간 동안 식품위생감시원의 자격을 인정할 수 있다.

⑨ 식품위생감시원의 직무

- 식품 등의 위생적인 취급에 관한 기준의 이행 지도
- 수입·판매 또는 사용 등이 금지된 식품 등의 취급 여부에 관한 단속
- 표시기준 또는 과대광고 금지의 위반 여부에 관한 단속
- 출입·검사 및 검사에 필요한 식품 등의 수거
- 시설기준의 적합 여부의 확인·검사
- 영업자 및 종업원의 건강진단 및 위생교육의 이행 여부의 확인·지도
- 조리사 및 영양사의 법령 준수사항 이행 여부의 확인·지도
- 행정처분의 이행 여부 확인
- 식품 등의 압류·폐기 등
- 영업소의 폐쇄를 위한 간판 제거 등의 조치
- 그 밖에 영업자의 법령 이행 여부에 관한 확인·지도

⑩ 자가품질검사

- 자가품질검사는 자가품질검사기준에 따라 하여야 한다.
- 검사를 의뢰받은 자가품질위탁검사기관은 검사를 한 후 지체 없이 그 검사 결과를 의뢰한 영업자에게 통보하여야 한다.
- 자가품질위탁검사기관은 검사 결과 부적합하여 해당 제품이 회수대상이 되는 식품 등에 해당된다고 인정되는 경우에는 지체 없이 식품의약품안전처장, 지방식품의약품안전청장 또는 신고관청에 통보하여야 한다. 이 경우 자가품질검사를 의뢰한 영업자는 유통 중인 해당 제품에 대하여 법 제45조에 따라 회수·폐기하는 등 필요한 조치를 하여야 한다.
- 자가품질검사에 관한 기록서는 2년간 보관하여야 한다.

⑪ 소비자 위생 점검 참여 등
- 식품제조·가공업자, 식품첨가물제조업자, 식품판매업자, 식품접객업자, 모범업소로 지정받은 영업자, 지방식품의약품안전청장
- 위생관리 상태 점검을 신청하는 경우에는 1개월 이내에 위생 점검을 하여야 한다. 이 경우 같은 업소에 대한 위생 점검은 연 1회로 한정한다.
- 위생 점검 방법 및 절차는 총리령으로 정한다.

07 영업

① 시설기준
- 총리령으로 정하는 시설기준에 맞는 시설을 갖추어야 한다.
- 식품 또는 식품첨가물의 제조업, 가공업, 운반업, 판매업 및 보존업
- 기구 또는 용기·포장의 제조업
- 식품접객업
- 공유주방 운영업

② 허가를 받아야 하는 영업
- 식품조사처리업 : 식품의약품안전처장
- 단란주점영업, 유흥주점영업 : 특별자치도지사 또는 시장·군수·구청장

③ 신고를 하여야 하는 업종
- 특별자치도지사 또는 시장·군수·구청장에게 신고한다.
- 즉석판매제조·가공업
- 식품운반업
- 식품소분·판매업
- 식품냉동·냉장업
- 용기·포장류제조업
- 휴게음식점영업, 일반음식점영업, 위탁급식영업 및 제과점영업

구분	음주행위	손님노래	유흥종사자
휴게음식점, 위탁급식, 제과점	×	×	×
일반음식점	○	×	×
단란주점	○	○	×
유흥주점	○	○	○

④ 식품소분업의 신고대상
- 식품 또는 식품첨가물과 벌꿀(자가채취하여 직접 소분·포장하는 경우를 제외)을 말한다.
- 다만, 어육제품, 식용유지, 특수용도식품, 통·병조림 제품, 레토르트식품, 전분, 장류 및 식초는 소분·판매하여서는 아니 된다.

⑤ 즉석판매제조 · 가공 대상식품

- 소비자가 원하는 만큼 덜어서 직접 최종 소비자에게 판매하는 식품을 말한다.
- 단 통 · 병조림 제품, 레토르트식품, 냉동식품, 어육제품, 특수용도식품(체중조절용 조제식품은 제외), 식초, 전분은 제외한다.

⑥ 신고하지 않아도 되는 업종

- 양곡가공업 중 도정업을 하는 경우
- 수산물가공업의 신고를 하고 해당 영업을 하는 경우
- 축산물가공업의 허가를 받아 해당 영업을 하는 경우
- 건강기능식품제조업, 건강기능식품수입업 및 건강기능식품판매업의 영업허가를 받거나 영업신고를 하고 해당 영업을 하는 경우
- 식품첨가물이나 다른 원료를 사용하지 아니하고 농산물 · 임산물 · 수산물을 단순히 자르거나, 껍질을 벗기거나, 말리거나, 소금에 절이거나, 숙성하거나, 가열하는 등의 가공과정 중 위생상 위해가 발생할 우려가 없고 식품의 상태를 관능검사로 확인할 수 있도록 가공하는 경우
- 영농조합법인과 영어조합법인이 생산한 농산물 · 임산물 · 수산물을 집단급식소에 판매하는 경우. 다만, 다른 사람으로 하여금 생산하거나 판매하게 하는 경우는 제외한다.

⑦ 신고를 하여야 하는 변경사항

- 영업자의 성명
- 영업소의 명칭 또는 상호
- 영업소의 소재지
- 영업장의 면적
- 즉석판매제조 · 가공업을 하는 자가 같은 호에 따른 즉석판매제조 · 가공 대상 식품 중 식품의 유형을 달리하여 새로운 식품을 제조 · 가공하려는 경우
- 식품운반업을 하는 자가 냉장 · 냉동차량을 증감하려는 경우
- 식품자동판매기영업을 하는 자가 같은 시 · 군 · 구에서 식품자동판매기의 설치 대수를 증감하려는 경우

⑧ 건강진단

- 대상 : 식품 또는 식품첨가물을 채취 · 제조 · 가공 · 조리 · 저장 · 운반 또는 판매하는 일에 직접 종사하는 영업자 및 종업원(단, 완전 포장된 식품 또는 식품첨가물을 운반하거나 판매하는 일에 종사하는 사람은 제외)
- 건강진단 항목 : 장티푸스, 폐결핵, 전염성 피부질환
- 횟수 : 1년에 1회

⑨ 식품위생교육의 대상

- 영업자 및 유흥종사자를 둘 수 있는 식품접객업 영업자의 종업원은 매년 식품위생에 관한 교육을 받아야 한다.
- 영업을 하려는 자는 미리 식품위생교육을 받아야 한다.

✓ 개념 체크

1 영업자의 성명이 바뀌는 경우 반드시 신고하여야 한다. (O, X)

2 식품운반업은 식품의약품안전처장에게 허가를 받아야 한다. (O, X)

3 일반음식점에서는 음주 행위는 가능하지만, 유흥종사자를 둘 수는 없다. (O, X)

1 O 2 X 3 O

• 교육을 받아야 하는 자가 영업에 직접 종사하지 아니하거나 두 곳 이상의 장소에서 영업을 하는 경우에는 종업원 중에서 식품위생에 관한 책임자를 지정하여 영업자 대신 교육을 받게 할 수 있다.
• 조리사 또는 영양사의 면허를 받은 자가 식품접객업을 하려는 경우에는 식품위생교육을 받지 아니하여도 된다.

⑩ 식품위생교육의 시간
• 영업자와 종업원(매년 위생교육)
  – 식품제조 · 가공업, 즉석판매제조 · 가공업, 식품첨가물제조업, 식품운반업, 식품소분 · 판매업 등 영업자, 식품보존업, 용기 · 포장류제조업, 식품접객업 : 3시간
  – 유흥주점영업의 유흥종사자 : 2시간
  – 집단급식소를 설치 · 운영하는 자 : 3시간
• 영업자(영업 전 미리 받는 위생교육)
  – 식품제조 · 가공업, 즉석판매제조 · 가공업, 식품첨가물제조업 : 8시간
  – 식품운반업, 식품소분 · 판매업 등 영업자, 식품보존업, 용기 · 포장류제조업 : 4시간
  – 식품접객업 : 6시간
  – 집단급식소를 설치 · 운영하려는 자 : 6시간

⑪ 우수업소 · 모범업소의 지정
• 우수업소의 지정 : 식품의약품안전처장 또는 특별자치도지사 · 시장 · 군수 · 구청장
• 모범업소의 지정 : 특별자치도지사 · 시장 · 군수 · 구청장

🅑 기적의 TIP

우수업소와 모범업소를 누가 지정하는지 알아두세요.

08 조리사

① 조리사
• 집단급식소 운영자와 식품접객업자는 조리사를 두어야 한다.
• 복어를 조리 · 판매하는 영업을 하는 자
• 집단급식소 운영자
  – 국가 및 지방자치단체
  – 학교, 병원 및 사회복지시설
  – 공기업 중 식품의약품안전처장이 지정하여 고시하는 기관
  – 지방공사 및 지방공단
  – 특별법에 따라 설립된 법인
• 조리사를 두지 않아도 되는 경우
  – 집단급식소 운영자 또는 식품접객영업자 자신이 조리사로서 직접 음식물을 조리하는 경우
  – 1회 급식인원 100명 미만의 산업체인 경우
  – 영양사가 조리사의 면허를 받은 경우

🅑 기적의 TIP

집단급식소에는 기숙사, 학교, 병원, 산업체 등이 있는데, 특정 다수를 대상으로 1회 50인 이상에게 지속적으로 식사를 공급하는 경우 조리사와 영양사를 두어야 한다. 산업체의 경우 100명 미만은 조리사와 영양사를 두지 않아도 된다.

② 영양사

- 집단급식소 운영자는 영양사를 두어야 한다.
- 영양사를 두지 않아도 되는 경우
  - 집단급식소 운영자 자신이 영양사로서 직접 영양 지도를 하는 경우
  - 1회 급식인원 100명 미만의 산업체인 경우
  - 조리사가 영양사의 면허를 받은 경우
- 영양사의 직무
  - 집단급식소에서의 식단 작성, 검식 및 배식관리
  - 구매식품의 검수 및 관리
  - 급식시설의 위생적 관리
  - 집단급식소의 운영일지 작성
  - 종업원에 대한 영양 지도 및 식품위생교육

③ 결격사유

- 정신질환자
- 감염병환자(B형간염환자는 제외)
- 마약이나 그 밖의 약물 중독자
- 조리사 면허의 취소처분을 받고 그 취소된 날부터 1년이 지나지 아니한 자

④ 교육

식품의약품안전처장은 식품위생 수준 및 자질의 향상을 위하여 필요한 경우 조리사와 영양사에게 교육(조리사의 경우 보수교육을 포함)을 받을 것을 명할 수 있다. 다만, 집단급식소에 종사하는 조리사와 영양사는 2년마다 교육을 받아야 한다.

기적의 TIP

조리사의 결격사유, 조리사 면허 발급이 불가능한 자에 대해 체크해 보세요.

<h2>09 시정명령과 허가취소 등 행정 제재</h2>

① 시정명령

- 식품의약품안전처장, 시 · 도지사 또는 시장 · 군수 · 구청장은 식품 등의 위생적 취급에 관한 기준에 맞지 아니하게 영업하는 자에게는 필요한 시정을 명하여야 한다.
- 시정명령을 한 경우에는 그 영업을 관할하는 관서의 장에게 그 내용을 통보하여 시정명령이 이행되도록 협조를 요청할 수 있다.
- 요청을 받은 관계 기관의 장은 정당한 사유가 없으면 이에 응하여야 하며, 그 조치 결과를 지체 없이 요청한 기관의 장에게 통보하여야 한다.

② 폐기처분

- 위해식품, 병든 동물, 유독기구 등의 판매 등 금지를 위반한 경우에는 그 식품 등을 압류 또는 폐기하게 하거나 용도 · 처리방법 등을 정하여 영업자에게 위해를 없애는 조치를 하도록 명하여야 한다.

- 신고 또는 등록하지 아니하고 제조 · 가공 · 조리한 식품 또는 식품첨가물이나 여기에 사용한 기구 또는 용기 · 포장 등을 관계 공무원에게 압류하거나 폐기하게 할 수 있다.
- 식품위생상의 위해가 발생하였거나 발생할 우려가 있는 경우에는 영업자에게 유통 중인 해당 식품 등을 회수 · 폐기하게 하거나 해당 식품 등의 원료, 제조 방법, 성분 또는 그 배합 비율을 변경할 것을 명할 수 있다.
- 압류나 폐기를 하는 공무원은 그 권한을 표시하는 증표를 지니고 이를 관계인에게 내보여야 한다.

③ 허가취소
- 다음 각 호의 어느 하나에 해당하는 경우에는 영업허가 또는 등록을 취소하거나 6개월 이내의 기간을 정하여 그 영업의 전부 또는 일부를 정지하거나 영업소 폐쇄를 명할 수 있다.
- 위해식품 등의 판매 등 금지, 병든 동물 고기 등의 판매 등 금지, 기준 · 규격이 고시되지 아니한 화학적 합성품 등의 판매 등 금지, 식품 또는 식품첨가물에 관한 기준 및 규격, 식품의 영양표시, 유전자재조합식품 등의 표시 등을 위반한 경우
- 영업자가 영업정지 명령을 위반하여 영업을 계속하면 영업허가 또는 등록을 취소하거나 영업소 폐쇄를 명할 수 있다.

④ 면허취소 및 행정처분
- 면허취소 : 정신질환자, 감염병환자(B형간염환자는 제외), 마약이나 그 밖의 약물 중독자, 조리사 면허의 취소처분을 받고 그 취소된 날부터 1년이 지나지 아니한 자, 업무정지기간 중에 조리사의 업무를 하는 경우

위반 사항	1차 위반	2차 위반	3차 위반
조리사, 영양사의 보수 교육을 받지 아니한 경우	시정명령	15일	1개월
식중독이나 위생과 관련한 중대한 사고 발생에 직무상의 책임이 있는 경우	1개월	2개월	면허취소
면허를 타인에게 대여하여 사용하게 한 경우	2개월	3개월	면허취소

10 보칙

① 식중독에 관한 조사 보고
- 다음에 해당하는 자는 지체 없이 관할 시장 · 군수 · 구청장에게 보고하여야 한다. 이 경우 의사나 한의사는 식중독 환자나 식중독이 의심되는 자의 혈액 또는 배설물을 보관하는 데에 필요한 조치를 하여야 한다.
  - 보고자의 주소 및 성명, 식중독을 일으킨 환자, 식중독이 의심되는 사람 또는 식중독으로 사망한 사람의 주소 · 성명 · 생년월일 및 사체의 소재지, 식중독의 원인, 발병 연월일, 진단 또는 검사 연월일을 기재

- 식중독 환자나 식중독이 의심되는 자를 진단하였거나 그 사체를 검안한 의사 또는 한의사
- 집단급식소에서 제공한 식품 등으로 인하여 식중독 환자나 식중독으로 의심되는 증세를 보이는 자를 발견한 집단급식소의 설치·운영자
- 시장·군수·구청장은 보고를 받은 때에는 지체 없이 그 사실을 식품의약품안전처장 및 시·도지사에게 보고하고, 대통령령으로 정하는 바에 따라 원인을 조사하여 그 결과를 보고하여야 한다.
- 식품의약품안전처장은 국민보건상 중대하다고 인정하는 경우에는 해당 시·도지사 또는 시장·군수·구청장과 합동으로 원인을 조사할 수 있다.

② 집단급식소
- 영리를 목적으로 하지 아니하면서 특정다수인에게 계속하여 음식물을 공급하는 기숙사·학교·병원 그 밖의 후생기관 등의 급식시설로서 1회 50인 이상에게 식사를 제공하는 급식소를 말한다.
- 집단급식소를 설치·운영하려는 자는 총리령으로 정하는 바에 따라 특별자치도지사·시장·군수·구청장에게 신고하여야 한다.
- 집단급식소를 설치·운영하는 자는 집단급식소 시설의 유지·관리 등 급식을 위생적으로 관리하기 위하여 다음 각 호의 사항을 지켜야 한다.
  - 식중독 환자가 발생하지 아니하도록 위생관리를 철저히 할 것
  - 조리·제공한 식품의 매회 1인분 분량을 총리령으로 정하는 바에 따라 144시간 이상 보관할 것
  - 영양사를 두고 있는 경우 그 업무를 방해하지 아니할 것
  - 영양사를 두고 있는 경우 영양사가 집단급식소의 위생관리를 위하여 요청하는 사항에 대하여는 정당한 사유가 없으면 따를 것
  - 그 밖에 식품 등의 위생적 관리를 위하여 필요하다고 총리령으로 정하는 사항을 지킬 것

③ 보존식
HACCP 인증 단체급식업소에서 조리한 식품은 소독된 보존식 전용 용기 또는 멸균 비닐봉지에 매회 1인분 분량을 담아 −18℃ 이하에서 144시간 이상의 시간 동안 보관하여야 한다.

11 벌칙

① 질병에 걸린 동물을 판매할 목적으로 식품 또는 식품첨가물을 제조·가공·수입 또는 조리
- 1항 : 3년 이상의 징역
  - 예 소해면상뇌증(狂牛病), 탄저병, 가금 인플루엔자
- 2항 : 1년 이상의 징역
  - 예 마황, 부자, 천오, 초오, 백부자, 섬수, 백선피, 사리풀

✔ 개념 체크

1 보존식은 매회 1인분의 분량을 담아 −18℃ 이하에서 144시간 이상 보관해야 한다. (O, X)

1 O

- 3항 : 제조·가공·수입·조리한 식품 또는 식품첨가물을 판매하였을 때에는 그 소매가격의 2배 이상 5배 이하에 해당하는 벌금을 병과(倂科)한다.
- 형을 선고 받고 그 형이 확정된 후 5년 이내에 죄를 범한 자가 제3항에 해당하는 경우 제3항에서 정한 형의 2배까지 가중한다.

② 10년 이하의 징역 또는 1억원 이하의 벌금
- 위해식품 등의 판매 등 금지, 병든 동물 고기 등의 판매 등 금지, 기준·규격이 고시되지 아니한 화학적 합성품 등의 판매 등 금지를 위반한 자
  - 죄로 형을 선고 받고 그 형이 확정된 후 5년 이내에 죄를 범한 자는 1년 이상 7년 이하의 징역에 처한다.
- 유독기구 등의 판매·사용 금지를 위반한 자, 허위표시 등의 금지를 위반한 자
  - 그 해당 식품 또는 식품첨가물을 판매한 때에는 그 소매가격의 4배 이상 10배 이하에 해당하는 벌금을 부과한다.
- 영업허가 등을 위반한 자

③ 5년 이하의 징역 또는 5천만원 이하의 벌금
- 식품 또는 식품첨가물, 기구 및 용기·포장에 관한 기준 및 규격, 수입 식품 등의 신고 등을 위반한 자
- 식품위생검사기관의 지정취소에 해당하는 위반행위를 한 자, 영업 허가 등을 위반한 자
- 영업 제한을 위반한 자
- 폐기처분 등 또는 위해식품 등의 공표에 따른 명령을 위반한 자
- 허가취소 등에 따른 영업정지 명령을 위반하여 영업을 계속한 자

④ 3년 이하의 징역 또는 3천만원 이하의 벌금
- 표시기준, 유전자재조합식품등의 표시, 위해식품등에 대한 긴급대응, 자가품질검사 의무, 시민식품감사인, 영업허가 등, 위해요소, 위해요소중점관리기준, 식품이력추적관리 등록기준 등 단서 또는 명칭 사용 금지를 위반한 자
- 수입 식품 등의 신고, 출입·검사·수거 또는 폐기처분에 따른 검사·출입·수거·압류·폐기를 거부·방해 또는 기피한 자
- 우수수입업소 등록에 해당하는 위반행위를 한 자
- 시설기준을 갖추지 못한 영업자
- 영업허가에 따른 조건을 갖추지 못한 영업자
- 품질관리 및 보고 또는 영업자 등의 준수사항에 따라 영업자가 지켜야 할 사항을 지키지 아니한 자
- 허가취소에 따른 영업정지 명령을 위반하여 계속 영업한 자
- 품목 제조정지에 따른 제조정지 명령을 위반한 자
- 폐쇄조치에 따라 관계 공무원이 부착한 봉인 등을 함부로 제거하거나 손상시킨 자

⑤ 양벌규정
- 법인의 대표자나 법인 또는 개인의 대리인, 사용인, 그 밖의 종업원이 그 법인 또는 개인의 업무에 관하여 제93조제3항 또는 제94조부터 제97조까지의 어느 하나에 해당하는 위반행위를 하면 그 행위자를 벌하는 외에 그 법인 또는 개인에게도 해당 조문의 벌금형을 과(科)하고, 제93조제1항의 위반행위를 하면 그 법인 또는 개인에 대하여도 1억5천만원 이하의 벌금에 처하며, 제93조제2항의 위반행위를 하면 그 법인 또는 개인에 대하여도 5천만원 이하의 벌금에 처한다.

① 동업자조합

- 영업자는 영업의 발전과 국민보건 향상을 위하여 대통령령으로 정하는 영업 또는 식품의 종류별로 동업자조합을 설립할 수 있다.
- 조합은 법인으로 한다.
- 조합을 설립하려는 경우에는 대통령령으로 정하는 바에 따라 조합원 자격이 있는 자 10분의 1(20명을 초과하면 20명으로 한다) 이상의 발기인이 정관을 작성하여 식품의약품안전처장의 설립인가를 받아야 한다.

② 식품산업협회

- 식품산업의 발전과 식품위생의 향상을 위하여 한국식품산업협회를 설립한다.
- 협회의 회원이 될 수 있는 자는 영업자 중 식품 또는 식품첨가물을 제조·가공·운반·판매·보존하는 자 및 그 밖에 식품 관련 산업을 운영하는 자로 한다.
- 협회는 다음 각 호의 사업을 한다.
  - 식품산업에 관한 조사·연구
  - 식품 및 식품첨가물과 그 원재료(原材料)에 대한 시험·검사 업무
  - 식품위생과 관련한 교육
  - 영업자 중 식품이나 식품첨가물을 제조·가공·운반·판매 및 보존하는 자의 영업시설 개선에 관한 지도
  - 회원을 위한 경영지도
  - 식품안전과 식품산업 진흥 및 지원·육성에 관한 사업

③ 식품안전정보원

식품의약품안전처장의 위탁을 받아 식품이력추적관리업무와 식품안전에 관한 업무를 효율적으로 수행하기 위하여 식품안전정보원를 둔다.

④ 건강 위해가능 영양성분 관리

- 국가 및 지방자치단체는 식품의 나트륨, 당류, 트랜스지방 등 영양성분의 과잉섭취로 인한 국민보건상 위해를 예방하기 위하여 노력하여야 한다.
- 식품의약품안전처장은 관계 중앙행정기관의 장과 협의하여 건강 위해가능 영양성분 관리 기술의 개발·보급, 적정섭취를 위한 실천방법의 교육·홍보 등을 실시하여야 한다.
- 건강 위해가능 영양성분의 종류는 대통령령으로 정한다.

13 제조물책임법(PL, Product Liability)

① 목적

제조물의 결함으로 발생한 손해에 대한 제조업자 등의 손해배상책임을 규정함으로써 피해자 보호를 도모하고 국민생활의 안전 향상과 국민경제의 건전한 발전에 이바지함을 목적으로 한다.

② 제조물 책임법의 용어 설명

- 제조물 : 제조되거나 가공된 동산(다른 동산이나 부동산의 일부를 구성하는 경우를 포함한다.)
- 결함 : 해당 제조물에 다음 각 목의 어느 하나에 해당하는 제조상 · 설계상 또는 표시상의 결함이 있거나 그 밖에 통상적으로 기대할 수 있는 안전성이 결여되어 있는 것

제조상의 결함	제조업자가 제조물에 대하여 제조상 · 가공상의 주의의무를 이행하였는지에 관계없이 제조물이 원래 의도한 설계와 다르게 제조 · 가공됨으로써 안전하지 못하게 된 경우
설계상의 결함	제조업자가 합리적인 대체설계(代替設計)를 채용하였더라면 피해나 위험을 줄이거나 피할 수 있었음에도 대체설계를 채용하지 아니하여 해당 제조물이 안전하지 못하게 된 경우
표시상의 결함	제조업자가 합리적인 설명 · 지시 · 경고 또는 그 밖의 표시를 하였더라면 해당 제조물에 의하여 발생할 수 있는 피해나 위험을 줄이거나 피할 수 있었음에도 이를 하지 아니한 경우

- 제조업자 : 제조물의 제조 · 가공 또는 수입을 업(業)으로 하는 자, 제조물에 성명 · 상호 · 상표 또는 그 밖에 식별(識別) 가능한 기호 등을 사용하여 자신을 가목의 자로 표시한 자 또는 가목의 자로 오인(誤認)하게 할 수 있는 표시를 한 자

14 식품 등의 표시 · 광고에 관한 법률

1) 목적 : 식품 등에 대하여 올바른 표시 · 광고를 하도록 하여 소비자의 알 권리를 보장하고 건전한 거래질서를 확립함으로써 소비자 보호에 이바지함을 목적으로 한다.

2) 표시의 기준

① 식품, 식품첨가물 또는 축산물

- 제품명, 내용량 및 원재료명
- 영업소 명칭 및 소재지
- 소비자 안전을 위한 주의사항
- 제조연월일, 유통기한 또는 품질유지기한
- 그 밖에 소비자에게 해당 식품, 식품첨가물 또는 축산물에 관한 정보를 제공하기 위하여 필요한 사항으로서 총리령으로 정하는 사항

② 기구 또는 용기 · 포장

- 재질
- 영업소 명칭 및 소재지
- 소비자 안전을 위한 주의사항

- 그 밖에 소비자에게 해당 기구 또는 용기·포장에 관한 정보를 제공하기 위하여 필요한 사항으로서 총리령으로 정하는 사항

③ 건강기능식품
- 제품명, 내용량 및 원료명
- 영업소 명칭 및 소재지
- 유통기한 및 보관방법
- 섭취량, 섭취방법 및 섭취 시 주의사항
- 건강기능식품이라는 문자 또는 건강기능식품임을 나타내는 도안
- 질병의 예방 및 치료를 위한 의약품이 아니라는 내용의 표현
- 기능성에 관한 정보 및 원료 중에 해당 기능성을 나타내는 성분 등의 함유량
- 그 밖에 소비자에게 해당 건강기능식품에 관한 정보를 제공하기 위하여 필요한 사항

④ 영양표시
- 식품 등을 제조·가공·소분하거나 수입하는 자는 총리령으로 정하는 식품 등에 영양표시를 하여야 한다.
- 영양성분 및 표시방법 등에 관하여 필요한 사항은 총리령으로 정한다.
- 영양표시가 없거나 표시방법을 위반한 식품 등은 판매하거나 판매할 목적으로 제조·가공·소분·수입·포장·보관·진열 또는 운반하거나 영업에 사용해서는 아니 된다.

⑤ 나트륨 함량 비교 표시
- 식품을 제조·가공·소분하거나 수입하는 자는 총리령으로 정하는 식품에 나트륨 함량 비교 표시를 하여야 한다.
- 나트륨 함량 비교 표시의 기준 및 표시방법 등에 관하여 필요한 사항은 총리령으로 정한다.
- 나트륨 함량 비교 표시가 없거나 표시방법을 위반한 식품은 판매하거나 판매할 목적으로 제조·가공·소분·수입·포장·보관·진열 또는 운반하거나 영업에 사용해서는 아니 된다.

⑥ 광고의 기준
- 식품 등을 광고할 때에는 제품명 및 업소명을 포함시켜야 한다.
- 정한 사항 외에 식품 등을 광고할 때 준수하여야 할 사항은 총리령으로 정한다.

⑦ 부당한 표시 또는 광고행위의 금지
- 누구든지 식품 등의 명칭·제조방법·성분 등 대통령령으로 정하는 사항에 관하여 해당하는 표시 또는 광고를 하여서는 아니 된다.
- 질병의 예방·치료에 효능이 있는 것으로 인식할 우려가 있는 표시 또는 광고
- 식품 등을 의약품으로 인식할 우려가 있는 표시 또는 광고
- 건강기능식품이 아닌 것을 건강기능식품으로 인식할 우려가 있는 표시 또는 광고
- 거짓·과장된 표시 또는 광고
- 소비자를 기만하는 표시 또는 광고
- 다른 업체나 다른 업체의 제품을 비방하는 표시 또는 광고
- 객관적인 근거 없이 자기 또는 자기의 식품 등을 다른 영업자나 다른 영업자의 식품 등과 부당하게 비교하는 표시 또는 광고
- 사행심을 조장하거나 음란한 표현을 사용하여 공중도덕이나 사회윤리를 현저하게 침해하는 표시 또는 광고

 개념 체크

1 영양성분 및 표시방법 등에 관하여 필요한 사항은 식품의약품안전처장령으로 정한다. (O, X)

1 X

01 공중보건의 개념

기적의 TIP

공중보건에 나오는 용어의 이해가 필요해요.

1) 공중보건의 정의

① 공중보건의 정의 및 대상

• 윈슬로우(C.E.A Winslow)의 정의 : 조직적인 지역사회의 노력을 통하여 질병을 예방하고 생명을 연장하며 육체적, 정신적 효율을 증진하는 기술이며 과학이다.
• 공중보건의 대상 : 개인이 아니라 인간집단이며 최소 단위는 지역사회, 국민 전체를 대상으로 한다.

② 공중보건 수준의 평가지표

• 한 지역사회나 국가의 보건수준을 나타내는 보건 지표로 영아사망률, 조사망률, 질병이환율, 사인별 사망률, 모성사망률, 평균수명 등이 사용되는데, 이 중 영아사망률이 대표적인 지표이다.
• 영아사망의 3대 원인 : 폐렴 및 기관지염, 장염 및 설사, 신생아 고유질환 및 사고

③ 건강에 대한 세계보건기구의 정의

• 건강이란 단지 질병이 없거나 허약하지 않을 뿐만 아니라 신체적, 정신적, 사회적 안녕한 완전한 상태이다.

④ 세계보건기구(World Health Organization)

• 설립연도 : 1948년 4월
• 본부 : 스위스 제네바
• 우리나라는 1949년 6월에 65번째로 로마 총회에서 가입
• 지휘 및 조정, 기술 지원, 자료 공급, 공중보건 관련 행정 강화와 지원 등 간접적인 활동

기적의 TIP

피라미드형 / 종형

방추형 / 별형

표주박형

2) 인구와 보건

① 인구 구성

구분	유형	특징
피라미드형	후진국형(인구증가형)	출생률은 높고 사망률은 낮은 형
종형	이상형(인구정체형)	출생률과 사망률이 낮은 형(14세 이하가 65세 이상 인구의 2배 정도)
항아리형(방추형)	선진국형(인구감소형)	평균수명이 높고 인구가 감퇴하는 형
별형	도시형(인구유입형)	생산층 인구가 증가되는 형
기타형(표주박형)	농촌형(인구유출형)	생산층 인구가 감소하는 형

② 수명

- 기대수명 : 출생자가 출생 직후부터 생존할 것으로 기대되는 평균 생존 연수
- 건강수명 : 아프지 않고 건강하게 살아가는 기간을 나타내는 지표
- 평균수명 : 어떤 연령의 사람이, 평균 몇 년을 살 수 있는가 하는 기대값

③ 보건 행정의 정의

공중보건의 목적을 달성하기 위해서 행해지는 기술 행정이며, 효율적인 보건 행정을 위해서는 보건법을 확립하고, 보건 교육, 봉사를 시행하는 데 주력하고 있다.

④ 보건 영양

지역사회 전 주민의 건강을 위해서 식생활의 결함을 제거하고 개선하여 영양이 부족하지 않도록 하는 데 목적이 있다. 지역의 경제적 여건과 식량 상태와 계절적인 변화를 고려하여 최고의 방법을 찾아낸다.

⑤ 보건 정책의 방향

- 출산 및 자녀양육을 위한 사회적 기반 조성
- 국민건강증진을 위한 사전적 보건 서비스 강화
- 아동·장애인 등 취약 계층 지원 강화
- 미래사회 변화에 대응한 사회 투자적 서비스 확대

3) 보건 행정의 분류

① 모자 보건

- 모체와 영유아에게 전문적인 보건의료서비스를 제공하여 사망률을 저하시키며 신체적, 정신적 건강과 정서발달을 유지, 증진시키고 유전적 잠재력을 최대한 발휘할 수 있게 하는 데 있다.
- 모성보건 : 임신과 분만, 수유하는 기간에 있는 여성
- 모성사망 : 임신과 분만, 산욕에 관계되는 합병증 등의 이상으로 발생한 사망
- 모성사망의 주요 원인 : 임신중독증, 출혈, 감염증, 자궁외 임신, 유산 등

② 학교 보건 : 학생 및 교직원을 대상으로 교육부에서 담당한다. 학교 보건 사업, 학교 급식, 건강 교육, 학교 체육 등을 다루고 있다.

③ 산업 보건 : 각 산업체에서 근무하는 근로자를 대상으로 노동부에서 담당한다. 산업보건행정은 작업 환경의 질적 향상과 근로자의 복지시설 관리 및 안전 교육 등을 통해서 직업병을 예방하는데 그 목적이 있다.

④ 4대 보험

- 국민연금
- 건강보험
- 산재보험
- 고용보험

⑤ 산업재해 발생 빈도

- 건수율 : 일정 기간 중의 평균 실 근로자수 1000명당 발생하는 재해건수의 발생 빈도
- 도수율 : 노동 시간에 대한 재해의 발생 빈도
- 강도율 : 근로시간 합계 1,000시간당 재해로 인한 근로손실일수

⑥ 공공부조

* 국민기초생활 보장법에 의한 수급자, 재해구호법에 의한 이재민, 생활유지능력이 없거나 생활이 어려운 국민의 최저생활 보장, 자립 지원 제도이다.
* 의료급여, 교육급여, 자활급여, 주거급여, 장제급여, 생계급여

⑦ 직업병 및 중금속 중독에 관한 질병

🅱 기적의 TIP

직업병이나 중금속 중독은 원인과 질병을 짝짓는 문제가 많이 나와요.

원인	질병
고열 환경	열중증(열쇠약증,열경련증,열사병)
저온 환경	동상, 동창, 참호족염
고압 환경	잠함병, 잠수병
저압 환경	고산병, 항공병
분진	진폐증, 규폐증, 석면폐증, 활석폐증
조명 불량	안구 진탕증, 근시, 안정피로, 백내장
소음	직업성 난청
진동	레이노드병, 수전증
납(Pb) 중독	연빈혈, 칼슘대사이상, 신장장애, 적혈구수 증가
수은(Hg) 중독	미나마타병, 언어장애, 지각이상, 보행곤란
크롬(Cr) 중독	비염, 인두염, 기관지염
카드뮴(Cd) 중독	이타이이타이병, 신장장애, 단백뇨, 골연화증
PCB 중독(미강유 중독)	식욕부진, 구토, 체중감소, 흑피증, 코프로포르피린 검출

* 수은 중독 : 미나마타병
  - 1956년 일본 규수 미나마타시에서 한 해에만 52만 명에게 발생한 미나마타병이 대표적이다.
  - 일본 질소비료에서 강으로 흘려 보낸 유기수은이 어패류에 축적되었다가 오염된 어패류를 섭취한 인근 주민들에게 언어장애, 보행장애, 난청 등의 증상이 나타나면서 사망하였다.
* 카드뮴 중독 : 이타이이타이병
  - 일명 "아프다아프다"라는 병으로, 1912년 일본 도야마현의 진즈강 하류에서 발생한 대량 카드뮴 중독으로 인한 공해병을 말한다.
  - 일본 금속광업소에서 배출된 폐수에 카드뮴이 녹아 있어 이를 이용한 쌀을 장기간 섭취하여 일어난 것이다. 카드뮴이 뼈 속의 칼슘 성분을 녹여서 칼슘 부족, 골절, 골연화증을 일으킨다.
  - 대한민국에서는 2004년 6월 경상남도 고성군 병산마을에서 이타이이타이병으로 의심되는 환자가 집단 발생하였다.
* 해녀의 잠수병
  - 잠수병은 물의 깊이에 따라 나타나는 기압 차로 몸 속에 질소가 과잉상태로 녹아 기포로 변하면서 몸 밖으로 빠져나가지 못하고 혈액 속에 용해되어 발생한다.
  - 만성두통, 관절통, 난청 등 다양한 통증과 질환을 유발하는 병이다. 사지가 마비되거나 심할 경우 목숨을 잃을 수도 있다.
  - 이를 예방하기 위해서는 물속에서 수면으로 올라올 때는 천천히 올라와야 한다.
  - 해녀, 스쿠버 다이버에게 생길 수 있는 직업병이다.

1) 일광

① 자외선(2000~3800 Å ★)

- 일광의 분류 중 파장이 가장 짧다.
- 2500~2800 Å 에서 살균력이 강해서, 소독에 이용되기도 한다.
- 2800~3200 Å (Dorno의 건강선, 생명선)에서 인체에 유익한 작용을 한다.
- 비타민 D를 형성하여 구루병을 예방하고, 관절염 치료에 효과적이다.
- 적혈구 생성을 촉진하고 혈압을 강하시킨다.
- 과다 노출은 피부 색소 침착을 일으켜서 심하면 피부암을 유발한다.

② 가시광선(3900~7700 Å)

- 망막을 자극하여 색채를 부여하고 명암을 구분하는 파장이다.

③ 적외선(7800 Å 이상)

- 일광의 3분류 중 파장이 가장 길다.
- 적외선은 지상에 열을 주어 기온이 좌우된다.
- 적외선 과다 노출은 일사병과 백내장을 유발한다.

2) 온열 환경

① 감각온도의 3요소 : 기온, 기습, 기류

② 온열조건인자 : 기온, 기습, 기류, 복사열★

③ 기온(온도)

- 실내 지상 1.5m, 실외 지상 1.2~1.5m에서의 건구 온도이다.
- 쾌감 온도는 18±2℃이다.
- 최고 기온은 오후 2시경, 최저 기온은 일출 30분 전이다.

④ 기습(습도)

쾌적한 습도는 40~70%이다.

⑤ 기류

- 쾌적한 기류 : 실외에서 1m/sec, 실내에서 0.2~0.3m/sec이다.
- 불감 기류 : 공기의 흐름이 0.2~0.5m/sec로 약하게 움직여 사람이 바람이 부는 것을 감지하지 못하는 것을 의미한다.
- 카타온도계(Kata Thermometer) : 불감 기류와 같은 미풍을 측정하도록 되어있는 온도계이다.

기적의 TIP

자외선, 적외선, 가시광선의 특징을 알아야 해요.

★ 1Å(옹스트롬)
0.1nm(나노미터)

★ 복사열
물체에 흡수되어 열로 변환했을 때의 에너지

3) 기온 역전 현상

대기층의 온도는 100m 상승할 때마다 1℃가 낮아지므로, 상부 기온이 하부 기온보다 낮다. 그러나 대기 오염으로 인해 상부 기온이 하부 기온보다 높은 때를 기온 역전 현상이라고 한다.

4) 불쾌지수(Discomfort Index)

① DI가 70이면 10%, DI가 75이면 50%, DI가 80이면 거의 모든 사람이 불쾌감을 느낀다.

② DI = (건구 온도℃ + 습구 온도℃)×0.72+40.6

5) 공기 및 대기오염

① 공기의 조성(0℃, 1기압)

- 질소(N_2) 78% 〉 산소(O_2) 21% 〉 아르곤(Ar) 0.9% 〉 이산화탄소(CO_2) 0.03% 〉 기타 원소 0.07%
- 산소가 10% 이하일 때는 호흡 곤란, 7% 이하일 때는 질식사한다.

② 이산화탄소(CO_2)

- 실내 공기 오염의 지표이다.
- 10% 이상일 때는 질식사, 7% 이상일 때는 호흡 곤란 증세가 있다.
- 위생학적 허용 한계 : 0.1%(=1000ppm)

③ 일산화탄소(CO)

- 무색, 무미, 무취이고 금속 부식성이 없다.
- 연탄가스, 매연, 담배에서 발생한다.
- 혈액 속의 헤모글로빈(Hb)과의 친화력이 산소보다 250~300배 강하여 조직 내 산소 결핍증을 초래한다.
- 불완전한 연소 시 발생하는 가스이다.
- 위생학적 허용 한계 : 8시간 기준 0.001%(= 10ppm), 1시간 기준 0.0025%(= 25ppm)

④ 아황산가스(SO_2)

- 실외 공기 오염의 지표이다.
- 자극적인 냄새가 난다.
- 경유의 연소 과정에서 발생한다(자동차 배기가스).
- 식물의 고사 현상, 동물의 호흡곤란, 금속 부식의 피해가 있다.
- 런던의 스모그 현상 : 석탄 연료 연소 + 아황산가스 + 차갑고 습한 기후

⑤ 군집독

1756년 한 형무소에서 146명의 죄수 중 23명을 제외한 전원이 밤 사이에 사망한 사건이 발생하였다. 사망 원인은 산소 부족이나 이산화탄소의 과잉이 아니고 공기의 이화학적 조건이 문제로 제기되었다. 극장, 강연장 등 다수인이 밀집한 실내 공기는 화학적 조성이나 물리적 조성의 변화를 초래하여 불쾌감, 두통, 권태, 현기증, 구토 등이 일어나는데 이와 같은 생리적 이상을 군집독이라 한다.

✅ 개념 체크

1 감각온도의 3요소는 기온, 기습, 복사열이다. (O, X)

2 쾌적한 습도는 20~35%이다. (O, X)

3 불쾌지수(DI)가 60 이상이면 거의 모든 사람이 불쾌감을 느낀다. (O, X)

4 이산화탄소의 위생학적 허용 한계는 0.1%이다. (O, X)

5 2차 대기오염물질은 오존, 알데히드, 산성비, 산성눈 등을 일으킨다. (O, X)

1 X 2 X 3 X 4 O 5 O

⑥ 공기의 자정작용
- 공기 자체의 확산과 이동에 의한 희석작용
- 눈과 비에 의한 세정작용
- 오존에 의한 산화작용
- 자외선에 의한 살균작용
- CO_2와 O_2의 교환작용 : 광합성에 의한 교환

⑦ 먼지
- 실내외의 환경 조건에 의해 먼지가 발생
- 미세먼지(PM_{10}) : 입자의 크기가 $10\mu m$ 이하인 먼지
- 극미세먼지($PM_{2.5}$) : 입자의 크기가 $2.5\mu m$ 이하인 먼지
- 천식과 같은 호흡기계 질병을 악화, 폐 기능의 저하
- 식물의 잎 표면에 침적, 신진대사를 방해
- 건축물이나 유적물 및 동상 등에 퇴적되어 부식

항목	대기환경 국가기준	
아황산가스(SO_2)	24시간 평균치	0.05ppm이하
	1시간 평균치	0.15ppm이하
일산화탄소(CO)	8시간 평균치	9ppm이하
	1시간 평균치	25ppm이하
미세먼지(PM_{10})	연간 평균치	$50\mu g/m^3$ 이하★
	24시간 평균치	$100\mu g/m^3$ 이하
미세먼지($PM_{2.5}$)	24시간 평균치	$35\mu g/m^3$ 이하
	연간 평균치	$15\mu g/m^3$ 이하

★ μg(마이크로그램)
1/1,000,000g

⑧ 오존(O_3)
- 대기 중에 배출된 NO_x와 휘발성유기화합물(VOC_S) 등이 자외선과 광화학 반응을 일으켜 생성
- PAN, 알데하이드, Acrolein 등의 광화학 옥시던트의 일종으로 2차 오염물질
- 자동차, 화학공장, 정유공장과 같은 산업시설과 자연적 생성 등 다양한 배출원에서 발생
- 반복 노출 시 가슴의 통증, 기침, 메스꺼움, 목 자극, 소화 등에 영향
- 기관지염, 심장질환, 폐기종 및 천식 악화, 폐활량 감소
- 농작물과 식물에 직접적으로 영향을 미쳐 수확량 감소

⑨ 대기오염물질
- 1차 대기오염물질 : 이산화황, 일산화탄소, 이산화질소, 먼지, 매연, 훈연, 안개, 연우, 분진 등이 있다.
- 2차 대기오염물질 : 대기 중에 배출된 오염물질끼리 반응하여 변질한 것으로 오존, 알데히드, 케톤, 산성비, 산성눈, 스모그를 일으킨다.

6) 음료수와 질병

① 음료수의 수질 기준

우리나라 상수의 수질 판정 기준은 다음과 같다. (1mg/L=1ppm)

- 일반세균은 1ml 중 100CFU(Colony Forming Unit)를 넘지 아니할 것
- 총 대장균군은 100ml(샘물 · 먹는 샘물 및 먹는 해양 심층수의 경우에는 250ml)에서 검출되지 아니할 것
- 대장균 · 분원성 대장균군은 100ml에서 검출되지 아니할 것
- 분원성 연쇄상구균 · 녹농균 · 살모넬라 및 쉬겔라는 250ml에서 검출되지 아니할 것(샘물 · 먹는 샘물 및 먹는 해양 심층수의 경우에만 적용한다.)
- 잔류염소는 4.0mg/L를 넘지 아니할 것
- 색도는 5도를 넘지 아니할 것
- 냄새와 맛은 소독으로 냄새와 맛 이외의 냄새와 맛이 있어서는 아니될 것
- 수소이온 농도는 pH 5.8 이상, pH 8.5 이하이어야 할 것
- 탁도는 1NTU(Nephelometric Turbidity Unit)를 넘지 아니할 것
- 우물과 화장실의 거리는 20m 이상, 하수관 · 배수관의 거리는 3m 이상 떨어진 곳에 설치할 것
- 건강상 유해영향 무기물질에 관한 기준
  - 질산성 질소는 10mg/L를 넘지 아니할 것(유기물의 오염지표)
  - 과망산 칼륨은 10mg/L를 넘지 아니할 것(유기물의 간접지표)
  - 납은 0.01mg/L를 넘지 아니할 것
  - 불소는 1.5mg/L를 넘지 아니할 것
  - 비소는 0.01mg/L를 넘지 아니할 것
  - 수은은 0.001mg/L를 넘지 아니할 것
  - 크롬은 0.05mg/L를 넘지 아니할 것
  - 암모니아성 질소는 0.5mg/L를 넘지 아니할 것
  - 셀레늄은 0.01mg/L를 넘지 아니할 것
  - 시안은 0.01mg/L를 넘지 아니할 것
  - 카드뮴은 0.005mg/L를 넘지 아니할 것
- 건강상 유해영향 유기물질에 관한 기준
  - 페놀은 0.005mg/L를 넘지 아니할 것
  - 다이아지논은 0.02mg/L를 넘지 아니할 것
  - 파라티온은 0.06mg/L를 넘지 아니할 것
  - 페니트로티온은 0.04mg/L를 넘지 아니할 것
  - 카바릴은 0.07mg/L를 넘지 아니할 것
  - 테트라클로로에틸렌은 0.01mg/L를 넘지 아니할 것
  - 트리클로로에틸렌은 0.03mg/L를 넘지 아니할 것
  - 디클로로메탄은 0.02mg/L를 넘지 아니할 것
  - 벤젠은 0.01mg/L를 넘지 아니할 것
  - 톨루엔은 0.7mg/L를 넘지 아니할 것
  - 에틸벤젠은 0.3mg/L를 넘지 아니할 것
  - 크실렌은 0.5mg/L를 넘지 아니할 것

- 소독제 및 소독부산물질에 관한 기준
  - 잔류염소(유리잔류염소를 말한다.)는 4.0mg/L를 넘지 아니할 것
  - 총트리할로메탄은 0.1mg/L를 넘지 아니할 것
  - 클로로포름은 0.08mg/L를 넘지 아니할 것
  - 브로모디클로로메탄은 0.03mg/L를 넘지 아니할 것
  - 디브로모클로로메탄은 0.1mg/L를 넘지 아니할 것
  - 클로랄하이드레이트는 0.03mg/L를 넘지 아니할 것
  - 디브로모아세토니트릴은 0.1mg/L를 넘지 아니할 것
  - 디클로로아세토니트릴은 0.09mg/L를 넘지 아니할 것
  - 트리클로로아세토니트릴은 0.004mg/L를 넘지 아니할 것
  - 할로아세틱에시드는 0.1mg/L를 넘지 아니할 것
  - 포름알데히드는 0.5mg/L를 넘지 아니할 것
- 방사능에 관한 기준(염지하수의 경우에만 적용한다.)
  - 세슘(Cs-137)은 4.0mBq/L를 넘지 아니할 것
  - 스트론튬(Sr-90)은 3.0mBq/L를 넘지 아니할 것

② 물과 질병
- 수인성 감염병
  - 오염수나 생존 가능한 음식물을 통해서 전염되는 질병이다.
  - 분변에 오염된 물, 소독하지 않은 물이 원인이 된다.
  - 환자 발생이 폭발적으로 증가했다가 감소한다.
  - 유행 지역과 음료수 사용 지역이 일치한다.
  - 치명률이 낮다.
  - 2차 감염 환자의 발생이 거의 없다.
  - 계절에 관계없다.
  - 성, 나이, 직업, 생활수준에 따른 발생 빈도의 차이가 없다.
  - 잠복기가 짧다.
  - 장티푸스, 파라티푸스, 콜레라, 세균성 이질, 아메바성 이질, 전염성 설사, 유행성 간염 등의 원인이 된다.
- 반상치와 우치
  - 불소(F)가 많은 물의 장기 음용은 반상치의 원인이 되고, 불소(F)가 적은 물의 장기 음용은 우치의 원인이 된다.
  - 불소는 수중에 0.8~1ppm이 적당하다.
  - 8, 9세까지의 어린이에게 많이 발생한다.
- 청색아 : 질산염이 많이 함유되어 있는 물을 장기 음용한 소아의 경우 청색증에 걸려 사망할 수 있다.
- 수도열 : 1926년 독일 하노버(Hannover)에서 장티푸스 환자 2,500명의 유행에 앞서 약 10배의 발열, 설사 환자가 발생했다. 대장균 및 잡균 때문으로 알려졌지만, 그 근본적인 원인은 상수도 소독이 불충분했기 때문으로 알려졌다. 이것을 하노버(Hannover)열 또는 수도열(Water Fever)이라고 한다.
- 설사 : 황산마그네슘($MgSO_4$)이 다량 함유된 물(250mg/L)의 음용 시 설사가 발생한다.

🅱 기적의 TIP

물이 원인이 되는 수인성 감염병과 질병들을 알아두세요.

기적의 TIP

상수도 처리 과정의 순서를
배열할 수 있어야 해요.
취수 → 도수 → 정수(침사 →
침전 → 여과 → 소독) → 송
수 → 배수 → 급수

7) 상수도 처리

① 취수 : 강, 호수의 물을 퍼 올려 침사지로 보낸다.

② 도수 : 수원의 취수 시설에서 취수한 원수를 정수장까지 끌어오는 것을 말하며, 도
수로를 사용하여 도수한다.

③ 정수

• 침사 : 물속의 흙, 모래를 밀도 차이를 이용하여 가라앉힌다.

• 침전 : 유속을 느리게 하거나 정지시켜 부유물을 침전시키는 보통 침전과, 응집제
를 주입하여 침전시키는 약품 침전이 있다.

• 여과 : 침전지, 여과지를 이용하여 세균, 부유물 등 미세입자의 여과 작용이 이루어
진다.

• 소독 : 일반적으로 염소 소독을 사용한다.

– 잔류 염소량은 0.2ppm을 유지한다(단, 수영장, 제빙 용수, 감염병 발생 시에는
0.4ppm).

– 염소 소독의 종류 : 차아염소산나트륨(Sodium Hypochlorite), 이산화염소
(ClO_2), 표백분($Ca(OCl_2)$)

– 장점 : 우수한 잔류 효과, 강한 소독력, 간편한 조작, 경제적인 비용

– 단점 : 강한 냄새, 독성

④ 송수, 배수, 급수 : 정수지에서 배수지로, 배수지에서 가정, 학교, 사업장으로 살균,
소독된 물이 송수로를 통해 이동된다.

8) 하수도 처리

① 하수도 처리 과정의 종류

• 합류식 : 생활하수(가정하수, 공장폐수)와 천수(눈, 비)를 같이 처리하는 방법을 말
하며, 우리나라에서는 합류식을 많이 사용한다.

장점	단점
• 시설비가 적게 듦 • 하수관이 자연 청소됨 • 수리, 검사, 청소 등이 용이함	• 범람의 우려가 있음 • 천수를 별도로 이용할 수 없음 • 침천물이 생겨 막히기 쉬움 • 악취가 발생할 수 있음

• 분류식 : 천수를 별도로 운반한다.

• 혼합식 : 천수와 사용수의 일부를 함께 운반한다.

② 하수도 처리 과정

• 예비처리 : 제진망(Screen)을 설치하여 부유물질을 제거하고 유속을 느리게 하여 토사 등을 침전시키는 보통 침전과, 약품 처리를 시키는 약품 침전이 있다.

• 본처리 : 본처리 중 활성오니법은 가장 진보된 하수 처리 방식이며, 도시 하수 처리에 많이 이용된다.

본처리의 구분	특징	분류
혐기성 처리	무 산소 상태에서 유기물을 분해하는 과정	임호프탱크법
		부패조처리법
호기성 처리	호기성 균의 활동에 의하여 유기물을 산화시키는 방법	활성오니법
		살수여과법

• 오니처리 : 육상투기법, 해양투기법, 소각법, 퇴비화법, 사상건조법, 소화법 등이 일반적으로 이용되고 있다. 그 중 소화법은 혐기성 분해처리를 시키는 방법으로 제일 진보된 오니처리법이다.

③ 하수의 위생 검사

• 생화학적 산소요구량(BOD) : 하수의 오염도를 나타내는 방법이며 수중 유기물을 20℃에서 5일간 측정한다. BOD의 수치가 높으면 하수 오염도가 높다는 말로 20ppm 이하이어야 한다.

• 화학적 산소요구량(COD) : 수치가 높을수록 오염 정도가 크고 산소량은 5ppm 이하이어야 한다.

• 용존 산소(DO) : 수중에 용해되어 있는 산소량을 말하며 DO의 수치가 낮으면 하수 오염도가 높다는 말로 4~5ppm 이상이어야 한다.

9) 수질 오염

① 수질 오염의 정의

• 자연수가 오염되는 현상을 의미하는데, 물은 스스로 정화되는 자정 능력이 있기 때문에 심각하지 않다면 크게 문제가 되지 않는다.

• 오염 물질의 양이 많아지면 자정 능력이 없어지고, 생물체 내에 유해 작용을 하는 상태가 된다.

🅑 기적의 TIP

오염된 물의 특성을 알아두세요.
유기물↑, BOD↑, COD↑, 산소↓, DO↓

✔ 개념 체크

1 하수도 처리 방법 중 합류식은 시설비가 많이 든다. (O, X)

2 상수도를 처리하는 데 일반적으로 염소 소독을 사용한다. (O, X)

3 오염된 물은 '높은 유기물, 높은 BOD, 높은 COD, 낮은 산소량, 낮은 DO'의 특성을 갖는다. (O, X)

1 X 2 O 3 O

② 수질 오염원
- 자연적 원인 : 홍수, 화산 활동의 결과
- 인위적 원인 : 농업, 공업, 광업, 도시 하수 등 인간의 생활이나 생산 활동

③ 수질 오염에 의한 피해
- 수은 중독 : 미나마타병
- 카드뮴 중독 : 이타이이타이병
- PCB 중독 : 가네미유증(= 미강유 중독 = 쌀겨유 중독)
- 농업, 어업에 피해
- 상수원의 오염
- 부영양화 현상 : 천수나 호수의 유기물, 영양염류의 농도가 높아지는 것을 부영양화 현상이라 한다. 공장 폐수, 생활하수, 농축산 폐수 등의 유기 물질이 대량 유입되어 수중에 생존하는 조류가 이상 번식하여 발생하는 수질 오염이다.
- 적조 현상 : 부영양화 된 바닷물 속에서 플랑크톤의 번식으로 인해 바닷물 표면이 붉게 변하는 현상이다. 온도가 높고 염도가 낮으며 양분이 풍부하면 각종 규조류와 편모조류, 섬모충류 등 원생생물이 이상 증식을 하게 된다. 이들 플랑크톤이 어패류의 아가미에 붙어 호흡을 방해하거나 물속의 산소를 다 소비해 버리면 많은 어패류가 질식사하게 된다.
- 녹조 현상 : 호수나 하천에서 부영양화 된 물속에 식물성 플랑크톤이나 녹조류가 대량으로 늘어나 녹색으로 보이는 현상이다.

④ 수질 오염의 방지 대책
- 하수도 정비 및 하수처리장 증설
- 산업폐수의 처리시설 완비
- 폐수 처리방법의 연구 및 개발
- 법적 규제의 강화와 지속적인 감시 관리
- 국토, 도시 또는 공업인지 계획 수립

10) 오물 처리

① 분뇨 처리
- 소화 처리법은 변소, 운반, 종말 처리로 나누어진다.
- 가온식은 28~35℃에서 1개월 정도, 무가온식은 2개월 이상 실시한다.
- 퇴비로 사용할 때 충분한 부숙 기간을 거치는데 여름은 1개월, 겨울은 3개월이 필요하다.
- 분뇨를 비위생적으로 처리할 경우 소화기계 감염병이나 기생충 질환 등에 노출될 수 있다.

② 진개(쓰레기) 처리

- 주방에서 나오는 도시 생활 쓰레기 중에서 가장 많은 부분을 차지하는 것이 음식물 쓰레기이며, 전체 쓰레기 처리 비용 중에서 가장 많은 부분을 차지하는 것은 수거 비용이다.
- 매립법 : 진개의 높이는 2m를 초과하지 말아야 하며, 복토의 두께는 0.6~1m가 좋다. 매립장에서 암모니아가스, 메탄가스, 탄산가스, 유황 수소가스 등이 발생한다.
- 소각법 : 가장 위생적인 방법이나 대기 오염이 심하고, 처리 비용이 비싸다.
- 비료화법(퇴비법) : 농촌에서 많이 이용되는 방법으로 발효시켜 퇴비로 이용한다.
- 기타 : 투기법, 가축사료로 이용한다.

③ 오물(진개)의 종류

- 주개 : 주방에서 배출되는 식품의 쓰레기로 육류, 채소, 과일 등
- 가연성 진개 : 종이, 나무, 고무
- 불연성 진개 : 금속
- 재활용성 진개 : 플라스틱류, 병류

11) 인위적 환경

① 소음

- 소음원 : 공장의 기계음, 건설 현장이나 교통 차량에 의한 소음
- 피해 : 불쾌감, 수면장애, 불안증, 작업능률 저하, 90dB(데시벨) 이상에서 난청 가능성 등
- 소음 방지 대책 : 소음 발생원의 제거, 소음의 확산 방지, 도시계획의 정비, 법적 규제
- 소음 음압의 단위 : Decibel
- 소음 음의 크기 : phon

② 진동

- 일정한 점을 중심으로 하여 양쪽으로 흔들려 움직이는 운동을 진동이라 하며 신체의 전체나 일부가 떨림을 받을 때 피해가 나타난다.
- 피해 : 레이노이드병

③ 채광

- 창의 방향은 남향이 좋다.
- 창의 면적은 벽면적의 70%, 바닥면적의 1/5~1/7 이상이 좋다.
- 창의 개각은 4~5°, 입사각은 28° 이상이 좋고 입사각이 클수록 실내가 밝다.

④ 조명

직접조명	조명 효율이 크고 경제적이나 강한 음영으로 불쾌감을 줌
간접조명	조명 효율이 낮고, 설비의 유지비가 다소 많이 들지만, 눈에 안정적
반간접조명	직접조명과 간접조명의 절충식

- 조리실 안은 반간접조명이 좋다.
- 부적당한 조명으로 가성근시, 안정피로, 안구진탕증, 백내장 등이 일어날 수 있다.
- 인공조명 시 고려할 점
  - 폭발하거나 화재의 위험이 없고, 유해가스의 발생이 없어야 한다.
  - 가격이 저렴하고, 취급하기 간단해야 한다.
  - 조명도는 균일한 것이어야 한다.
  - 빛의 색은 일광에 가까워야 한다.

⑤ 환기

- 자연 환기 : 실내외의 온도차, 기체의 확산력에 의해 이루어진다. 중성대★는 방의 천정 가까이에 있는 것이 좋다.
- 인공 환기 : 환풍기 등을 이용한 환기로 환기창은 바닥면적의 5% 이상이어야 한다.

⑥ 냉난방

- 냉방 : 실내온도 26℃ 이상에 필요하고, 실내외의 온도차는 5~8℃ 이내로 유지한다.
- 난방 : 실내온도 10℃ 이하에 필요하고, 머리와 발의 온도차는 2~3℃ 내외가 좋다.

★ 중성대
밀도의 차이에 의해 뜨거운 공기는 위로 차가운 공기는 아래로 이동하는데, 이러한 이동이 없는 중간 지점

03 역학

1) 역학의 정의

인간집단에 발생하는 유행병 및 모든 질병을 의학적, 생태학으로서 보건학적 진단학을 연구하는 학문이다.

2) 감염병의 3대 원인

① 감염원(병원체, 병원소) : 질병을 일으키는 원인이며 환자, 보균자, 토양 등을 말한다.
② 환경(전염경로) : 질병이 전파되는 과정이다.
③ 숙주의 감수성 : 감수성이 높으면 면역성이 낮으므로 질병이 발병되기 쉽다.

3) 감염병의 생성 6단계

6개 요소 중 어느 한 단계라도 차단되면 감염병은 생성되지 않는다.
① 병원체 : 세균(박테리아), 바이러스, 리케차, 기생충 등
② 병원소 : 사람, 동물, 토양, 매개 곤충
③ 병원소로부터 병원체의 탈출 : 호흡기계로 탈출, 대변 및 소변으로 탈출, 기계적 탈출
④ 병원체 전파 : 직접전파, 간접전파, 공기전파 등
⑤ 병원체의 침입 : 새로운 숙주의 호흡기계 침입, 소화기계 침입, 피부 점막 침입
⑥ 숙주의 감수성 : 병원체가 침입해도 면역력이 있으면 감염은 성립되지 않음

4) 병원체에 따른 분류

① 바이러스(Virus)

- 0.1~0.3μ 정도의 크기로 전자 현미경으로만 볼 수 있고 크기가 가장 작으며 세균 여과기에 통과한다.
- 질병
  - 호흡기계 침입 : 인플루엔자, 천연두(두창), 홍역, 유행성 이하선염 등
  - 소화기계 침입 : 급성 회백수염(=소아마비=폴리오), 유행성 간염 등
  - 경피 침입 : 일본뇌염, 광견병(공수병), AIDS 등

② 세균(Bacteria)

- 병원성 박테리아는 적절한 온도와 습도의 환경 조건하에 급속하게 증식한다.
- 질병
  - 호흡기계 침입 : 디프테리아, 백일해, 결핵, 성홍열, 폐렴, 나병 등
  - 소화기계 침입 : 장티푸스, 파라티푸스, 세균성 이질, 콜레라 등
  - 경피 침입 : 페스트, 파상풍 등

③ 리케차(Rickettsia)

- 생세포에 존재한다.
- 질병 : 발진티푸스, 발진열, 양충병 등

④ 스피로헤타성 질병 : 매독, 서교증, 와일씨병 등

⑤ 원충성 질병 : 말라리아, 아메바성 이질 등

5) 인체 침입 장소에 따른 분류

① 호흡기계 침입

- 대화, 기침, 재채기를 통해 전파된다.
- 코, 비강, 기도 등으로 성립된다.

병명	특징	증세
디프테리아	1~4세 어린이에게 많이 발생	발열과 함께 코, 인두, 편도, 후두 등에 염증
백일해	9세 이하에서 많이 발생	얼굴이 빨개지고 눈이 충혈되며, 기침 끝에 구토가 동반되고, 끈끈한 점액성 가래
결핵	폐에서 발병하는 만성 감염병	기침, 호흡장애, 가슴통증, 미열, 전신쇠약
인플루엔자	독감으로 알려진 바이러스에 의한 급성 호흡기 질환	발열과 오한, 복통
천연두(두창)	주로 겨울철에 발생	발열, 불쾌감, 전신 발진, 두통, 농포, 수포, 근육통
홍역	바이러스에 의해 1~2세에 많이 발생	발열과 전신에 발진
풍진	어린이에게 많이 발생	발열, 발진 증세
성홍열	사람 사이의 긴밀한 접촉이 흔한 학교, 군대 등에서 유행 발생	편도선염, 발진, 고열 증세
유행성 이하선염	볼거리라 불리는 급성 열성 질환	오한, 두통, 전신권태감
결핵	인류 역사상 가장 많은 생명을 앗아간 감염 질환	기침, 호흡장애, 객담, 가슴통증

② 소화기계 침입

분변이나 토물에 의해서 소화기계 감염병이나 기생충 질환의 병원체가 체외로 배설된다.

병명	특징	증세
장티푸스	위생상태가 나쁜 지역에서 유행	두통, 근육통, 구역, 구토, 변비, 설사
파라티푸스	장티푸스와 유사	지속적인 고열, 두통, 발진, 설사
세균성 이질	급성 염증성 장염	발열, 혈변
아메바성 이질	아메바의 감염에 의하여 생기는 일종의 소화기 감염병	심한 설사와 혈변, 복통의 증상을 나타내는 대장의 질환
콜레라	분변, 구토물로 오염된 음식이나 물을 통해 감염	구토, 변비, 설사
폴리오	급성 이완성 마비를 일으키는 질환 급성 회백수염, 소아마비	발열, 인후통, 구역, 구토 등의 비특이적인 증상을 보이다가 수일간의 무증상기를 거친 후 비대칭성의 이완성 마비
유행성 간염	A형 감염 바이러스의 감염에 의해 집단 발생으로 나타내는 급성 바이러스성 간염	전신권태감, 식욕부진, 오심, 구토, 발열, 황달

③ 경피 침입
- 신체의 일부가 직접 토양이나 퇴비에 접촉하거나, 성병과 같은 육체적 접촉을 통해 감염된다.
- 십이지장충, 파상풍, 나병, 매독 등

6) 전염 경로에 따른 분류

① 직접 접촉 간염 : 매독, 임질

② 간접 접촉 감염
- 환자의 인후분비물에 의해 감염되는 비말 감염 : 디프테리아, 인플루엔자, 성홍열 등
- 먼지나 티끌 등에 병원균이 묻어 전파되는 진애 감염 : 결핵, 천연두, 디프테리아 등

③ 개달물 감염
- 의복, 손수건, 식기, 침구 등에 의해 감염
- 결핵, 트라코마, 천연두 등

7) 숙주*의 감수성 지수
- 급성호흡기계 감염병에 대해 감수성이 있는 사람이 환자와 접촉했을 때 발병하는 비율이다.
- 감수성 지수가 높은 두창, 홍역은 전염이 잘 된다.
- 두창, 홍역(95%) 〉 백일해 〉 성홍열 〉 디프테리아 〉 소아마비(0.1%)

★ 숙주
기생 생물에게 영양을 공급하는 생물

✓ 개념 체크

1 바이러스는 병원체 중에 크기가 가장 작다. (O, X)
2 일본뇌염, 광견병 등은 소화기계 침입이다. (O, X)
3 감염병의 3대 원인은 '감염원, 환경, 숙주의 감수성'이다. (O, X)

1 O 2 X 3 O

1) 법정 감염병(2024.1. 기준)

① 제1급감염병(17종)

- 생물테러감염병 또는 치명률이 높거나 집단 발생 우려가 커서 발생 또는 유행 즉시 신고하고 음압격리가 필요한 감염병
- 에볼라바이러스병, 마버그열, 라싸열, 크리미안콩고출혈열, 남아메리카출혈열, 리프트밸리열, 두창, 페스트, 탄저, 보툴리눔독소증, 야토병, 중증급성호흡기증후군(SARS), 중동호흡기증후군(MERS), 동물인플루엔자인체감염증, 신종인플루엔자, 디프테리아, 리프트밸리열

② 제2급감염병(21종)

- 전파 가능성을 고려하여 발생 또는 유행 시 24시간 이내에 신고하고 격리가 필요한 감염병
- 결핵, 수두, 홍역, 콜레라, 장티푸스, 파라티푸스, 세균성이질, 장출혈성대장균감염증, A형간염, 백일해, 유행성이하선염, 폴리오, 수막구균 감염증, b형헤모필루스인플루엔자, 폐렴구균 감염증, 한센병, 성홍열, 반코마이신내성황색포도알균(VRSA)감염증, 카바페넴내성장내세균속균종(CRE)감염증, E형간염, 풍진(선천성, 후천성)

③ 제3급감염병(28종)

- 발생 또는 유행 시 24시간 이내에 신고하고 발생을 계속 감시할 필요가 있는 감염병
- 파상풍, B형간염, 일본뇌염, C형간염, 말라리아, 레지오넬라증, 비브리오패혈증, 발진티푸스, 발진열, 쯔쯔가무시증, 렙토스피라증, 브루셀라증, 공수병, 신증후군출혈열, 후천성면역결핍증(AIDS), 크로이츠펠트-야콥병(CJD) 및 변종크로이츠펠트-야콥병(vCJD), 황열, 뎅기열, 큐열, 웨스트나일열, 라임병, 진드기매개뇌염, 유비저, 치쿤구니야열, 중증열성혈소판감소증후군(SFTS), 지카바이러스감염증, 매독(1, 2, 3기), 매독(선천성, 후천성)

④ 제4급감염병(23종)

- 제1급~제3급 감염병 외에 유행 여부를 조사하기 위해 표본감시 활동이 필요한 감염병
- 인플루엔자, 회충증, 편충증, 요충증, 간흡충증, 폐흡충증, 장흡충증, 수족구병, 임질, 클라미디아감염증, 연성하감, 성기단순포진, 첨규콘딜롬, 반코마이신내성장알균(VRE) 감염증, 메티실린내성황색포도알균(MRSA) 감염증, 다제내성녹농균(MRPA) 감염증, 다제내성아시네토박터바우마니균(MRAB) 감염증, 장관감염증, 급성호흡기감염증, 해외유입기생충감염증, 엔테로바이러스감염증, 사람유두종바이러스 감염증, 코로나바이러스감염증-19

⑤ 신고
- 신고 경로 : 의사, 치과의사, 한의사, 의료기관의 장, 부대장, 병원체 확인기관의 장 등 → 관할 보건소장(제1급감염병의 경우 신고서 제출 전 구두·전화로 보건소장 또는 질병관리본부장에게 신고)
- 신고 기간

구분	신고기간	신고대상
제1급감염병	즉시	발생, 사망, 병원체 검사결과
제2, 3급감염병	24시간 이내	
제4급감염병	7일 이내	발생, 사망
예방접종 후 이상반응	즉시	이상반응 발생

- 벌칙
  - 감염병 신고의무자의 보고·신고 의무 위반, 거짓 보고·신고 및 보고·신고 방해자에 대한 벌칙
  - 제1, 2급감염병 : 벌금 500만 원 이하
  - 제3, 4급감염병 : 벌금 300만 원 이하

2) 검역 감염병

① 해외에 유입된 해충이나 감염병의 예방, 전파를 방지하기 위해 관리하는 감염병이다.

② 예방 방법
- 자동차, 배, 비행기, 화물 따위를 검진하고 소독
- 여객들에게 예방 주사를 접종, 병이 있는 사람을 격리
- 동물이나 식물을 따로 보관하여 병의 유무를 살핀 뒤 폐기하거나 통과
- 국내검역·국제검역·가축 및 동물 검역·식물 검역 등으로 구분하여 실시

③ 검역 질병과 기간
- 콜레라 : 120시간
- 페스트 : 144시간
- 황열 : 144시간

3) 인축공동감염병

① 사람과 동물 사이에서 동일한 병원체에 의해 발생하는 질병을 말한다.
② 인수공통감염병이라고도 한다.

질병	가축(품목)
결핵	소
탄저, 비저	양, 말
살모넬라증, 돈단독, 선모충, Q열	돼지
광견병	개
페스트	쥐, 벼룩
야토병	산토끼, 쥐, 다람쥐
파상열(부루셀라)	사람, 소, 양, 돼지

4) 감염병의 변화

① 추세 변화
- 10~40년 주기로 유행한다.
- 디프테리아(20년), 성홍열(30년), 장티푸스(30~40년)

② 순환 변화
- 2~5년 주기로 유행한다.
- 백일해(2~4년), 홍역(2~3년), 일본뇌염(3~4년)

③ 계절적 변화
여름에는 소화기계 감염병, 겨울에는 호흡기계 감염병이 발생한다.

5) 잠복기가 있는 감염병

① 잠복기가 1주일 이내 : 콜레라(가장 짧음), 이질, 성홍열, 파라티푸스, 디프테리아, 일본뇌염, 인플루엔자
② 잠복기가 1~2주일 : 발진티푸스, 두창, 홍역, 백일해, 장티푸스, 폴리오
③ 잠복기가 긴 것 : 나병, 결핵

6) 감염병 예방대책

① 병원체에 대한 대책 : 환자의 조기발견, 격리 및 치료, 보균자 조사
② 환경에 대한 대책 : 소독, 살균, 해충 구제
③ 숙주의 감수성 대책 : 저항력 증진, 면역력 증강

④ 질병의 예방 단계
- 1차적 예방 : 건강한 사람의 예방접종, 환경 관리, 건강증진
- 2차적 예방 : 질병의 초기 또는 걸릴 가능성이 있는 사람의 건강 검진, 조기 진단 후 치료
- 3차적 예방 : 질병의 발생 후 치료, 재활

⑤ 보균자
- 병원체를 보유하고 있지만 증상은 나타나지 않는 자
- 건강보균자, 잠복기보균자, 병후보균자 등

7) 숙주의 면역

① 선천적 면역

• 개인특이성

• 종속면역

• 인종면역

② 후천적 면역

능동면역	자연능동면역	• 질병 감염 후 얻은 면역 • 두창, 소아마비
	인공능동면역	• 예방접종 후 얻은 면역 • 생균 백신 : 홍역, 결핵, 황열, 폴리오, 탄저, 두창 • 사균 백신 : 파라티푸스, 장티푸스, 콜레라, 백일해, 일본뇌염 • 순화독소 접종 : 세균의 독성을 약하게 한 것. 디프테리아, 파상풍
수동면역	자연수동면역	태반, 모유 등 모체로부터 얻은 면역
	인공수동면역	• 수혈 후 얻은 면역 • 글로불린 주사, 성인 또는 회복기 환자의 혈청

8) 정기예방접종

구분	연령	예방 접종의 종류
기본접종	4주 이내	BCG(결핵)
	2, 4, 6개월	경구용 소아마비, DPT
	15개월	홍역, 볼거리, 풍진(MMR)
	3~15세	일본뇌염
추가접종	18개월, 4~6세, 11~13세	경구용 소아마비, DPT ★
	매년	일본뇌염

CHAPTER

02

안전관리

🧑‍🍳 **학습 방향**

개인 안전사고 예방 및 사후 조치에 대한 내용으로 소화기 사용법, 조리시설 안전
장치 등에 대해 알아두고, 조리 기구의 명칭과 안전한 관리와 사용법에 대해 공부합
니다. 문제의 비중은 높지 않지만 조리 실무에 필수적인 요소입니다.

🧑‍🍳 **출제빈도**

SECTION 01	하	20%
SECTION 02	하	40%
SECTION 03	하	40%

개인 안전관리

빈출 태그 ▶ 안전관리 • 사고 • 예방 • 조치

01 개인 안전사고 예방 및 사후 조치

1) 안전사고 예방 과정

① 위험요인을 제거한다.
② 위험요인을 차단하기 위해 안전방벽을 설치한다.
③ 위험사건을 초래할 수 있는 인적 · 기술적 · 조직적 오류를 예방한다.
④ 위험사건을 초래할 수 있는 인적 · 기술적 · 조직적 오류를 교정한다.
⑤ 위험사건 발생 이후 재발 방지를 위하여 대응 및 개선 조치를 취한다.

2) 개인 안전관리 점검표 작성

구분	원인	내용
인간(Man)	심리적 원인	망각, 무의식 행동, 위험 감각, 잘못된 판단, 착오 등
	생리적 원인	피로, 수면부족, 신체기능, 알코올, 질병, 나이 등
	사회적 원인	직장의 인간관계, 리더십, 팀워크, 커뮤니케이션 등
기계(Machine)	• 기계 · 설비의 설계상의 결함 • 안전하지 않은 설계	• 표준화의 부족 • 점검, 정비의 부족
매체(Media)	• 작업정보의 부적절 작업자세 • 작업동작의 결함 • 작업방법의 부적절	• 작업공간의 불량 • 작업환경 조건의 불량
관리(Management)	• 관리조직의 결함 규정 • 매뉴얼의 불이행 • 안전관리 계획의 불량	• 교육 · 훈련의 지도 관리 부족 • 적성배치의 불충분 • 건강관리의 불량

3) 주방 내 안전관리 사고 유형

① 개인적 유형

• 정서적 요인 : 개인의 선천적 · 후천적 소질 요인으로 과격한 기질, 신경질, 시력 또는 청력의 결함, 근골박약, 지식 및 기능의 부족, 중독증, 각종 질환 등이 있다.
• 행동적 요인 : 개인의 부주의 또는 무모한 행동에서 오는 요인으로 책임자의 지시를 무시한 독단적 행동, 불완전한 동작과 자세, 미숙한 작업 방법, 안전장치 등의 점검 소홀, 결함이 있는 기계 · 기구의 사용 등이 있다.
• 생리적 요인 : 체내에서 에너지 사용이 일정한 한도를 넘어 과도하게 행해졌을 때 일어나는 생리적 현상으로, 사람이 피로하게 되면 심적 태도가 교란되고 동작을 세밀하게 제어하지 못하므로 실수를 유발하게 되어 사고의 원인이 된다.

② 물리적 유형

각종 기계, 기구, 시설물 자재의 불량이나 결함, 안전장치 또는 시설의 미비, 각종 시설물의 노후화에 의한 붕괴, 화재 등의 요인이 있다.

③ 환경적 유형

- 주방의 환경적 요인 : 고온, 다습한 환경으로 피부 질환, 땀띠 등을 유발하고, 장화 착용으로 무좀, 습진 등의 질병이 발생할 수 있다.
- 주방의 물리적 요인 : 젖은 상태, 기름기가 있는 바닥으로 인한 미끄러짐, 낙상 사고가 발생할 수 있다.
- 주방의 시설 요인 : 잦은 물의 사용으로 전기 누전의 위험이 있고, 이로 인해 신체적 안전에 영향을 끼칠 수 있다.

4) 칼의 안전관리

① 칼을 사용할 때는 집중하고 안정된 자세로 작업에 임한다.
② 칼을 본래의 목적 이외에는 사용하지 않는다.
③ 칼을 떨어뜨렸을 경우에는 잡으려고 하지 말고, 한 걸음 물러서서 피한다.
④ 주방에서 칼을 들고 다른 장소로 옮겨갈 때에는 칼끝을 정면으로 두지 않으며 지면을 향하게 하고 칼날이 뒤로 가게 한다.
⑤ 칼은 항상 잘 보이는 곳에 두고, 물이 들어있는 싱크대 등에 담그지 않는다.
⑥ 칼을 사용하지 않을 때에는 안전함에 넣어서 보관한다.

5) 개인 안전사고 예방 및 조치

① 재해발생의 원인을 분석한다.

- 부적합한 지식
- 부적절한 태도의 습관
- 불안전한 행동
- 불충분한 기술
- 위험한 환경

② 안전사고 예방을 위한 안전 수칙 교육을 한다.

- 현장을 자주 방문하고 모범적인 행동을 한다.
- 안전보건관련 계획, 의사결정에 참여한다.
- 안전성과에 대한 책임감을 갖도록 유도한다.
- 안전에 대한 적극적인 태도를 유지하는 것이 중요하다.

③ 안전사고 조치

- 발생 시 신속, 정확한 응급조치를 할 수 있도록 교육한다.
- 응급환자의 처치를 돕고, 질병이 악화되는 것을 막고, 통증을 경감시킨다.
- 응급처치 현장에서의 자신의 안전을 확인한다.
- 최초로 응급환자를 발견하고 응급처치를 시행하기 전에 임의로 환자의 생사 유무를 판정하지 않는다.
- 응급환자를 처치할 때 원칙적으로 의약품을 사용하지 않는다.
- 응급환자에 대한 처치는 어디까지나 응급처치로 그치고, 이후에는 전문 의료요원의 처치에 맡긴다.

기적의 TIP

개인 안전사고 예방을 위해서는 안전관리 기준준수 및 무리한 작업을 하지 않는 것이 중요해요.

장비·도구 안전작업

01 조리도구의 종류

① 준비도구
- 재료손질과 조리준비에 필요한 용품이다.
- 앞치마, 머릿수건, 양수바구니, 야채바구니, 가위 등

② 조리기구
- 준비된 재료를 조리하는 과정에 필요한 용품이다.
- 솥, 냄비, 팬 등

③ 보조도구
- 준비된 재료를 조리하는 과정에 필요한 용품이다.
- 주걱, 국자, 뒤집개, 집게 등

④ 식사도구
- 식탁에 올려서 먹기 위해 사용되는 용품이다.
- 그릇 및 용기, 쟁반류, 상류, 수저 등

⑤ 정리도구
수세미, 행주, 식기건조대, 세제 등

① 음식절단기

• 전원 차단 후 기계를 분해하여 중성세제와 미온수로 세척하였는지 확인한다.
• 건조시킨 후 원상태로 조립하고 안전장치 작동에서 이상이 없는지 확인한다.

② 튀김기★

★ 튀김기

• 사용한 기름을 식은 후 다른 용기에 기름을 받아내고 오븐클리너로 골고루 세척했 는지 확인한다.
• 기름때가 심한 경우 온수로 깨끗이 씻어 내고 마른 걸레로 물기를 완전히 제거하였 는지 확인한다.
• 받아둔 기름을 다시 유조에 붓고 전원을 넣어 사용한다.

③ 육절기

• 전원을 끄고 칼날과 회전봉을 분해하여 중성제제와 이온수로 세척하였는지 확인 한다.
• 물기 제거 후 원상태로 조립 후 전원을 넣고 사용한다.

④ 제빙기

• 전원을 차단하고 기계를 정지시킨 후 뜨거운 물로 제빙기의 내부를 구석구석 녹 인다.
• 중성세제로 깨끗하게 세척하였는지 확인한다.
• 마른 걸레로 깨끗하게 닦은 후 20분 정도 지난 후 작동시킨다.

⑤ 식기세척기

• 탱크의 물을 빼고 세척제를 사용하여 브러시로 깨끗하게 세척했는지 확인한다.
• 모든 내부 표면, 배수로, 여과기, 필터를 주기적으로 세척하고 있는지 확인한다.

⑥ 그리들★

★ 그리들

• 그리들 상판의 온도가 80℃가 되었을 때 오븐클리너를 분사하고 밤솔 브러시로 깨 끗하게 닦았는지 확인한다.
• 뜨거운 물로 오븐클리너를 완전하게 씻어내고 다시 비눗물을 사용해서 세척하고 뜨거운 물로 깨끗이 헹궜는지 확인한다.
• 세척이 끝난 철판 위에 기름칠을 하였는지 확인한다.

작업환경 안전관리

01 작업장 환경관리

1) 안전관리 지침서 작성

① 직접적인 대책

작업환경의 개선, 기계 · 설비의 개선, 작업방법의 개선 등이 있다.

② 간접적인 대책

조직 · 관리기준의 개선, 교육의 실시, 건강의 유지 증진 등이 있다.

2) 작업장 주변의 정리정돈

① 작업장 주위의 통로나 작업장은 항상 청소한 후 작업한다.

② 사용한 장비 · 도구는 적합한 보관 장소에 정리한다.

③ 고정되지 않는 것은 받침대를 사용하고 가능한 묶어서 적재 또는 보관한다.

④ 적재물은 사용 시기, 용도별로 구분하여 정리한다.

⑤ 부식 및 발화 가연제 또는 위험물질은 별도로 구분하여 보관한다.

3) 작업장의 온 · 습도 관리

① 작업장 온도는 겨울은 18.3℃~21.1℃, 여름은 20.6~22.8℃를 유지한다.

② 오븐 근처의 냄비, 튀김기, 다른 고열이 발생하는 기계 근처의 온도관리를 철저히 한다.

③ 적정한 상대습도는 40~60%를 유지한다.

4) 작업장 내 적정한 수준의 조명 유지, 미끄럼 및 오염 관리

① 조리작업장의 권장 조도는 161~143Lux이다.

② 작업장은 백열등이나 색깔이 향상된 형광등을 사용한다.

③ 미끄럼 사고가 발생하지 않게 주방설비 시 유념하여 시공한다.

1) 안전관리시설 및 안전용품 관리

① 개인 안전보호구를 사용 목적에 맞게, 청결하게, 개인 전용으로 선택한다.
② 개인 안전보호구(안전화, 위생장갑, 안전마스크, 위생모)를 착용한다.
③ 유해, 위험, 화학물질을 처리기준에 따라 관리한다.

2) 안전관리 책임자의 법정 안전교육 실시

교육과정	교육대상	교육시간
정기교육	사무직 근로자	• 매월 1시간 이상 • 또는 매분기 3시간 이상
	관리감독자	• 매분기 8시간 이상 • 또는 연간 16시간 이상
채용교육	일용직 근무자	1시간 이상
	일용직 근무자를 제외한 근로자	8시간 이상
작업내용변경교육	일용직 근무자	1시간 이상
	일용직 근무자를 제외한 근로자	2시간 이상
특별안전보건교육	일용직 근무자	2시간 이상
	일용직 근무자를 제외한 근로자	16시간 이상

✔ 개념 체크

1 조리 작업장의 권장 조도는 161~143Lux이다. (O, X)

2 유해, 위험, 화학물질은 상사의 지시에 따라 관리한다. (O, X)

3 안전관리 관리 감독자의 경우 매분기 8시간 이상 또는 연간 16시간 이상의 안전교육을 받아야 한다. (O, X)

1 O 2 X 3 O

03 화재예방 및 조치 방법

1) 화재의 예방

① 인화성 물질 적정보관 여부를 점검한다.

② 소화기구의 화재안전기준에 따른 소화전함, 소화기 비치 및 관리, 소화전함 관리 상태를 점검한다.

③ 출입구 및 복도, 통로 등에 적재물 비치 여부를 점검한다.

④ 비상통로 확보 상태, 비상조명등 예비 전원 작동상태를 점검한다.

⑤ 자동 확산 소화용구 설치의 적합성 등에 대해 점검한다.

⑥ 가스용기는 직사광선을 피하고, 용기와 가까운 곳에 화기를 두지 않는다.

⑦ 낡은 전선이나 설치류에 의한 파손을 점검, 수리하고 누전에 유의한다.

2) 화재 조치 방법

① 응급조치 행동 계획

• 행동 계획을 세운다.

• 현장 상황의 안전을 확인한다.

• 무엇을 해야 하고 무엇을 하지 말아야 할 행동인지 인지한다.

• 전문 의료기관(119)에 전화로 응급상황을 알린다.

• 신고 후 응급환자에게 필요로 하는 응급처치를 시행하고, 전문 의료원이 도착할 때까지 환자를 지속적으로 돌본다.

② 응급처치 교육시간

교육 내용	교육 시간
1. 응급활동의 원칙 및 내용	1시간
2. 응급구조 시의 안전수칙	
3. 응급의료 관련 법령	
기본 인명구조술(이론)	1시간
기본 인명구조술(실습)	2시간

3) 소화기

① 소화기의 종류

- 물 소화기 : 물을 통해 불씨를 잠재우는 소화기로 주로 냉각작용을 통해 소화를 한다.
- 이산화탄소 소화기 : 이산화탄소를 압축 후 액화하여 사용하는 방식의 소화기로 질식작용을 통해 불씨를 잠재운다. 소화대상물의 손상이 적다는 장점 때문에 주로 미술관이나 박물관 등에 비치되나, 질식의 우려가 높으므로 지하나 일반 가정에는 비치하지 않는다.
- 분말 소화기 : 가장 흔하게 볼 수 있는 소화기의 형태로 소화약품의 분말로 진화한다.
- 하론 소화기 : 질식작용을 통해 진화되어 효과는 크지만 가격이 비싸고 하론가스의 독성 때문에 인체에 유해하여 판매가 금지된 소화기이다.
- 포말 소화기 : 액체 상태의 화학약재를 이용하는 포말 소화기는 거품 형태로 분사되며 화재를 진압한다. 사용방법이 번거롭고 화재현상 부식 가능성이 높은 편으로 많이 사용되지는 않는다.
- 청정 소화기 : 하론 소화기의 대체품으로, 하론 소화기에 비해 친환경 소재로 불씨를 잠재우며 소화 성능도 좋고 무게가 가벼워 사용이 편리하며 박물관, 쇼핑몰 등에서 많이 사용한다.
- 투척용 소화기 : 화재가 난 장소에 던져 진화하는 사용이 아주 편리한 소화기로 아이들이나 노약자들을 위해 만들어진 소화기이다.
- 스프레이형 소화기 : 최근 가정과 차량 등 비상용으로 많이 사용되는 소화기이다.

② 소화기의 사용 방법

- 손잡이 부분의 안전핀을 뽑는다.
- 바람을 등지고 자세를 취한다.
- 호스를 불쪽으로 가까이 한다.
- 손잡이를 힘껏 움켜 쥔 다음 불의 아래쪽에서 비를 쓸듯이 차례로 덮어 나간다.

③ 소화기의 압력계 점검

▲ 정상   ▲ 재충전

PART

02

재료관리 및 구매관리

파트 소개

식품은 물, 단백질, 지질, 탄수화물, 비타민, 무기질로 구성되어 있는데 각 구성 성분과
성질을 이해하고 색, 맛, 향의 변질에 대해서도 공부합니다. 또한 필요한 재료를 저장·
재고 관리·선입선출하여 효율적으로 관리할 수 있도록 하고, 조리에 필요한 양질의 식
재료, 조리기구, 장비를 적절한 시기에 구매할 수 있도록 학습합니다.

01

재료관리

🎓 학습 방향

식품의 일반 성분인 탄수화물, 단백질, 지질, 비타민, 무기질의 특성과 종류에 대해 공부하고 특수 성분인 식품의 색과 갈변, 냄새의 변화에 대해 이해할 수 있어야 합니다. 문제가 자주 출제되는 과목이므로 일상 생활에서의 식품과 연관시켜 꼼꼼히 공부하도록 하세요.

🎓 출제빈도

SECTION 01	상 ▬▬▬▬▬▬▬▬	75%
SECTION 02	중 ▬	10%
SECTION 03	중 ▬	15%

식품재료의 성분

빈출 태그 ▶ 유리수 · 자유수 · 수분활성도 · 탄수화물 · 단백질 · 지질 · 비타민 · 무기질의 종류와 특징 · 갈변

01 수분

1) 물의 특징

① 인체의 60~65%는 수분으로 구성되어 있으며 인체 내에서 음식물의 소화, 운반, 체온 조절 등의 생리적 작용을 하는데 성인은 하루에 2~3L의 물이 필요하다.

② 신체를 구성하는 물을 10% 상실하면 생리적 이상이 오고, 20% 이상 상실하면 생명이 위험하다.

③ 물은 공기, 음식과 함께 인간이 생명 유지를 하는 데 필요한 기본 요소이다.

2) 결합수와 자유수

★ 결합수
식품의 구성성분인 탄수화물이나 단백질 등의 유기물과 결합되어 있는 수분

★ 자유수
식품 중에 유리 상태로 존재하고 있고 자유롭게 이동이 가능한 수분

결합수 ★	자유수 ★
용질에 대하여 용매로 작용하지 않음	전해질을 잘 녹임(용매 작용)
건조로 쉽게 제거되지 않음	건조로 쉽게 제거
-20℃에서도 동결되지 않음	0℃ 이하에서 쉽게 동결
미생물 증식에 이용되지 못함	미생물의 번식과 발아에 이용
밀도가 큼	표면 장력, 점성, 비열이 큼

3) 경수와 연수

경수	연수
칼슘, 마그네슘 등 광물질을 많이 함유한 물	광물질의 양이 낮은 물
운동 후, 임신부, 변비에 적합	녹차, 홍차, 밥, 육수에 적합

4) 수분활성도(Water Activity)

① 수분활성도의 정의

• 어떤 임의의 온도에서 순수한 물의 수증기압에 대한 그 식품이 나타내는 수증기압을 말한다.

• 순수한 물의 수증기압은 1이고, 식품의 수증기압은 순수한 물의 수증기압보다 작으므로 Aw<1이다.

② 수분활성도의 공식

• 수분활성도(Aw) = $\dfrac{\text{식품이 나타내는 수증기압(P)}}{\text{순수한 물의 최대수증기압(P_0)}}$ = $\dfrac{\text{용질의 증기압}}{\text{용매의 증기압}}$

= $\dfrac{\text{용매의 몰수}}{\text{용매의 몰수 + 용질의 몰수}}$ = $\dfrac{\text{용매의 } \dfrac{\text{농도}}{\text{분자량}}}{\text{용매의 } \dfrac{\text{농도}}{\text{분자량}} + \text{용질의 } \dfrac{\text{농도}}{\text{분자량}}}$

③ 수분활성도에 따른 미생물 번식

• 세균 : 0.90~0.95
• 효모 : 0.88~0.90
• 곰팡이 : 0.65~0.8

④ 식품의 수증기압

• 채소, 과일, 어류, 육류 : 0.98~0.99
• 건조식품, 쌀, 콩 : 0.60~0.64
• 분유, 시리얼 : 0.2

02 탄수화물

1) 단당류

더 이상 가수분해되지 않는 당류로, 탄소수에 따라 4탄당, 5탄당, 6탄당, 7탄당 등으로 나뉜다.

예 • 5탄당 : 리보오스(Ribose), 아라비노오스(Arabinose), 크실로스(Xylose, 자일로즈)

• 6탄당 : 포도당, 과당, 갈락토오스, 만노오스, 소르보스

① 포도당(Glucose)

• 혈액 중에 혈당량으로 0.1% 정도 존재한다.
• 맥아당, 유당, 설탕, 전분, 글리코겐의 구성 성분이다.
• 인슐린 부족 시 소변으로 당이 배설된다.

② 과당(Fructose)

• 과일, 꽃, 벌꿀 중에 널리 존재한다.
• 가장 감미도가 크다.

③ 갈락토오스(Galactose)

• 한천의 구성당, 젖과 우유에 함유되어 있다.
• 유당의 구성 성분이다.
• 뇌, 신경조직을 구성한다.

✓ 개념 체크

1 수분활성도(Aw)는 '식품이 나타내는 수증기압÷순수한 물의 최대 수증기압'으로 계산한다. (O, X)

2 순수한 물의 수증기압은 0 이다. (O, X)

1 O 2 X

2) 이당류

단당류가 2개 결합된 것을 말한다.

① 자당(Sucrose, 설탕, 서당)
- 포도당과 과당이 결합된 것을 말한다.
- 과일, 채소류, 사탕수수, 사탕무
- 비환원당
- 설탕을 가수분해하여 얻어지는 포도당과 과당의 1:1 혼합물로 자당보다 단맛이 강하고, 강한 환원력을 갖는 것을 전화당(Invert Sugar)이라고 한다.

② 맥아당(Maltose)
- 포도당과 포도당이 결합된 것을 말한다.
- 전분에 아밀라아제가 작용할 때 생성된다.
- 엿기름, 물엿

③ 유당(Lactose)
- 갈락토오스와 포도당이 결합된 것을 말한다.
- 체내 성장 촉진, 뇌신경조직에 중요한 역할을 한다.
- 살균작용, 정장작용에 도움을 준다.

3) 다당류

① 전분(Starch)
- 포도당 수천, 수백 개가 중합하며, 식물 뿌리, 줄기, 잎 등에 존재한다.
- 아밀로오스와 아밀로펙틴으로 구성된다.
- 요오드반응에 멥쌀은 청색, 찹쌀은 붉은색을 띤다.

② 섬유소(Cellulose)
- 자연계에 널리 분포되어 있다.
- 소화가 불가능하여 영양학적 가치는 없으나 소화 운동을 촉진시킨다.

③ 펙틴(Pectin)
- 세포와 세포 사이, 세포막에 존재한다.
- 과일, 해조류 등에 함유되어 있다.

④ 만난(Manan)
- 곤약만난으로 불리며, 만노오스와 포도당으로 결합된다.
- 난소화성으로 저칼로리이다.

⑤ 한천(Agar) : 홍조류를 동결 건조한 식품으로 갈락탄 형태로 존재한다.

⑥ 알긴산(Alginic Acid) : 갈조류의 세포막 성분으로 미역, 다시마에 함유되어 있다.

⑦ 글리코겐(Glycogen) : 동물의 간과 근육에 존재하고, 요오드 반응에 적갈색을 띤다.

⑧ 키틴(Chitin) : 새우, 갑각류의 껍질에 함유되어 있다.

⑨ 이눌린(Inulin) : 과당의 결합으로 우엉, 돼지감자의 성분이다.

⑩ 리그닌(Lignin) : 목재, 대나무, 짚에 함유되어 있는 복잡한 화합물이다.

4) 탄수화물의 기능과 특성

① 탄소(C), 수소(H), 산소(O)로 구성되어 있다.
② 지방의 완전연소를 위해서 필요하다(필수영양소).
③ 곡류, 감자류, 설탕류 등의 성분이다.
④ 1g당 4kcal의 열량을 내고, 총 열량의 65% 섭취가 적당하다.
⑤ 많이 먹으면 지방으로 되어 근육이나 글리코겐으로 간에 저장된다.
⑥ 혈당성분을 유지(0.1%)시켜 준다.
⑦ 간의 해독 작용을 한다.
⑧ 단백질의 절약 작용을 한다.

5) 탄수화물의 감미도

유당(16) 〈 갈락토오스(33) 〈 맥아당(60) 〈 포도당(74) 〈 설탕(100) 〈 전화당
(85~130) 〈 과당(170)

6) 당 용액으로 만든 식품

① 결정형 캔디 : 퐁당★
② 비결정형 캔디 : 캐러멜, 마시멜로우, 젤리

★ 퐁당
설탕과 물을 섞어 시럽을 만들고
설탕을 부분적으로 결정화시켜 희
고 뿌연 상태로 만든 것으로 케이
크 위에 씌울 때 사용함

03 지질

1) 지방산의 분류

① 단순지질 : 유지, 납, 콜레스테롤에스테르
② 복합지질 : 인지질, 당지질, 단백지질, 황지질
③ 유도지질 : 지방산, 탄화수소, 고급알코올, 콜레스테롤, 에르고스테롤

2) 요오드가★에 따른 분류

구분	요오드가	식품
건성유	130 이상	• 들깨, 아마인, 호두, 잣 • 공기 중에서 쉽게 건조됨
반건성유	100~130	면실유, 참기름, 유채
불건성유	100 이하	땅콩, 올리브, 공기 중 쉽게 건조되지 않음

★ 요오드가
유지 100g 중의 불포화 결합에 첨
가되는 요오드의 g 수

식품재료의 성분 SECTION 01 93

3) 지방산의 구조

구분	포화지방산	불포화지방산
이중결합	×	○
융점	높음	낮음
요오드가	낮음	높음
형태	고체	액체
식품	동물성 지방, 버터, 소, 돼지기름	식물성 지방
종류	팔미트산, 스테아린산, 뷰티르산	리놀레산, 리놀렌산, 아라키돈산, 올레산

4) 필수지방산(비타민 F)

① 불포화지방산 중에서 영양상 필수적으로 체내에서 합성될 수 없어 반드시 음식물로 섭취해야 하는 지방산이다.
② 신체 성장 유지, 생리적 과정의 정상적인 기능을 유지하도록 돕는다.
③ 혈액 내 콜레스테롤의 양을 감소시킨다.
④ 생체막의 중요한 구성 성분이다.
⑤ 리놀레산, 리놀렌산, 아라키돈산

지방산	탄소수 : 이중결합수
올레산(Oleic Acid)	18 : 1
리놀레산(Linoleic Acid)	18 : 2
리놀렌산(Linolenic Acid)	18 : 3
아라키돈산(Arachidonic Acid)	18 : 4

5) 유화★

① 유중수적형(W/O) : 지방 중에 물이 분산된 형태로 마가린, 버터 등이 있다.
② 수중유적형(O/W) : 수분 중에 지방이 분산된 형태로 우유, 마요네즈, 아이스크림 등이 있다.

6) 지질의 기능과 특성

① 탄소(C), 수소(H), 산소(O)로 구성되어 있다.
② 지방산 3분자와 글리세롤의 에스테르 결합이다.
③ 물에 녹지 않고, 유기용매에 녹는다.
④ 1g당 9kcal의 열량을 내고, 총 열량의 20% 섭취가 적당하다.
⑤ 필수 지방산, 지용성 비타민의 체내 운반 및 흡수를 도와준다.
⑥ 장기보호 및 체온 조절을 돕는다.

★ 유화(Emulsification)
기름과 다른 물질이 잘 섞이게 하는 작용

★ 유화액
지질과 물의 결합

★ 진용액
소금, 설탕이 물에 녹는 현상

★ 현탁액
전분이 물에 녹는 현상

04 단백질

1) 아미노산의 특징
① 단백질은 체내에서 가수분해되어 아미노산으로 흡수되고 필요에 따라 단백질로 다시 합성한다.
② 20여 종의 아미노산이 존재한다.

2) 아미노산의 종류
① 중성아미노산 : 글리시닌, 알라닌, 발린, 루신, 이소루신, 트레오닌, 시스테인, 메티오닌
② 산성아미노산 : 글루탐산, 아스파르트산
③ 염기성아미노산 : 알기닌, 히스티딘, 리신

3) 필수아미노산
① 필요한 양은 반드시 음식물로 섭취해야 한다.
② 성인 : 발린, 이소루신, 루신, 페닐알라닌, 트립토판, 메티오닌, 리신, 트레오닌
③ 성장기 어린이, 회복기 환자 : 성인 필수아미노산 + 알기닌, 히스티딘

4) 단백질의 종류
① 완전단백질 : 충분한 양의 필수아미노산 함유(단백가★ 100, 달걀)
② 부분적불완전단백질 : 일부 아미노산의 함량이 충분치 못한 단백질
③ 불완전단백질 : 생명 유지와 성장을 촉진할 수 없는 단백질

5) 단백질의 분류
① 단순단백질
- 아미노산으로만 구성되었다.
- 알부민, 글로불린, 글루테인, 프로말린 등

② 복합단백질
- 단순단백질에 아미노산 이외의 비단백성 물질이 결합한 것을 말한다.
- 인단백질(카제인, 오브비텔린), 지단백질(레시틴, 리포비텔린), 당단백질(뮤신, 오보뮤신)

③ 유도단백질
- 자연계에 존재하는 단백질이 물리적, 화학적, 효소에 의해 변성, 분해된 것을 말한다.
- 젤라틴(콜라겐), 응고단백질(알부민, 달걀)

6) 단백질의 기능과 특성
① 탄소(C), 수소(H), 산소(O), 질소(N)로 구성되어 있다.
② 1g당 4kcal의 열량을 내고, 총 열량의 15% 섭취가 적당하다.
③ 체조직을 구성하고 효소, 호르몬의 성분으로 성장을 촉진한다.

🅑 기적의 TIP

'콰시오커'는 성장기 어린이의 단백질 겹핍 시 나타나는 병으로 단백 결핍성 소아영양실조증이라고 해요. 단백질 공급을 통해 완치가 가능해요.

★ 단백가
• 단백질의 영양적 가치
• 단백가(%) = 식품 중의 가장 부족한 아미노산 함량 ÷ 아미노산 표준구성량 × 100

④ 체액과 혈액의 중성을 유지하고, 조직의 삼투압을 조절한다.
⑤ 체온을 유지하는 작용을 한다.
⑥ 단백질은 용매에 분산되어 교질용액이 된다.

7) 단백질의 변성

① 소화율이 높아진다.
② 점도가 증가하고, 용해도가 감소한다.
③ 단백질의 2차, 3차 구조가 변하면서 폴리펩티드 사슬이 풀어진다.

05 무기질

1) 무기질의 분류

① 알칼리성 식품 : Ca, Mg, Na, K, Fe, Cu, Mn, Co, Zn(야채, 과일, 해조류)
② 산성 식품 : P, S, Cl, I(육류, 곡류)

2) 무기질의 종류

★ 권장섭취량
평균필요량에 표준편차의 두 배를 더하여 정한 값

★ 평균필요량
건강한 사람들의 절반에 해당하는 사람들의 1일 필요량

★ 충분섭취량
필요량에 관한 충분한 과학적 자료가 없을 때, 역학조사에서 관찰된 건강한 사람들의 영양소 섭취량을 기준하여 정한 섭취량

종류	기능	함유식품	결핍증, 과잉	성인 1일 권장섭취량★
칼슘(Ca)	골격, 치아 구성 근육의 수축 · 이완 작용, 신경 운동의 전달, 혈액 응고 관여	뼈째 먹는 생선 우유, 치즈	결핍 : 골다공증, 골연화증, 경련성 마비, 구루병	700~750mg
인(P)	골격, 치아 구성, 삼투압 조절, 신경자극 전달	유제품, 난황 육류, 채소류	결핍 : 골연화증, 치아 발육 부진	700mg
나트륨(Na)	산/알칼리의 평형을 유지, 삼투압을 조절, 수분균형 유지에 관여	소금	과잉 : 고혈압, 부종, 동맥경화	5g
염소(Cl)	위액의 산성 유지, 소화	소금	결핍 : 식욕부진	2g(충분섭취량★)
칼륨(K)	삼투압, pH을 조절	곡류, 채소	결핍 : 근육이완, 식욕상실	3.5g
마그네슘(Mg)	뼈, 치아의 구성성분, 단백질의 합성과정, 신경 흥분 억제	녹색채소, 견과, 대두	결핍 : 신경, 근육경련	280~350mg
철분(Fe)	헤모글로빈 구성성분, 효소 활성화	간, 난황, 곡류의 씨눈	결핍 : 빈혈 과잉 : 신부전증	여(8~14mg) 남자(9~10mg)
구리(Cu)	철분 흡수, 운반에 관여	홍차, 간, 호두	결핍 : 빈혈	800μg
요오드(I)	기초대사를 촉진, 갑상선 호르몬 구성성분	해조류	결핍 : 갑상선 질환	150μg
아연(Zn)	인슐린, 적혈구의 구성성분	육류, 해산물, 치즈, 땅콩	결핍 : 발육장애, 상처회복 지연	7~10mg
불소(F)	충치예방, 골격, 치아 강화	해조류, 어류	결핍 : 충치 과잉 : 반상치	0.8~1ppm
코발트(Co)	조혈작용에 관여	채소, 간, 어류	결핍 : 악성빈혈	극히 미량

3) 무기질의 기능과 특성

① 인체의 약 4%를 차지한다.
② 산과 알칼리 및 수분의 평형을 유지한다.
③ 필수적 신체 구성원으로 체조직의 성장에 관여하고, 근육의 수축성을 조절한다.
④ 생리적 작용의 촉매 역할을 한다.

06 비타민

1) 수용성 비타민

종류	기능	함유식품	결핍증
비타민 B₁ (티아민)	• 탄수화물의 대사에 중요 역할 • 마늘과 함께 섭취 시 흡수 촉진	곡류, 돼지고기	각기병, 신경염
비타민 B₂ (리보플라빈)	• 당질 · 단백질 · 지질의 산화환원 작용에 관여 • 열과 산 : 안정, 알칼리 : 불안정	효모, 달걀, 우유, 녹색 채소	구각염, 설염
비타민 B₆ (피리독신)	• 아미노산 대사 관여 • 열과 산 : 안정, 알칼리 : 불안정	간, 효모, 곡류	피부염
비타민 B₁₂ (시아노코발라민)	• 혈액 생성 관여 • 산과 알칼리 : 불안정 • 코발트(Co) 함유	생선, 간, 달걀	악성빈혈, 신경증상
나이아신	• 옥수수를 주식으로 하면 부족 • 펠라그라★의 원인	효모, 우유, 버섯	피부병
비타민 C (아스코르빅산)	• 피로회복, 칼슘과 철분의 흡수 촉진 • 산 : 안정, 알칼리와 열 : 불안정	풋고추, 딸기, 무청, 과일	괴혈병
비타민 P (루틴)	모세혈관 강화	메밀, 레몬껍질	피부에 보라색 반점

2) 지용성 비타민

종류	기능	함유식품	결핍증
비타민 A (레티놀)	• 피부, 점막을 보호 • 카로티노이드가 체내에서 비타민 A 작용(프로비타 민 A) • 열 : 안정, 산과 빛 : 불안정	녹황색 채소, 간, 우유, 과일	야맹증
비타민 D (칼시페롤)	• 칼슘과 인의 흡수 촉진 • 에르고스테롤의 자외선 조사로 생성(프로비타민 D) • 열과 산소 : 안정	효모, 버섯, 간, 난황, 버터	구루병, 골연화증
비타민 E (토코페롤)	• 천연 항산화 작용 • 생식세포의 작용 정상 유지 • 열 : 안정, 알칼리 : 불안정	식물성 기름, 두류, 견과류	불임증, 생식불능
비타민 K (필로퀴논)	• 혈액의 응고에 관여 • 열 : 안정, 알칼리와 빛 : 불안정	양배추, 녹황색 채소, 달걀, 간	출혈 (과잉 : 황달)
비타민 F	• 피부 보호, 혈압 강화 • 필수불포화지방산	식물성 기름	성장정지, 피부염 및 건조

★ 펠라그라
옥수수를 주식으로 하면 나이아신, 단백질 제인과 트립토판의 함량이 적어 펠라그라에 걸릴 수 있으며 피부염이 생기고, 구강의 통증, 소화불량, 설사의 증상 등이 나타남

07 식품의 색

1) 식물성 색소

색소	산성	알칼리성
플라보노이드	안정	불안정
안토시안	안정	불안정
클로로필	불안정	안정
카로티노이드	안정	안정

① 플라보노이드(Flavonoid)

• 감자, 고구마, 양파, 연근, 우엉의 흰색이나 노란색이다.

• 산에 안정하여 연근을 식초물에 담그면 갈변되지 않아 흰색을 유지한다.

• 알칼리에 불안정하여 밀가루 반죽에 소다를 넣으면 황색으로 변한다.

② 안토시아닌(Anthocyan)

• 사과, 적채, 가지, 비트, 블루베리 등의 빨간색이나 보라색이다.

• 산에 안정하여 생강을 식초에 절이면 적색으로 변한다.

• 알칼리에 불안정하여 가지를 삶을 때 백반을 넣으면 청자색이 된다.

③ 클로로필(Chlorophyll)

• 시금치, 오이, 고추의 녹색 야채에 있는 마그네슘(Mg)을 함유한 엽록소 색소이다.

• 산에 불안정하여 식초를 사용하면 누런색으로 변한다.

• 알칼리에 안정해서 식소다를 사용하면 녹색을 유지한다.

④ 카로티노이드(Carotenoid)

• 당근, 호박, 감 등의 황색이나 주황색이다.

• 산, 알칼리, 열에 비교적 안정적이다.

• 공기 중의 산소나 산화효소에 의해 산화되거나 퇴색한다.

⑤ 라이코펜(리코펜, Lycopene)

• 토마토, 수박, 석류의 빨간색 색소이다.

• 카로티노이드계의 일종이다.

2) 동물성 색소

① 미오글로빈 : 철(Fe)을 함유한 붉은색 육류 및 가공품의 근육 색소이다.

② 헤모글로빈 : 철(Fe)을 함유한 붉은색의 혈색소이다.

③ 카로티노이드 : 달걀 노른자의 황색 색소이다.

④ 아스타잔틴 : 새우, 게, 가재의 흑색이 가열 및 부패에 의해 아스타신의 붉은색으로 변화한다.

⑤ 헤모시아닌 : 문어, 오징어의 무색, 청자색을 가열하면 적자색으로 변화한다.

⑥ 멜라닌 : 오징어의 먹물, 피부, 머리카락 등 동식물의 조직에서 볼 수 있는 흑갈색 또는 흑색의 색소이다.

08 식품의 갈변

1) 효소적 갈변

① 효소의 반응으로 식품이 산화되어 갈변되는 것을 말한다.

효소	원인	예
티로시나아제	티로신 → 멜라닌	사과, 감자, 바나나, 버섯 등의 갈변
폴리페놀옥시다아제, 페놀라아제	폴리페놀 → 퀴논	

② 효소적 갈변을 억제하는 방법에는 가열처리, 동결저장, 산 용액, 아황산가스, 아황산염 사용, 산소 제거 등이 있다.

2) 비효소적 갈변

구분	효소	원인	예
마이야르반응 (Maillard)		카르보닐화합물과 단백질 같은 질소 화합물의 반응	간장의 착색, 커피, 식빵의 풍미와 색 변화
카라멜화반응 (Caramelization)	X	당류를 180~200℃ 가열	과자류, 장류, 약식
아스코르브산 산화반응		아스코르브산의 산화에 의한 갈변	감귤류 갈색화

09 식품의 맛과 냄새

1) 식품의 맛

① 헤닝(Henning)의 4원미
- 단맛 : 포도당, 과당, 맥아당, 젖당, 설탕
- 신맛 : 구연산(과일 · 채소류), 사과산(과실), 주석산(포도), 식초, 호박산(청주 · 조개류)
- 짠맛 : 염화나트륨
- 쓴맛 : 커피, 초콜릿, 차, 맥주, 과일껍질, 신맛+아미노기($-NH_2$)

② 보조맛
- 매운맛 : 캡사이신, 시니그린, 알리신 등
- 맛난맛 : 이노신산, 글루타민산, 구아닌산, 시스테인, 리신, 호박산
- 떫은맛 : 탄닌
- 아린맛 : 죽순, 고사리, 우엉, 토란, 쓴맛+떫은맛
- 금속맛 : 수저, 식기

③ 온도에 따른 맛

- 30~40℃일 때는 쓴맛을 잘 느끼지 못한다.
- 50~60℃일 때는 매운맛을 잘 느낀다.
- 가장 예민한 온도는 30℃, 온도 저하에 따라 쓴맛의 감소가 심하다.

④ 음식에 알맞은 온도

종류	온도(℃)	종류	온도(℃)
전골	95	밥	40~45
홍차, 커피	70~80	맥주	8~12
국	70	사이다	15

⑤ 맛의 상호작용

- 맛의 대비(맛의 강화)
  - 서로 다른 맛 성분이 혼합되어 주된 맛 성분이 강화된다.
  - 팥죽 + 설탕 + 소금 = 단맛 강화
- 맛의 억제
  - 서로 다른 맛의 혼합으로 각각의 맛이 약화된다.
  - 쓴 커피 + 단 설탕 = 쓴맛 억제
- 맛의 상쇄
  - 두 가지 맛이 상쇄되어 한 가지 맛을 단독으로 나타내지 못하고 약화 또는 소멸된다.
  - 김치 숙성 → 짠맛 + 신맛
- 맛의 변조
  - 미맹*과는 다른 현상으로, 한 가지 맛을 느낀 후 다른 종류의 맛을 보면 정상적인 맛을 느낄 수 없는 현상이다.
  - 쓴맛의 약 + 물 = 쓴 약의 맛 변조

★ 미맹
페닝티오카르바마이드(PTC) 물질에 대해 쓴맛을 느끼지 못하는 증상

2) 식품의 냄새

① 식물성 식품의 냄새

- 알코올 및 알데히드류 : 주류, 바닐라향, 감자, 오이, 복숭아, 계피
- 에스테르류 : 복숭아, 사과, 배, 파인애플, 바나나
- 테르펜 : 녹차, 레몬, 오렌지
- 유황화합물 : 무, 파, 마늘, 양파, 간장

② 동물성 식품의 냄새

- 아민류, 암모니아류 : 수육, 어육
- 지방산, 카르보닐화합물 : 우유 및 유제품, 버터, 치즈

종류	독성 물질
감자 싹	솔라닌(Solanine)
부패된 감자	셉신(Sepsine)
독미나리	시큐톡신(Cicutoxin)
청매, 살구씨	아미그달린(Amygdalin)
피마자	리신(Ricin)
목화씨(면실유)	고시풀(Gossypol)
독보리	테물린(Temuline)
맥각	에르고톡신(Erogotoxin)
미치광이풀	히요시아민(Hyoscyamine)
꽃무늬	리코린(Lycorine)
독버섯	무스카린, 무스카리딘, 팔린, 아마니타톡신, 필지오린
복어	테트로도톡신(Tetrodotoxin)
섭조개, 대합조개	삭시톡신(Saxitoxin)
모시조개, 굴, 바지락	베네루핀(Venerupin)

01 식품과 효소

1) 가수분해효소

★ 효소
화학반응에서 반응속도를 빠르게
하는 단백질로 만들어진 촉매

구분	효소★	작용	소재
탄수화물 분해효소	아밀라아제(Amylase)	전분 → 덱스트린 + 맥아당	타액, 췌장액
	수크라아제(sucrase)	설탕 → 포도당 + 과당	소장, 효모
	말타아제(Maltase)	맥아당 → 포도당 2분자	장액
	락타아제(Lactase)	젖당 → 포도당 + 갈락토오스	장액
단백질 분해효소	펩신(Pepsin)	단백질 → 펩톤	위액
	펩티다아제(Peptidase)	펩티드 → 아미노산	소화액
	트립신(Trypsin)	단백질 → 펩티드, 아미노산	췌액, 장액
지질 분해효소	리파아제(Lipase)	지방 → 글리세린 + 지방산	췌장액
응고효소	레닌(Renin)	응유효소, 치즈 제조	유아, 송아지의 위액

2) 산화환원효소

효소	작용	식품
티로시나아제	티로신 → 멜라닌	버섯, 감자, 사과의 갈변(효소적 갈변)
폴리페놀옥시다아제 페놀라아제	폴리페놀 → 퀴논	
아스코르빅 옥시다아제	비타민 C 산화	양배추, 오이, 당근(효소적 갈변)
리폭시다아제	불포화지방산의 변색, 변향	두류, 곡류

식품과 영양

01 영양소의 기능 및 영양소 섭취기준

1) 식품

① 식품의 정의

• 모든 음식물(의약으로 섭취하는 것은 제외)을 말한다.
• 한 종류 이상의 영양소를 가지며, 유해물이 없는 천연물 또는 가공품을 말한다.

② 5가지 기초식품군

영양소	식품류	식품명
단백질	콩, 알, 생선류, 육류	소고기, 돼지고기, 닭고기, 달걀, 콩, 된장 등
칼슘	우유, 유제품, 뼈째 먹는 생선류	우유, 멸치, 뱅어포, 새우, 치즈 등
비타민 및 무기질	녹황색 채소류, 과일류, 해조류	당근, 배추, 사과, 토마토, 다시마, 파래 등
탄수화물	곡류, 서류, 전분류	쌀, 감자, 고구마, 설탕 등
유지	식물성, 동물성, 가공 유지	콩기름, 참기름, 마가린, 버터, 깨 등

③ 식품구성자전거

식품구성자전거에 따르면 균형 잡힌 '곡류', '고기 · 생선 · 달걀 · 콩류', '채소류', '과일류', '우유 · 유제품류'를 섭취하고 수분과 규칙적인 운동이 필요하다고 표현하였다.

식품구성자전거 / 자료출처 : 보건복지부, 2015 한국인 영양소 섭취기준

④ 소비성에 의한 식품의 분류
- 즉석식품 : 시간과 수고가 들지 않고 극히 간단한 수법으로 조리하여 바로 먹을 수 있는 저장식품이다.
- 레토르트식품 : 알루미늄으로 만든 주머니나 봉지에 넣은 다음, 고압살균솥(레토르트)에서 고온으로 멸균하고 밀봉한 식품이다.
- 강화식품 : 천연식품에 원래 함유되지 않은 성분을 보충하고 영양 가치를 높이거나 손실된 영양성분을 첨가한 식품이다.
    예 강화미(비타민 B_1 강화), 마가린(비타민 A, D 강화)

⑤ 식품의 성분

2) 영양의 정의

① 영양과 영양소의 정의
- 영양 : 생리작용을 유지하는 물질적인 현상이다.
- 영양소 : 영양을 유지하기 위해서 외부로부터 받아들이는 물질이다.

② 영양소의 기능
- 체조직 구성식품 : 단백질, 무기질
- 생리작용 조절식품 : 무기질, 비타민
- 3대 영양소 : 탄수화물, 단백질, 지질

③ 칼로리 계산
- 당질 : 4kcal/g
- 단백질 : 4kcal/g
- 지질 : 9kcal/g
- 알코올은 1g에 7kcal의 열량을 낸다.
- (당질 양×4)+(단백질 양×4)+(지질 양×9)

④ 영양소 섭취기준
- 성인남자의 기초대사량은 1,400~1,800kcal, 성인여자는 1,200~1,400kcal이다.
- 성인남자의 하루 권장섭취량은 2,400~2,800kcal, 성인여자는 1,800~2,200kcal이다.

⑤ 단백질 계산
- 조단백질 = 질소함량×6.25
- 질소계수 = 100÷질소함량(%)

5대 영양소
탄수화물, 단백질, 지방, 무기질, 비타민

6대 영양소
5대 영양소 + 물

CHAPTER

02

구매관리

🍳 **학습 방향**

식품을 구매하는 방법과 구매 기간 및 검수, 선입선출에 대한 재고관리에 대한 문제,
원가 계산 문제가 출제됩니다. 계산 문제는 많이 나오지는 않지만 공식만 외우면 간
단하게 풀 수 있으니 포기하지 말고 꼭 연습해 보세요.

🍳 **출제빈도**

SECTION 01	하	35%
SECTION 02	하	30%
SECTION 03	중	35%

01 시장조사

1) 시장조사의 목적

① 구매예정가격의 결정
② 합리적인 구매계획의 수립
③ 신제품의 설계
④ 제품개량

2) 시장조사의 내용

품목, 품질, 수량, 가격, 시기, 구매거래처, 거래조건

3) 시장조사의 원칙

① 비용 경제성의 원칙
② 조사 적시성의 원칙
③ 조사 탄력성의 원칙
④ 조사 계획성의 원칙
⑤ 조사 정확성의 원칙

✔ 개념 체크

1 시장조사 시 품목, 품질, 수량, 가격 등을 조사한다. (O, X)

2 조사 경제성은 시장조사의 원칙에 포함된다. (O, X)

1 O 2 X

02 식품 구매관리

1) 식품의 구매 절차

수요예측 → 물품 구매량과 품질 검토 후 필요성 인식 → 물품 구매 → 구매 청구서 작성, 송부 → 재고량 조사 후 발주량 결정 → 구매명세서 작성 → 구매발주서 작성 → 공급업체 선정 → 주문 확인 전화 → 검수 → 입·출고 및 재고관리 → 납품대금 지불

2) 식품의 구매 시기

① 곡류, 건어물

부패성이 적어 1개월분을 한 번에 구입한다.

② 육류

중량과 부위별로 구입하고 냉장 시설이 갖추어져 있으면 1주일분을 구입한다.

③ 어류

신선도를 확인하고 필요에 따라 수시로 구입한다.

④ 과일류

산지별, 품종, 상자당 수량을 확인하고 필요에 따라 수시로 구입한다.

3) 식품의 구매 방법

① 수의계약

경매나 입찰 등의 경쟁을 통하지 않고 적당한 상대방을 임의로 선택하여 계약을 맺는 방법이다.

② 경쟁입찰

입찰 및 계약에 관한 사항을 공고하여 상호경쟁에서 낙찰자를 선정하는 방법이다.

③ 지명경쟁입찰

지명된 몇몇 특정인들로 하여금 경쟁입찰하는 방법이다.

4) 대치 식품

① 조리에 필요한 식품 대신 영양가가 같고 값도 저렴한 다른 식품을 선택한 경우, 그 값싼 식품을 '대치 식품'이라고 한다.

② 대치 식품량 = 원래 식품함량 ÷ 대치 식품함량 × 원래 식품량

✓ 개념 체크

1 대치식품을 사용할 때 그 양은 '원래식품함량 ÷ 대치식품함량 × 원래식품량'으로 계산한다. (O, X)

1 O

1) 재고관리 방법

① 선입선출법(First-In, First-Out) : 재료의 구입 순서에 따라 먼저 구입한 재료를 나중에 입고된 품목들보다 먼저 사용한다.
② 후입선출법(Last-In, First-Out) : 나중에 구입한 재료부터 먼저 사용한다.
③ 이 외에 실제 구매가법, 총 평균법, 최종 구매가법 등이 있다.
④ 당기소비량 = (전기이월량+당기구입량)−기말재고량
⑤ 월중소비액 = (월초재고액+월중매입액)−월말재고액

2) 재고관리 주의사항

① 식재료의 원가를 계산하는 데 반드시 필요하다.
② 단체급식소에서는 재료관리상 적어도 월 1회는 필요하다.
③ 품목의 위치를 순서대로 정렬하고 이 저장 순서에 따라 품목명을 기록하여 시간을 절약하도록 한다.
④ 실사에 품목의 가격을 미리 기록한다.
⑤ 재고조사표를 작성한다.
⑥ 색상, 형태, 이미, 이취, 품질 상태, 유통기한 등도 함께 점검한다.
⑦ 재고조사 결과를 구매명세서에 작성한다.
⑧ 재고량을 고려하여 구매에 필요한 최적의 발주를 한다.
⑨ 구매명세서를 보고 구매발주서(주문서, 구매전표, 발주전표)를 작성한다.

✔ **개념 체크**

1 재료의 구입 순서에 따라 먼저 구매한 것을 먼저 사용하는 방법을 선입선출법이라고 한다. (O, X)
2 단체급식소에서 재고관리는 일의 효율성을 위해 1년에 1회 실시한다. (O, X)

1 O 2 X

검수관리

01 식재료의 품질 확인 및 선별

1) 식품의 검수 방법

① 검수 공간은 식품을 판별할 수 있도록 충분한 조도(540Lux 이상)가 확보되어야 한다.
② 계측기나 운반차 등을 구비해 두면 편리하다.
③ 저장 공간의 크기는 식품 반입 횟수, 저장 식품의 양 등을 고려하여야 한다.
④ 품질, 수량, 중량, 신선도, 냄새, 유통기한, 배송의 상태 등을 확인한다.
⑤ 구매주문서와 거래명세서의 수량과 단가가 일치하는지 확인한다.
⑥ 빠르고 정확하게 검수하여야 한다.
⑦ 검수가 끝나면 품질기준에 적합한 식자재를 즉시 보관창고로 이동하여 보관한다.

2) 검수 시 준수사항

① 도착한 식자재는 바로 검수한다.
② 운반차량의 내부온도가 규정온도를 유지하였는지 자동온도기록지(타코메타)를 통해서 확인한다(냉장차량 0~10℃, 냉동차량 영하 18℃ 이하).
③ 포장 상태를 확인한다.
④ 검수하는 동안 검수품의 품질변화를 방지하기 위하여 냉동식품, 냉장식품, 채소류, 공산품의 순서로 한다.
⑤ 육류, 어류, 알류 등의 식품은 냉장 및 냉동상태로 운송되었는지 확인한다.
⑥ 가열하지 않은 육류, 가금류, 해산물 등 신선축산물은 입고검수 시 품질을 최대한 유지할 수 있도록 다른 완제품과 입고시간을 달리하여 검수한다.
⑦ 입고된 식자재는 청결한 장소에서 외포장지를 제거한 후 조리장과 사용 장소에 반입한다.
⑧ 입고 시 제거한 외포장지 라벨은 버리지 말고 해당 식자재를 모두 사용할 때까지 별도의 보관함에 보관하여 내용물과 표시사항이 일치하는지 추적이 가능하도록 하여야 한다.
⑨ 냉동식품은 녹은 흔적이 있는지 또는 얼렸다 녹았다를 반복했는지 주의 깊게 확인한다.
⑩ 유통기한, 제조일자 등을 확인한다.
⑪ 제조사나 원산지 표시가 없는 품목은 반품 조치한다.

전수검사법
납품된 물품을 모두 검사하는 방법

발췌검사법
납품된 물품 중에서 일부의 시료를 뽑아서 검사하는 방법

3) 신선한 식품의 감별법

쌀	가공한 지가 오래되지 않아 쌀알에 흰 골이 생기지 않고 맑고 윤기가 있는 것
서류	병충해, 발아, 외상, 부패 등이 없는 것
생과일	성숙하고 신선하며 청결한 것
오이	색이 선명하고 가시가 있고 무거운 것
당근	둥글고 살찐 것으로 내부에 심이 없는 것
양파	둥글고 육질이 단단하고 건조가 잘 되어 있는 것
무	크고 균일하며 모양이 바르고 흠집이 없는 것
배추	알이 꽉 채워져 단단하고 푸른 잎이 붙어 있는 것
오징어	탄력이 있고 붉은색을 띠는 것
우유	물속에서 퍼지지 않고 가라앉는 것
동태	눈알이 튀어나오고 탄력이 있으며 아가미가 선홍색을 띠는 것
김	검고, 윤기가 나며 구우면 녹색을 띠는 것

02 조리기구 및 설비 특성과 품질 확인

🅑 기적의 TIP

식재료 보관실은 항상 정돈 상태를 유지하고, 식품보관 선반은 바닥으로부터 15cm 이상의 공간을 띄워 청소가 용이하도록 해야 해요.

① 조리대와 작업대 청소

매일 세제를 묻혀 세척한 뒤 건조한다.

② 바닥 청소

• 바닥은 건조 상태를 유지한다.
• 습기가 많으면 세균이 번식할 우려가 있으므로 물을 뿌려 세제로 1일 2회 청소한다.
• 기름때가 있을 경우 가성소다를 묻혀 1시간 후 솔로 닦고 헹군다.

③ 도마

• 매일 물로 세척하여 사용한다.
• 매일 사용 후 중성세제로 씻고, 살균 소독하여 보관한다.
• 영업 중에는 조리할 때마다 물로 씻어 사용한다.
• 특히 환절기에는 열탕소독은 필수이며, 사용 후 지정된 장소에 세워서 보관한다.

④ 식기

• 세정은 중성세제로 한다.
• 용기의 모퉁이는 주의 깊게 닦고, 세정 후 쓰레기, 먼지, 곤충으로부터 오염을 막기 위해 지정장소에 수납해야 한다.

⑤ 행주와 쓰레기통

• 행주는 사용 후 세제 세척을 하고, 삶은 후 건조하여 사용한다.
• 더러움이 심한 쓰레기통은 가성소다로 씻어 건조시키고, 일반적으로는 세제 청소 후 락스로 헹궈 건조시킨다.

⑥ 가스레인지와 주변

• 버너의 이물질을 제거한다.
• 가스레인지 위는 항상 청결을 유지해야 한다.
• 가스레인지 표면은 매일 전문세제 등을 사용하여 금속 수세미로 세척한다.
• 월 2회 식기를 놓는 선반을 세제로 세정하고 행주로 닦은 뒤 건조하여 사용한다.
• 선반에 깔려 있는 행주 등도 꺼내서 주 1회 정도 새것으로 교환한다.

⑦ 닥트와 환기팬

• 월 2회 가성소다를 이용하여 기름때를 청소한다.
• 닥트에서 기름 등이 떨어져 요리에 들어가는 것을 예방해야 한다.
• 필터는 싱크에 따뜻한 물을 담고 180cc 정도의 가성소다를 넣고 하루 정도 담가놓은 뒤 중성세제로 닦는다.

⑧ 식품

• 입고된 식품의 신선도, 품질, 양을 체크한다.
• 바닥에는 잡균이 있기 때문에 바닥에 직접 놓는 것은 금물이다.

⑨ 음식 보관

• 음식은 뚜껑을 덮거나 랩으로 씌워 냉장 보관한다.
• 반드시 유통기한을 확인하고, 스티커를 부착하여 보관한다.

⑩ 저울

• 저울은 중량(무게)을 측정하는 기구로 g, kg으로 나타낸다.
• 저울을 사용할 때는 평평한 곳에 수평으로 놓고 바늘이 '0'에 고정되어 있어야 한다.

⑪ 온도계

• 일반적으로 주방용 온도계는 비접촉식으로 표면 온도를 잴 수 있는 적외선 온도계를 사용한다.
• 기름이나 당액 같은 액체의 온도를 잴 때에는 200~300℃의 봉상 액체 온도계, 육류는 탐침하여 육류의 내부 온도를 측정할 수 있는 육류용 온도계를 사용한다.

기적의 TIP

스티커 부착의 예

냉동 중/실온보관/냉장 중			
식품명 (원산지)			
입고날짜	년	월	일
유통기한	년	월	일
개봉일	년	월	일

03 검수를 위한 설비 및 장비 활용 방법

① 검수대 : 입고물품을 바닥에 내려놓거나 바닥과 직접 접촉해서는 안 된다.

② 조명 : 입고된 물품의 표시사항 및 품질 이상 유무 등을 확인할 수 있도록 540Lux 이상의 충분한 조도를 갖추어야 한다.

③ 저울 : 입고된 물품의 정확한 양을 측정하기 위하여 측정 가능한 범위의 저울을 구비한다. 저울의 정확성을 확인하기 위하여 최소 1년마다 주기적으로 검·교정하여야 한다. 검·교정한 결과 증빙서류를 보관하고 검·교정 확인필증을 저울에 부착한다.

④ 온도계 : 입고된 물품이 적정온도를 유지한 채 운반되었는지 확인할 수 있는 정확한 온도계를 구비한다. 온도계는 입고품목의 특성에 따라 접촉식 온도계와 비접촉식 온도계 등으로 나눌 수 있다.

⑤ 선반 : 입고물품을 검수하는 동안 올려놓을 수 있도록 청결한 선반을 구비한다.

⑥ 운반카트 : 검수가 완료되면 보관 장소로 즉시 운반할 수 있는 청결한 운반카트를 구비한다.

SECTION
03
원가

출제빈도 (상) (중) (하)
반복학습 [1] [2] [3]

빈출 태그 ▶ 원가 · 직접원가 · 제조원가 · 총원가 · 판매원가

01 원가의 의의 및 종류

1) 원가의 의의

① 원가의 개념 : 제품의 제조, 판매, 서비스 외에 제공을 위해 소비된 경제 가치이다.

② 원가계산의 목적
- 가격결정의 목적 : 제품의 판매가격을 결정할 목적으로 원가를 계산한다.
- 원가관리의 목적 : 원가의 절감을 위한 원가관리의 기초자료를 제공한다.
- 예산편성의 목적 : 예산의 편성에 따른 자료를 제공하는 목적이다.
- 재무제표 작성의 목적 : 기업의 외부 이해 관계자에게 경영활동 결과를 보고하기 위한 재무제표를 작성하는데 기초자료 제공을 위하여 원가를 계산한다.

③ 원가계산의 기간 : 1개월에 한 번씩 실시하는 것을 원칙으로 하나, 경우에 따라서 3개월 또는 1년에 한 번씩 실시하기도 한다.

2) 원가의 종류

① 원가의 3요소
- 재료비 : 제품의 제조를 위하여 소비되는 물품의 원가를 말한다.
  - ⑩ 단체급식에서는 급식 재료비, 재료 구입비 등
- 노무비 : 제품의 제조를 위하여 소비되는 노동의 가치를 말한다.
  - ⑩ 임금, 급료, 시간외 업무 수당, 임시직의 임금 등
- 경비 : 제품의 제조를 위하여 소비되는 재료비, 노무비 이외의 가치를 말한다.
  - ⑩ 수도, 전력비, 보험료, 감가상각비 등

② 직접원가, 제조원가, 총원가, 판매원가

직접원가	직접경비 + 직접노무비 + 직접재료비			
제조원가	직접원가		제조간접비★	
총원가	제조원가			판매관리비
판매원가	총원가				이익

★ 제조간접비
간접경비 + 간접노무비 + 간접재료비

★ 직접비
특정 제품에 직접 부담시킬 수 있는 것

★ 간접비
여러 제품에 공통적으로 또는 간접적으로 소비되는 것

③ 원가계산의 시점과 방법의 차이에 따른 분류

- 실제원가 : 제품이 제조된 후에 실제로 소비된 원가를 산출한 것이다.
- 예정원가 : 제품의 제조 이전에 제조에 소비될 것으로 예상되는 원가를 예상한 것이다.
- 표준원가 : 기업이 이상적으로 제조활동을 할 경우에 예상되는 원가를 말한다. 효과적인 원가관리의 목적이다.

④ **고정비** : 일정한 기간 동안 조업도의 변동에 관계 없이 항상 일정액으로 발생하는 원가로 감가상각비, 노무비, 보험료, 제세공과 등이 포함된다.

02 원가분석 및 계산

1) 원가계산의 원칙

① 진실성의 원칙 : 실제로 발생한 원가를 진실되게 정확히 파악한다.
② 발생기준의 원칙 : 모든 비용과 수익의 계산은 그 발생시점을 기준으로 한다.
③ 계산경제성(중요성)의 원칙 : 원가계산을 할 때는 경제성을 고려한다.
④ 확실성의 원칙 : 여러 방법이 있을 경우에 가장 확실한 방법을 선택한다.
⑤ 정상성의 원칙 : 정상적으로 발생한 원가만을 계산한다.
⑥ 비교성의 원칙 : 다른 일정기간의 것과 또 다른 부문의 것과 비교할 수 있도록 실행한다.
⑦ 상호관리의 원칙 : 원가계산, 일반회계, 각 요소별, 부문별, 제품별 계산 간에 상호관리가 가능하도록 되어야 한다.

2) 원가계산의 구조

① [1단계] 요소별 원가계산 : 제품의 원가는 재료비, 노무비, 경비의 3가지 원가요소를 몇 가지 분류 방법에 따라 세분하여 각 원가요소별로 계산하게 된다.
② [2단계] 부문별 원가계산 : 전 단계에서 파악된 원가요소를 원가 부문별로 분류 집계하는 계산 절차이다.
③ [3단계] 제품별 원가계산 : 각 부문별로 집계한 원가를 제품별로 배분하여 최종적으로 각 제품의 제조원가를 계산하는 절차이다.

3) 원가 관리

① 원가관리의 개념 : 원가의 통제를 위하여 가능한 한 원가를 합리적으로 절감하려는 경영 기법이다. 일반적으로 표준원가 계산 방법을 이용한다.

② 표준원가 계산 : 과학적 및 통계적 방법에 의하여 미리 표준이 되는 원가를 설정하고 이를 실제원가와 분석하기 위해 실시하는 원가계산의 한 방법이다.

③ 표준원가의 설정 : 미리 표준이 되는 원가를 구분하고 설정하고 표준원가가 설정되면 실제원가와 비교하여 표준과 실제의 차이를 분석할 수 있게 된다.

4) 손익분기점

한 기간의 매출액이 당해 기간의 총비용(고정비+변동비)과 일치하는 점을 말한다.

5) 감가상각비

① 고정자산의 소모에 의한 가치의 감소를 연도에 따라 할당, 계산해 자산 가격을 감소시켜나가며 이때 감가된 금액을 말한다. 정액법★과 정률법★이 있다.

② 매년감가상각액 = (기초가격−잔존가격)÷내용연수

★ 정액법
(취득원가 − 잔존가치)÷내용연수

★ 정률법
(취득원가 − 감가상각누계액)×감가상각률

PART
03

음식 조리

파트 소개

음식 조리를 하면서 사용하는 도구와 사용법, 조리 용어에 대한 설명이 있는 파트입니다. 조리의 원리를 생각하고 과학적으로 설명한 내용입니다. 우리가 늘 먹는 밥이 벼에서 밥이 되기까지 과정과 도정, 온도, 씻기. 밥이 된 후의 변화 과정 등에 대해 이해하며 공부하면 가장 재밌게 공부할 수 있는 파트입니다.

CHAPTER

01

기초 조리실무

학습 방향

조리의 준비조작, 기본조리법, 계량법은 한 문제씩은 꼭 출제되는 부분입니다. 전분의 호화, 노화, 호정화에 대한 문제와 채소과 과일의 갈변과 효소 조리문제는 PART 02 내용과 엮어 문제가 출제되므로 연관지어 공부하세요. 육류의 조리법과 생선과 달걀의 신선도, 우유의 카세인과 응고, 유지의 발연점과 보관법, 식품의 저장 방법이 골고루 출제됩니다.

출제빈도

| SECTION 01 | 하 | | 50% |
| SECTION 02 | 상 | | 50% |

01 조리의 정의 및 기본 조리조작

1) 조리의 정의

식재료를 다듬는 것부터 시작하여 찌고, 끓이고, 굽고, 볶고, 조미하는 등의 처리를 하여 사람이 먹기에 알맞고 소화되기 쉬운 상태로 만드는 가공 조작을 말한다.

2) 조리의 목적

① 기호성 : 식품의 외관을 좋게 하며 맛있게 하기 위함이다.
② 소화성 : 소화를 용이하게 하여 영양 효율을 높이기 위함이다.
③ 안전성 : 위생상 안전한 음식으로 만들기 위함이다.
④ 저장성 : 식품의 안전한 보관을 위해 저장성을 높이기 위함이다.

3) 조리와 물

① 비등점(끓는점)
- 물은 일정한 압력과 온도에서 끓으며 기화가 된다. 기화현상을 비등이라고 하고, 비등이 시작되는 온도를 비등점이라고 한다.
- 순수한 물은 1기압일 때 100℃에서 끓는다.
- 기압이 오르면 비등점도 높아지고, 기압이 낮아지면 비등점도 낮아진다.
- 용액의 농도가 높아지면 비등점은 상승된다.

② 빙점(어는점)
- 순수한 물은 0℃에서 얼게 된다.
- 용액의 농도가 높아지면 강하된다.

③ 잠열(잠재열)
- 물 또는 얼음이 증발, 융해할 때 외부의 열을 흡수하는 것을 잠열이라고 한다.
- 기화열
  - 액체가 기체로 변화할 때 사용되는 잠열을 기화열 또는 증발열이라고 한다.
  - 100℃의 물 1g이 수증기로 되기 위해 1g당 539cal의 열이 필요하다.
- 융해열
  - 고체가 액체로 변할 때 사용되는 잠열을 융해열이라고 한다.
  - 0℃의 얼음 1g이 0℃의 물로 녹기 위하여 80cal의 열을 흡수해야 한다.

기적의 TIP

얼음 (0℃)	융해열(+80cal/g) / 응고열(−80cal/g)	물 (0℃)
물 (0℃)	+100cal/g / −100cal/g	물 (100℃)
물 (100℃)	기화열(+539cal/g) / 응축열(−539cal/g)	수증기 (100℃)

④ 삼투압

- 농도가 낮은 쪽 액체에서 높은 쪽으로 빠져나오는 것을 말한다. 수분이 반투막을 빠져나오는 힘을 삼투압이라고 한다.
- 생선이나 채소 등의 세포막은 반투막이므로 소금을 뿌리면 안쪽의 물은 소금 쪽으로 이동하며 소금은 식품 내로 침투하게 된다.

⑤ 팽윤

건조된 것을 물에 불리면 몇 배로 불게 되는 현상이다.

⑥ 용출

재료 중의 성분이 용매 속에 나오는 현상으로, 온도가 높을수록 용출이 빠르다.

4) 조리와 열

① 전도

- 열이 물체를 따라 이동하는 상태이다.
- 열전도율이 크면 열이 전달되는 속도가 빠르다.
- 금속과 알루미늄은 열전도율이 크고, 유리나 도자기류는 열전도율이 적다.

② 대류

액체나 기체를 가열하여 밀도 차로 인해 가열한 물질이 이동하면서 열이 전해지는 것이다.

③ 복사

- 열원으로부터 중간매체 없이 열이 직접 전달되는 현상을 복사라고 한다.
- 전기, 가스레인지, 숯불, 연탄불 등에 음식을 직접 노출시켜 굽는 방법, 오븐을 사용하여 굽는 방법 등이 있다.

5) 기본 조리조작

① 재료의 세척

- 곡류 : 백미를 여러 번 씻으면 비타민 B_1의 손실이 있으므로 2~3번 가볍게 씻는다.
- 엽채류 : 중성세제 0.2% 용액으로 세척한 후 흐르는 물로 4~5회 씻는다.
- 근채류 : 뿌리채소는 부드러운 솔로 깨끗하게 비벼 씻는다.
- 건조식품 : 물에 가볍게 씻은 후 물에 담가 불린 후 사용한다.
- 건조식품의 부피 변화 : 쌀을 떡으로 만들 경우 1.4배, 밀가루를 빵으로 만들 경우 1.3배, 콩을 삶을 경우 3배, 건미역을 물에 불릴 경우 7~8배 부피가 커진다.

② 기타 조작

- 분쇄 : 건조식품을 가루로 만드는 것이다.
- 마쇄 : 갈거나 으깨어 체에 받쳐내는 것이다.
- 교반 : 재료를 골고루 섞는 것이다.
- 압착여과 : 고형물과 즙을 분리시키는 것이다.

③ 썰기

- 국 또는 구이 같은 고기를 저며 쓸 경우에는 섬유의 결을 직각으로 썰면 연해진다.
- 고기를 곱게 채썰 경우에는 고기의 결 방향대로 썰면 부서지지 않는다.

④ 조리 온도
- 청국장, 겨자의 발효 온도 : 40~45℃
- 식혜의 당화 온도 : 50~60℃
- 이스트의 빵 발효 온도 : 25~30℃

02 기본 조리법 및 대량 조리기술

1) 조리의 기초지식

① 기계적 조리 : 저울에 무게 재기, 씻기, 다듬기, 썰기, 갈기, 다지기, 치대기, 무치기, 담기 등

② 가열적 조리
- 습열 조리 : 끓이기(Boiling), 찌기(Steaming), 데치기(Blanching), 스튜(Stew)
- 건열 조리 : 굽기(Grilling, Roasting, Broiling), 튀기기(Frying), 베이킹(Baking)
- 전자레인지에 의한 조리 : 초단파(Microwave) 이용

③ 화학적 조리 : 효소(분해 작용), 알칼리(연화, 표백 작용), 알코올(탈취, 방부 작용), 금속염(응고 작용) 등

2) 기본 조리법

기적의 TIP

습열 조리와 건열 조리에 해당하는 조리법을 알아야 해요.

① 습열 조리
- 끓이기(Boiling)
  - 어떤 열원이라도 가능하고, 한 번에 많은 음식을 조리할 수 있다.
  - 가장 영양 손실이 심하지만 조미는 편리하다.
- 찜(Steaming)
  - 수증기의 잠열(1g당 539Cal)을 이용한 조리법으로 시간이 오래 걸리고 탈 염려가 적다.
  - 영양소 손실이 적고, 모양이 흩어지지 않는다.
  - 도중에 조미가 불가능하다.

★ 스톡(Stock)
육수

- 스튜(Stew) : 고기나 야채 등을 적은 기름에 소테(Saute)한 다음 스톡(Stock)★을 넣어 뚜껑을 덮고 낮은 온도에서 뭉근히 걸쭉하게 끓이는 조리법이다.
- 브레이징(Braising)
  - 육류의 조리 시 야채, 소스, 육즙을 넣은 다음 뚜껑을 덮고 낮은 온도에서 열을 가하여 조리하는 방법이다.
  - 질긴 육류의 조리법으로 알맞다.
- 시머링(Simmering) : 끓이지 않고 약한 불에서 조리하는 방법이다.
- 포칭(Poaching) : 끓는점 이하의 물에 달걀이나 생선을 잠깐 넣어 익히는 조리법이다.

② 건열 조리
- 구이
  - 열효율이 나쁘고 온도 조절이 어렵다.
  - 비교적 고온에서 가열되므로 성분의 변화가 심하다.
  - 당질의 캐러멜화가 일어나고, 식품 중의 단백질 응고로 인하여 수분이 침출된다.
  - 수용성 성분의 용출이 적고 식품 표면의 수분은 감소되며 독특한 풍미가 가해진다.
  - 직접 구이 : 석쇠구이, 숯불구이
  - 간접 구이 : 프라이팬, 오븐구이
- 튀김
  - 고온(160~180℃)에서 단시간 내에 조리하여 영양소 손실이 가장 적다.
  - 바삭한 튀김의 반죽은 박력분과 차가운 물로, 기름은 식물성 기름이 좋다.
  - 기름의 양은 재료의 2~5배가 좋고, 튀김 시 기름의 흡수량은 10~20%이다.
  - 기름의 비열*은 0.47로 열용량이 적어 온도의 변화가 심하다.
- 볶음
  - 구이와 튀김의 중간 조리법으로 고열에서 단시간 내에 조리하여 영양소 손실이 적고, 식품의 색이 보유된다.
  - 지용성 비타민의 흡수를 좋게 하며 감미가 증가하고, 당분은 캐러멜화된다.
- 소테(Saute) : 팬에 소량의 기름을 넣고 160~240℃에서 빠르게 조리하는 방법이다.
- 로스팅(Roasting) : 육류 또는 가금류 등을 통째로 오븐에서 굽는 방법으로 저온에서 장시간 구울수록 연하고 육즙의 손실이 없으므로 맛이 좋다.
- 그릴(Grill) : 간접적으로 가열된 금속의 표면에 굽는 방법이다.
- 브로일링(Broilling) : 석쇠 위에서 불로 굽는 직접 구이 조리법이다.
- 베이킹(Baking) : 오븐에서 건조열의 대류 현상을 이용하여 굽는 방법이다.

③ 복합 조리
- 전자레인지(Microwave)
  - 초단파를 이용하여 짧은 시간 내에 고열로 조리하는 방법이다.
  - 사용 적합한 용기 : 강화유리, 도자기, 내열성 플라스틱 등
  - 사용 부적합한 용기 : 알루미늄, 캔, 법랑, 금속 성분 등

3) 대량 조리

① 단체급식의 정의
- 1회에 50인 이상, 비영리 목적으로 계속적으로 식사를 제공한다.
- 공장, 사업장, 학교, 병원, 기숙사같이 특정 단체에 소속된 사람들을 대상으로 한다.
- 단체급식에서는 조리사와 영양사를 두어야 한다.

② 단체급식의 목적
- 학교 급식의 목적
  - 올바른 식생활 습관 형성으로 식생활 관리를 한다.
  - 영양적인 식사를 제공하고 건강을 유지, 증진시킨다.
  - 식량의 분배, 소비 등에 관하여 바른 이해력을 길러준다.

★ 비열
어떤 물질 1kg의 온도를 1℃ 높이는 데 필요한 열량

- 산업체 급식의 목적
  - 연령, 성별, 노동 정도에 따라 적정한 영양이 급식되므로 영양필요량을 충족시킨다.
  - 동일한 장소에서 함께 식사를 하므로 동료 간 대화를 통해 원만한 인간관계를 형성한다.
- 병원 급식의 목적
  - 간접적인 치료 방법이라는 사실을 생각하여 환자에 따라 적정한 식사를 제공한다.
  - 질병의 치유와 병상의 회복과 촉진을 도모한다.

③ 단체급식의 문제점
- 영양 : 잘못된 영양 산출, 대량 조리로 인한 영양 저하 현상
- 위생 : 비위생적인 환경에서 단체 식중독 발생 우려
- 비용 : 재료비, 인건비, 시설비 절감으로 인한 급식의 질 저하
- 심리 : 개인의 기호, 식습관 고려가 힘들고 획일화된 단일 식단

④ 직영급식★의 장단점
- 장점 : 정해진 예산을 효과적으로 활용, 고객의 필요와 요구 만족
- 단점 : 직원들의 직무 부담, 인력관리

⑤ 위탁급식★의 장단점
- 장점 : 급식 예산의 보장, 인건비 절감, 식재료비 절감(대량구입), 노무관리 편리
- 단점 : 지나친 이윤 추구로 영양관리와 위생관리 소홀, 원가 상승, 단체의 권한 축소

⑥ 식단의 작성 순서
- 영양 기준량 산출 : 성별, 연령, 노동의 강도에 따라 영양량을 산출한다.
- 섭취 기준량 산출 : 다섯 가지 식품군이 골고루 포함되게 산출한다.
- 3식 배분 : 주식은 아침:점심:저녁을 1:1:1로 부식은 1:1:2 등으로 하여 음식수를 결정한다.
- 음식수, 요리명 결정 : 음식수와 요리 방법을 결정한다.
- 식단 주기 결정 : 1주일, 10일, 1개월분 중에서 결정한다.
- 식량 배분 계획 : 성인 남자 1인 1일분의 식량 구성량에 평균 성인 환산치와 날짜를 곱해 산출한다.
- 식단표 작성 : 요리명, 식품명, 중량, 대치 식품, 단가 등을 기재한다.

⑦ 식단 작성의 유의점
- 영양성 : 다섯 가지 기초 식품군을 고루 이용하도록 한다.
- 경제성 : 신선하고 값이 싼 식품, 제철 식품을 이용한다.
- 기호성 : 조미료 사용을 줄이고 짜지 않도록 한다.
- 지역성 : 지역의 식생활과 조화될 수 있는 식단을 연구한다.
- 능률성 : 주방의 시설, 기구 등을 고려하고 음식의 종류와 조리법을 선택한다.

★ 직영급식
기관 따위에서 식사를 공급하는 일을 남에게 맡기지 않고 직접 관리함

★ 위탁급식
산업체, 병원, 학교 등지에서 급식을 전문 업체에 맡겨 운영하게 하는 일

✔ 개념 체크

1 위탁급식은 직원들의 업무 부담과 인력 관리의 어려움 등이 나타난다. (O, X)

2 식단을 작성할 때에는 영양성, 경제성, 기호성, 지역성, 능률성 등을 고려해야 한다. (O, X)

1 X 2 O

4) 한국의 전통적인 상차림

① 반상차림 : 밥을 주식으로 하는 상차림으로 밥, 국, 김치, 장 외에 반찬의 수에 따라 3첩, 5첩, 7첩, 9첩, 12첩 반상으로 나눈다. 사대부집에서는 9첩 반상까지만 차리도록 제한했고, 12첩 반상은 수랏상이다.

• 3첩 : 밥, 국, 김치, 장 외에 세 가지 찬품을 내는 반상
  (생채 또는 숙채, 구이 또는 조림, 마른반찬 또는 장과, 젓갈)

• 5첩 : 밥, 국, 김치, 장, 찌개 외에 다섯 가지 찬품을 내는 반상
  (생채 또는 숙채, 구이, 조림, 전, 마른반찬 또는 장과, 젓갈)

• 7첩 : 밥, 국, 김치, 장, 찌개, 찜, 전골 외에 일곱 가지 찬품을 내는 반상
  (생채, 숙채, 구이, 조림, 전, 마른반찬 또는 장과, 젓갈, 회 또는 편육)

• 9첩 : 밥, 국, 김치, 장, 찌개, 찜, 전골 외에 아홉 가지 찬품을 내는 반상
   (생채, 숙채, 구이, 조림, 전, 마른반찬, 장과, 젓갈, 회 또는 편육)

★ 휘건
식사할 때 앞에 두르는 수건의 하나

• 12첩 : 밥, 국, 김치, 장, 찌개, 찜, 전골 외에 열두 가지 이상의 찬품을 내는 반상
   (생채, 숙채, 찬구이, 더운구이, 조림, 전, 마른반찬, 장과, 젓갈, 회, 편육, 수란)

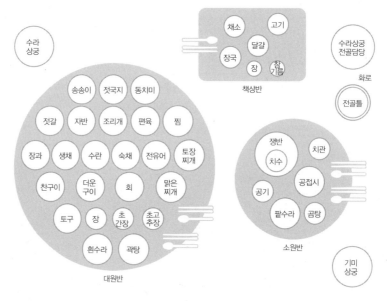

② 주안상 : 주류를 대접할 때 차리는 상으로 육포, 어포 등의 마른안주를 내고 차고
   더운 음식은 때에 맞추어 내도록 한다.
③ 교자상 : 손님에게 대접하는 상차림으로 잔치나 경사 등이 있을 때 마련하는 상이다.
④ 면상 : 국수를 주식으로 차리는 상으로 점심에 많이 이용한다. 겨울에는 온면, 떡
   국, 만둣국이 오르며, 여름에는 냉면을 주로 낸다. 부식으로는 찜, 겨자채, 잡채,
   편육, 나박김치, 전 등이 오른다.

5) 절식과 시식

1월	설날	떡국, 만두, 육회, 편육, 약식, 식혜, 수정과
2월	중화절	약주, 포, 유밀과, 생실과
3월	삼짇날	화전, 탕평채, 진달래화채, 절편
4월	초파일	느티떡, 쑥떡, 국화전, 화채, 미나리강회
5월	단오	증편, 수리취떡, 앵두편, 준치만두
6월	유두	편수, 구절판, 화전, 어선, 떡수단
7월	삼복	육개장, 잉어구이, 오이소박이, 복죽
8월	한가위	토란탕, 잡채, 햅쌀밥, 나물, 송편, 배숙
9월	중양절	감국전, 밤단자, 화채, 생실과, 국화주
10월	무오일	무시루떡, 감국전, 유자화채, 생실과
11월	동지	팥죽, 동치미, 수정과, 식혜, 생실과
12월	그믐	골무병, 주악, 식혜, 떡국, 장김치, 완자탕, 갖은 전골

03 기본 칼 기술 습득

1) 기본 칼질법 익히기

① 칼등 말아 잡기(칼날의 양면을 잡는 방법)★ : 일반적인 식재료 자르기와 슬라이스를 할 때 가장 많이 사용하는 방법이다. 날을 잡아주는 것은 칼날이 옆으로 젖혀지는 것을 방지할 수 있어 손잡이만 잡고 하는 방법보다 훨씬 안전하다.

② 검지 걸어 잡기 : 후려썰기에 적당한 방법이다.

③ 손잡이 말아 잡기(칼 손잡이만 잡는 방법) : 칼의 손잡이만을 잡는 방법으로 힘을 가하지 않고 칼을 사용할 수 있다. 밀어썰기, 후려썰기할 때 사용하는 방법이다. 손잡이만 잡는 방법도 많이 사용하기는 하지만 썰다가 칼이 돌아가 다치는 경우도 있기 때문에 좋은 방법은 아니다.

④ 엄지 눌러 잡기(칼등 쪽에 엄지를 얹고 잡는 방법) : 힘이 많이 필요한 딱딱한 재료나 냉동되었던 재료를 썰 때, 뼈를 부러뜨릴 때 손목에 무리가 가지 않도록 잡는 방법이다.

⑤ 검지 펴서 잡기(칼등 쪽에 검지를 얹고 잡는 방법) : 정교한 작업을 할 때 칼의 끝쪽을 사용하기 위해 잡는 방법이다. 칼의 폭이 좁아 손가락을 말아 잡기 어렵거나 칼의 움직임이 클 때, 칼을 뉘어 포를 뜨는 경우에 많이 사용하는 방법이다. 대부분의 일식 조리사들이 잡는 방법이다.

⑥ 칼 바닥 잡기 : 재료에 칼집을 넣을 때 사용하는 방법이다.

★ 칼등 말아 잡기

✓ 개념 체크

1 수라상은 12첩 반상이다. (O, X)

2 우리나라는 설날에는 떡국과 만두를 먹고, 한가위에는 햅쌀밥과 송편을 먹는 풍습이 있다. (O, X)

1 0 2 0

2) 기본 썰기

① 동글썰기(원형, 통썰기) : 호박, 오이, 당근 등을 동글동글한 모양으로 살려 써는 방법

② 반달썰기 : 무, 호박, 감자 등을 반으로 가른 다음 반달 모양으로 써는 방법

③ 은행잎썰기 : 무, 호박, 감자 등을 4등분한 다음 고르게 은행잎 모양으로 써는 방법

④ 나박썰기 : 정사각형으로 썰어서 나박하게 얇게 저민 방법

⑤ 깍둑썰기 : 감자, 무, 당근 등을 주사위 모양으로 써는 방법

⑥ 저며썰기(편썰기) : 무, 마늘 등을 얇게 써는 방법으로 얇고 고르게 써는 방법

⑦ 골패썰기 : 무, 당근, 오이 등을 직사각형 모양으로 얇게 써는 방법

⑧ 채썰기 : 무, 당근, 오이 등을 얇게 저며 가늘게 써는 방법

⑨ 돌려깎기 : 오이, 호박 등 원통형 재료를 껍질에 칼집을 넣어 겉껍질을 돌려 깎는 방법

⑩ 밤톨썰기 : 감자, 무, 당근 등 단단한 야채를 모서리를 다듬어 밤톨 모양으로 만드는 방법

 개념 체크

1 무, 당근, 오이 등을 얇게 저며서 가늘게 써는 방법을 골패썰기라고 한다. (O, X)

1 X

⑪ 다지기 : 파, 마늘, 생강 등을 잘게 썰어 곱게 만드는 방법

⑫ 어슷썰기 : 고추, 대파 등을 칼을 비스듬하게 하여 어슷하게 써는 방법

⑬ 송송썰기 : 고추, 실파, 미나리 등 단면이 작은 재료를 작게 써는 방법

04 조리기구의 종류와 용도

조리기구	용도
그라인더(Grinder)	고기를 다질 때 사용하는 기구
필러(Peeler)	당근, 감자, 무 등의 껍질을 벗기는 기구
슬라이서(Slicer)	육류, 햄 등을 일정한 두께로 저미는 기구
차퍼(Chopper)	육류, 채소 등 식품을 다지는 기구
믹서(Mixer)	골고루 섞거나 반죽할 때 사용(블랜더, 쥬서)하는 기구
휘퍼(Whipper)	달걀을 거품내거나 반죽할 때 사용하는 기구
살라만더(Salamander)	구이용으로 겉 표면을 색깔을 나타내는데 주로 사용하는 기구
스쿠퍼(Scooper)	아이스크림이나 채소를 동그랗게 뜰 때 사용하는 기구
그릴러(Griller)	굵은 석쇠나 철판 형태의 굽는 기구(브로일러)
세미기	주로 단체급식에서 쌀을 씻는 기기

05 식재료 계량 방법

1) 계량 단위

① 1C = 컵 = Cup = 200cc = 200ml(미국은 240mL)

② 1TS = 큰술 = Table Spoon = 15cc = 15mL = 3ts

③ 1ts = 작은술 = Tea Spoon = 5cc = 5mL

④ 1Pound = 파운드 = 453.6g

⑤ 1Pint = 파인트 = 473mL = 16oz

⑥ 1Quart = 쿼터 = 960mL = 32oz

⑦ 1Gallon = 갤런 = 128oz

2) 계량법

① 밀가루 : 체로 쳐서 수북하게 담고 평평하게 깎아 측정한다. 이때 밀가루를 누르거나 흔들지 않는다.

② 지방 : 버터, 마가린과 같은 지방은 저울로 계량하는 것이 바람직하나 컵이나 스푼으로 계량할 때는 실온에서 계량컵에 꼭꼭 눌러 담아 깎아서 계량한다.

③ 설탕 : 흑설탕은 꼭꼭 눌러서 잰다.

④ 액체 : 물엿, 꿀과 같이 점성이 큰 것은 큰 계량컵을 사용하고 눈금과 액체 표면의 아래 부분을 눈과 같은 높이로 맞춰 계량한다.

3) 폐기량과 정미량

① 식품 조리 시 버려지는 비가식 부위를 폐기량이라 하고, 폐기량을 제외한 가식 부위를 정미량이라고 한다.

② 폐기율(%) = (폐기량 ÷ 전체 중량) × 100

③ 발주량 = {정미주량 ÷ (100 - 폐기율)} × 인원수 × 100

④ 출고계수 = 1 ÷ 정미율 × 100

🅱 기적의 TIP

폐기율, 정미율, 발주량을 구하는 계산 문제가 나와요.

06 조리장의 시설 및 설비 관리

1) 조리장 조건

① 조리장의 3원칙

• 위생성

• 능률성

• 경제성

🅱 기적의 TIP

조리장의 3원칙 중에 가장 우선시 되는 것은 '위생'이에요.

② 조리장의 위치
- 통풍과 채광이 좋고 급수와 배수가 용이하여야 한다.
- 객실 및 객석의 구분이 명확하고 식품의 구입과 반출이 용이한 곳이 좋다.

③ 조리장의 면적
- 식당의 면적은 취식자 1인당 1m²를 필요로 한다.
- 조리장의 면적은 식당 넓이의 1/3이 기준으로 되어 있다.
- 일반 급식소의 경우 1인당 0.1m²가 기준이다.

2) 조리장의 설비

① 바닥
- 조리장은 개방식 구조로 한다.
- 바닥과 내벽 1m까지의 물청소가 용이한 내수성 자재를 사용한다.
- 미끄럽지 않고 산, 염, 유기용액에 강해야 한다.

② 배수시설
- 주방의 중앙과 물을 많이 사용하는 곳에 트렌치를 설치하여 배수효과를 높인다.
- 하수도로부터 악취, 방서, 방충의 목적으로 트랩을 설치하는 것이 좋다.
- 찌꺼기가 많은 경우에는 수조형 트랩이, 유지가 많은 경우에는 그리스 트랩이 효과적이다.
- 곡선형 트랩 : S자형, P자형, U자형 트랩
- 수조형 트랩 : 관 트랩, 드럼 트랩, 그리스 트랩, 실형 트랩
- 배수를 위한 물매(기울기)는 1/100 정도로 한다.

③ 작업대
- 작업대의 높이는 신장의 52% 가량이며, 55~60cm의 너비인 것이 효율적이다.
- 작업대와 뒤 선반의 간격은 최소한 150cm 이상이어야 한다.
- 작업 순서에 따른 기기 배치 : 준비대 → 개수대 → 조리대 → 가열대 → 배선대
- 작업대의 종류
  - ㄷ자형 : 동선이 짧으며 넓은 조리장에서 가장 효율적이다.
  - ㄴ자형 : 조리장이 좁은 경우에 사용된다.
  - 병렬형 : 180° 회전을 해야 해서 피로가 빨리 온다.
  - 일렬형 : 작업동선이 길고 비능률적이지만 조리장이 굽은 경우에 사용한다.

④ 벽, 창문
- 벽의 마감재로는 자기타일, 모자이크타일, 금속판, 내수합판 등이 좋다.
- 창문은 직사광선을 막을 수 있도록 설계하고, 밀폐할 수 있는 고정식으로 하며, 해충의 침입을 막을 수 있도록 방충망을 설치한다.

⑤ 환기
- 환기설비의 후드의 경사각은 30°로, 후드의 형태는 4방개방형이 가장 효율적이다.
- 후드장치는 가열기구의 설치범위보다 넓어야 흡입하는 효율성이 높다.
- 청소하기 쉬운 구조로 되어 있어야 하고, 녹슬지 않는 재질이어야 한다.

식품의 조리원리

01 농산물의 조리 및 가공 · 저장

1) 전분의 조리

① 전분의 구조

- 곡류의 주성분은 탄수화물이고 탄수화물 대부분이 전분이다.
- 멥쌀은 아밀로오스 20%, 아밀로펙틴 80%로 구성되어 있다.

아밀로오스(Amylose)	아밀로펙틴(Amylopectin)
• 500~2000개의 글루코오스가 중합 • α-1,4 결합 • 직쇄 구조 • 엉키는 성질	• 100~수십만 개의 글루코오스가 중합 • α-1,4 결합과 α-1,6 결합 • 직쇄 구조에 가지로 연결 • 끈기 있는 성질

- 찰옥수수, 찰보리, 찹쌀 등의 곡류는 대부분이 아밀로펙틴으로 구성되어 있다.
- 요오드 반응에 찹쌀은 적갈색, 멥쌀은 보라색을 띤다.

② 전분의 호화(α화)

- 전분이 날것인 상태를 베타전분(β전분)이라고 한다. 이 베타전분을 물로 가열하면 분자에 금이 가며 물 분자가 전분으로 들어가서 팽윤한 상태가 되고 점성이 높은 반투명의 콜로이드 상태가 되는데 이것을 전분의 호화라고 한다(예 쌀이 밥이나 떡이 되는 것).
- 전분의 호화에 영향을 끼치는 인자
  - 가열 온도가 높을수록
  - 쌀의 도정률이 클수록
  - 수침 시간이 길수록
  - 밥물이 알칼리성일수록
  - 전분의 입자가 클수록

③ 전분의 노화(β화)

- 호화된 알파전분(α전분)을 실온이나 냉장 온도에 오래 방치하면 생전분의 구조로 변화하는데 이것을 전분의 노화라고 한다(예 밥이나 떡이 굳어지는 것).
- 전분이 노화되기 쉬운 조건
  - 수분이 30~60%일 때
  - 온도가 0~5℃일 때
  - 전분 분자 중 아밀로오스의 함량이 많을수록

기적의 TIP

전분의 호화, 노화, 호정화를 구분할 수 있어야 하고 조리에 따른 변화를 익혀야 해요.

- 노화의 방지책
  - 수분함량을 15% 이하로 한다.
  - 0℃ 이하로 동결시키거나 60℃ 이상으로 온장시킨다.
  - 유화제를 첨가한다.
  - 설탕을 첨가한다.

④ 전분의 호정화(Dextrin화)
- 전분을 160℃ 이상의 건열로 가열하여 여러 단계의 가용성 전분을 거쳐 덱스트린으로 분해하는 과정이다.
- 물에 잘 녹고 오래 저장할 수 있다.
- **예** 뻥튀기, 미숫가루, 팝콘, 강냉이, 냉동빵 등

⑤ 전분의 당화
- 전분에 묽은 산을 넣고 가열하여 최적온도를 유지하면 포도당으로 가수분해된다.
- **예** 식혜, 엿

2) 밀가루의 조리

① 밀가루의 특성
- 밀가루의 단백질인 글리아딘(Gliadin)과 글루테닌(Glutenin)이 물과 결합하면 점탄성의 글루텐(Gluten)을 형성한다.
- 반죽을 오래할수록 질기고 점성이 강한 글루텐이 형성된다.

② 밀가루의 종류와 용도

종류	글루텐 함량	용도
강력분	13% 이상	빵, 마카로니, 스파게티
중력분	10~13%	칼국수면, 만두피
박력분	10% 이하	튀김옷, 케이크, 쿠키, 도너츠

③ 밀가루 제품 성분과 특징
- 팽창제 : CO_2, 공기, 증기 등을 제공하여 제품을 부풀게 한다.
  - 이스트(효모, Yeast) : 밀가루의 1~3%가 적당하다. 최적온도는 25~30℃이다.
  - 베이킹파우더(B · P) : 밀가루 1컵에 1작은술이 적당하다.
  - 중조(중탄산수소나트륨) : 중조를 넣으면 제품이 황색으로 변하는 단점이 있다.
- 지방 : 글루텐 형성을 방해하여 부드럽고 바삭한 질감을 주는데 이를 연화작용이라고 한다. 가열 시 표면에 갈색 반응이 일어난다.
- 달걀 : 구조 형성, 팽화제, 유화성, 액체원이 되며 색과 풍미를 준다. 지나치게 사용하면 제품이 질겨진다.
- 설탕 : 고온에 의해 캐러멜화로 인해 갈색 반응이 일어나고 연화 작용을 한다.
- 소금 : 맛을 향상시키고 이스트의 발효를 지연시키며 글루텐의 강도를 높인다.

④ 제빵
- 빵의 제조 시 반죽온도는 25~30℃이고, 오븐의 굽는 온도는 200~250℃로 한다.
- 반죽이 부푸는 것은 팽창제가 탄산가스(CO_2)를 생성하기 때문이다.

3) 서류의 조리

① 감자의 성분
- 감자는 수분이 70~80%, 당질이 15~16% 함량으로 높다.
- 주성분이 당질로 그 대부분이 전분으로 구성되어 있어 열량원으로 이용된다.
- 비타민 B, C군도 많아 겨울철에 비타민의 공급원으로 중요한 역할을 한다.
- 칼륨(K)은 나트륨(Na)과의 길항작용으로 소금을 체외로 배설시켜 체내 균형을 유지한다.

② 감자의 종류
- 점질감자
  - 찌거나 구울 때 부서지지 않고 쫄깃하며 노란색이다.
  - 찜, 조림, 볶음, 샐러드, 삶기에 적당하다.
- 분질감자
  - 부서지는 성질이 있고 흰색이다.
  - 매쉬드 포테이토, 오븐 요리에 적합하다.

③ 감자의 유독성분
- 솔라닌(Solanine) : 외피의 발아부에 많고 두통, 복통, 어지럼증, 위장장애를 유발한다.
- 셉신(Sepsin) : 부패된 감자에서 생기는 독성물질이다.

④ 고구마의 성분
- 고구마는 수분이 71~77%, 당질 23%이다.
- 주성분이 당질로 열량 식품이다.
- 무기질 K가 많아 알칼리성 식품이다.

⑤ 고구마의 당화작용
- 고구마의 전분이 β-amylase에 의하여 맥아당으로 전환되면서 단맛이 증가한다.
- 이 효소는 55℃가 최적 온도이다.

4) 두류의 조리

① 대두의 성분
- 콩은 질적으로 우수한 고단백질 식품으로 단백질의 대부분이 글리시닌(Glycinin)이다.
- 아미노산 조성이 우수하며 필수아미노산 라이신(Lysine)과 트립토판(Tryptophan)이 풍부하다.
- 대두유에는 리놀렌산(Linoleic Acid), 올레인산(Oleic Acid)이 많다.
- 메티오닌, 시스테인 등의 함황아미노산은 부족한 편이다.

② 두류의 특수 성분
- 안티트립신(Antitrypsin) : 생 대두에 소화를 저해하는 트립신 저해 물질로 가열에 의하여 파괴된다.
- 사포닌(Saponin) : 기포성과 용혈 작용이 있는데 가열 시 파괴된다.

> **기적의 TIP**
> - 고단백 저탄수화물류 : 대두(콩), 낙화생 등
> - 저단백 고탄수화물류 : 팥, 녹두, 완두, 강낭콩 등

③ 두류의 색
- 대두, 동부의 황색 : 플라보노이드(Flavonoid)계, 카로티노이드(Carotenoid)계 색소
- 강낭콩의 검은색 : 안토시아닌(Anthocyanin)계 색소
- 완두나 녹두의 푸른색 : 클로로필(Chlorophyll)계 색소

④ 두부의 조리
- 소화율이 95%로 콩 가공 식품이다.
- 대두단백질 글리시닌이 두부응고제와 열에 응고되는데 이 성질을 이용하여 두부를 만든다.
- 두부를 가열할 때 소금을 첨가하면 부드러워진다.
- 두부응고제 : 황산칼슘($CaSO_4$), 염화마그네슘($MgCl_2$), 염화칼슘($CaCl_2$) 등

⑤ 두류의 조리
- 두류에 식용 소다를 첨가하면 빨리 무르지만, 비타민 B_1이 손실된다.
- 팥은 흡수시간이 너무 길어 물에 불리지 않고 바로 가열한다.
- 완두콩 통조림을 가열해도 녹색이 유지되는 것은 구리클로로필 색소 때문이다.
- 콩을 삶고 코지균으로 발효시킨 메주를 이용하여 간장을 만든다.
- 두류의 수분 흡수율 : 대두 〉 검정콩 〉 강낭콩 〉 팥

5) 채소의 조리

① 채소의 성분
- 채소의 대부분은 수분이 85~95%, 탄수화물 2~10%이고, 탄수화물은 주로 전분, 당분, 섬유질이다. 비타민과 무기질을 다량 함유하고 있다.
- 무와 당근에는 비타민 C를 파괴하는 아스코르비나아제(Ascorbic Acid Oxy-dase)가 있어 오이와 함께 섭취하면 비타민 C의 손실이 있다. 열, 산 처리하면 불활성화된다.

② 채소의 종류
- 엽채류 : 배추, 양배추, 시금치, 아욱, 부추, 미나리 등
- 근채류 : 연근, 무, 우엉, 감자, 당근, 비트 등
- 과채류 : 딸기, 참외, 오이, 호박, 토마토, 고추 등
- 화채류 : 브로콜리, 컬리플라워, 아티초크 등
- 경채류 : 아스파라거스, 샐러리 등

③ 채소의 보관
- 채소는 보관 중에 호흡 작용에 의해 선도가 저하되므로, 될 수 있으면 신선할 때 먹는다.
- 어둡고 온도가 낮은 곳에 보관한다.

④ 녹색채소의 데치기
- 삶는 물의 양은 재료의 5배가 좋고 끓는 물에 넣어 단시간 내 데친 다음 찬물로 헹군다.

기적의 TIP

채소 및 과일류는 다량의 비타민, 무기질 Na, K, Ca, Mg를 함유하고 있어 알칼리성 식품에 속해요.

- 수산(옥살산)을 제거하기 위해 뚜껑을 열고 데친다. 수산은 체내에서 칼슘의 흡수를 방해하여 신장결석을 일으킨다.
- 중탄산소다를 넣으면 색이 선명해지나, 비타민의 파괴와 조직의 연화가 있다.
- 1%의 식염수에 데치면 색이 선명해지고 물러지지 않으며 조직이 파괴되지 않는다.

⑤ 채소의 갈변 현상
- 비효소적(산, 가열) 갈변 : 산이나 가열에 의해 엽록소가 페오피틴(Pheophytin)으로 변해서 갈색으로 바뀌므로 식초는 먹기 직전에 첨가하고, 채소를 데칠 때는 뚜껑을 열어 유기산을 휘발시키고 찬물로 빨리 헹구어 낸다.
- 효소적 갈변 : 감자, 우엉 등의 껍질을 벗기면 갈색으로 변한다. 그러나 껍질을 벗긴 후 식초물에 담그면 갈변을 방지할 수 있다.
- 갈변 현상을 방지하는 방법
  - 열 처리 : 효소의 활성을 파괴한다.
  - 진공 처리 : 산소와의 접촉을 차단한다.
  - 산 처리 : pH3 이하에서 효소작용이 억제된다.

6) 과일의 조리

① 과일의 성분
- 수분이 85~90%, 탄수화물이 10~12% 등으로, 탄수화물은 당분과 섬유질이 대부분이다.
- 비타민과 무기질이 풍부하고 무기질은 K, Ca이 많아 알칼리성 식품이다.

② 과일의 효소에 의한 갈변 방지법
- 고농도의 설탕 용액에 담근다.
- 저농도의 소금물에 담근다.
- 레몬즙이나 구연산 등으로 산성 처리한다.

③ 과일의 조리
- 젤리(Jelly) : 펙틴 1~1.5%, 유기산 3%를 함유한 과즙에 설탕 60% 이상을 첨가해 설탕이 펙틴을 침전시켜 형성되는 것이다. 투명하고 빛깔이 있다.
- 프리저브(Preserve) : 과일의 형태를 남게 하여 과육을 시럽에 넣고 조리하여 연하고 투명하게 만든다.
- 잼(Jam) : 과육을 잘게 썰거나 으깬 것에 설탕을 넣어 농축한 것이다. 펙틴과 산이 많은 감귤, 사과, 살구, 자두, 딸기가 잼을 만들기에 적당하다.
- 마멀레이드(Marmalade) : 젤리 속에 과편이나 과일의 껍질이 들어 있다.

④ 토마토의 가공
- 토마토 퓨레 : 토마토를 파쇄하여 씨와 껍질을 제거한 후 과육과 과즙을 농축한 것이다.
- 토마토 페이스트 : 토마토를 농축하여 고형물 함량을 25% 이상이 되도록 한 것이다.
- 토마토 케첩 : 토마토 페이스트에 향신료, 식염, 설탕, 식초 등 향신료를 넣어 만든 것이다.

기적의 TIP

과일의 특징을 이용해서 먹을 수 있는 잼, 토마토 가공 식품을 알아두세요.

⑤ 과일의 보관
- 냉장 보관 : 사과, 배, 귤, 참외, 수박, 딸기
- 익기 전 실온 보관, 익은 후 냉장 보관 : 멜론, 오렌지, 복숭아, 자몽
- 실온 보관 : 바나나, 파인애플, 토마토, 망고, 아보카도, 파파야

⑥ 과일의 당 지수(DI)
- 당 지수는 식품의 섭취 후 혈당상승 반응을 수치로 나타낸 값이다.
- 당 지수가 낮은 식품이 당 지수가 높은 식품에 비해 혈당을 천천히 상승시키므로 혈당조절에 도움이 된다.

과일	당 지수	과일	당 지수
수박	72	사과	36
파인애플	66	키위	35
바나나	55	블루베리	34
포도	50	배	32
망고	49	오렌지	31
멜론	41	딸기	29
복숭아	41	아보카도	27

02 축산물의 조리 및 가공 · 저장

1) 육류의 가공

① 육류의 사후경직과 숙성
- 사후경직(사후강직)
  - 육류는 도살된 후 약알칼리성에서 산성으로 변하면서 사후경직이 생긴다.
  - 소고기는 사후 12~24시간, 닭고기는 6~12시간, 돼지고기는 2~3일이 최대 경직기이다.
  - 사후경직이 되면 젖산(Lactic Acid) 생성, Ca 활성화, pH 저하, ATPase 활성화, ATP 분해, 액토미오신(Actomyosin) 합성, 보수성 저하가 된다.
- 숙성
  - 사후경직이 완료되면 서서히 경직이 풀려 사후경직 해제와 동시에 숙성이 일어난다.
  - 소고기는 4~7℃에서 7~10일, 2℃에서 2주간 숙성한다.

② 육류의 연화법
- 도살 후 숙성 기간을 거쳐 근육 조직을 연화한다.
- 고기를 섬유의 반대 방향으로 썰거나 두들기거나 칼집을 넣어준다.
- 1.3~1.5%의 소금은 보수성을 증가시키고 중량 손실량을 적게 한다. 그러나 15% 이상은 질겨지게 한다.
- 파파야의 파파인(Papain), 파인애플의 브로멜린(Bromelin), 무화과의 피신(Ficin), 배의 프로테아제(Protease) 등의 효소를 첨가한다.

- 장시간 물에 끓이면 콜라겐★이 가수분해 되어 연해진다.
- 냉동하면 단백질이 변성되어 녹였을 때 고기가 연해진다.
- 설탕을 넣으면 연해진다.

③ 소고기 등급
- 육질등급 : 근내지방도, 육색, 지방색, 조직감, 성숙도에 따라 1+, 1, 2, 3등급으로 육질등급을 매긴다.
- 육량등급 : 등지방두께, 배최장근단면적, 도체의 중량을 측정하여 산정된 육량지수에 따라 A, B, C 등급으로 육량등급을 매긴다.

④ 돼지고기 등급 : 돼지고기는 육색, 지방색과 질, 조직감, 지방침착도, 삼겹살상태, 결합의 상태로 등급을 판정한다.

2) 육류의 조리

① 가열에 의한 변화
- 단백질이 응고되면서 수축, 분해된다.
- 결합조직의 콜라겐이 젤라틴화 되면서 조직이 부드러워진다.
- 중량이 감소되고 육단백질의 보수성이 감소된다.
- 색과 풍미가 좋아지고 지방이 용해된다.

② 소고기의 부위별 조리법

- 소머리 : 편육, 찜
- 장정 : 구이, 전골, 편육, 조림
- 양지 : 구이, 전골, 편육, 탕
- 등심, 안심 : 전골, 구이, 볶음
- 갈비 : 구이, 찜, 탕
- 채끝살 : 구이, 전골, 찜, 찌개, 조림
- 업진 : 편육, 탕, 조림, 육수
- 홍두깨살 : 조림, 탕
- 우둔, 대접 : 구이, 조림, 포, 산적, 육회
- 사태 : 찜, 탕, 조림, 편육
- 족 : 족편, 탕

★ 콜라겐
육류의 결합조직의 대부분을 차지하는 교원 섬유

★ 젤라틴
콜라겐을 가열하면 분해하고 변성되어서 얻어지는 단백질

기적의 TIP

미오글로빈(Myoglobin) ··· 적자색
⬇ 산소화
옥시미오글로빈(Oxymyoglobin) ··· 선홍색
⬇ 가열 및 산화
메트미오글빈(Metmyoglobin) ··· 갈색
⬇ 지속적인 가열, 글로빈의 변성
헤마틴(Hematin) ··· 회갈색

★ 미오글빈
육류의 육색소

★ 헤모글빈
육류의 혈색소

기적의 TIP

소, 돼지의 그림을 보고 결체조직이 많은 다리 쪽은 편육, 국거리, 육수용으로 먹고 부드러운 등, 배쪽은 구워 먹고 비교적 기름이 적은 엉덩이쪽은 잡채용, 장조림용으로 먹는다고 이해하면 쉬워요.

③ 돼지고기의 부위별 조리법

- 머리 : 편육
- 어깨살, 등심, 갈비 : 구이, 찜, 찌개
- 안심 : 구이, 찜
- 삼겹살 : 편육, 구이, 조림
- 볼기살 : 조림, 편육
- 넓적다리 : 구이, 편육
- 족 : 탕, 찜

④ 조리법
- 탕
  - 결합조직이 많은 양지, 사태, 꼬리 등을 사용한다.
  - 고기의 성분이 충분히 용출되어야 맛이 좋으므로 찬물부터 고기를 넣고 끓인다.
  - 냄새 제거를 위해 양파, 무, 마늘, 생강 등의 향신료를 넣어 같이 끓이면 좋다.
- 장조림
  - 지방의 함량이 적은 홍두깨, 우둔, 대접살 등을 사용한다.
  - 고기에 물만 넣어 끓이다가 나중에 간장과 설탕을 넣어야 한다. 처음부터 간장과 설탕을 넣으면 콜라겐이 젤라틴화되기 전에 고기 내의 수분이 빠져나오면서 근육 섬유가 수축하므로 단단해진다.
- 편육
  - 소고기는 양지, 사태, 우설 등을 사용하고, 돼지고기는 삼겹살, 돼지머리 등을 사용한다.
  - 편육은 고기의 맛 성분이 많이 용출되지 않도록 끓는 물에 고기를 넣어 만든다. 끓는 물에 넣으면 고기의 표면이 먼저 응고하여 내부 성분의 용출이 느려진다.
  - 생강은 단백질이 응고된 후 방취 효과가 발휘되므로 고기가 익은 후에 생강을 넣는다.
- 구이
  - 지방의 마블링이 잘 된 등심, 안심, 갈비 등을 사용한다.
  - 양면이 갈색이 되도록 지진 후 약한 불로 내부까지 익힌다.

⑤ 젤라틴
- 동물의 가죽, 뼈에 다량 존재하는 콜라겐을 가수분해하여 얻어진 유도단백질이다.
- 식품의 3~4% 정도를 사용하며, 13℃ 이하에서 응고한다.
- 설탕의 증가는 겔 강도를 감소시켜 부드러운 젤리를 형성한다.
- 젤리, 아이스크림, 푸딩의 제조에 사용된다.

3) 난류의 구조와 성분

① 달걀의 구조

- 달걀은 난각, 난각막, 난백, 난황으로 이루어져 있다.
- 난각은 96%의 탄산칼슘으로서 작은 기공이 있어 수분의 증발, 탄산가스의 배출 및 세균의 침입이 일어난다.
- 난백은 농도와 점조성에 따라 농후난백, 수양난백으로 되어 있다.

② 달걀의 성분

- 달걀은 영양소를 완전히 함유한 식품이다.
- 난황의 유화성은 주로 레시틴(Lecithin)에 의한다.
- 난백 단백질의 약 60%는 오브알부민(Ovalbumin)이고 콘알부민, 오보뮤코이드, 오보뮤신 등이 있다.
- 난황의 단백질은 리포프로테인(Lipoprotein), 뮤신(Mucin), 케라틴(Keratin), 콜라겐(Collagen) 등이 있다.
- 달걀의 아미노산 조성은 필수 아미노산을 모두 가지고 있어 영양가가 우수한 편이다.
- 난황의 색소 카로티노이드는 불포화지방산으로부터 보호하는 역할을 한다.

③ 달걀의 신선도에 따른 변화

- 시간이 경과함에 따라 달걀의 수분함량은 감소하고 기실은 커진다.
- 난각의 구멍을 통하여 탄산가스가 증산해버리며 pH가 상승한다.
- 농후난백보다 수양난백이 많은 달걀은 오래된 달걀이다.
- 풍미의 악변 현상이 심해진다.

④ 신선도 측정법

- 달걀을 깨뜨려 측정하는 방법으로 신선도가 떨어질수록 수치가 낮다.
- 난백계수가 신선하면 약 0.16, 오래된 달걀은 0.1 이하가 된다.
- 난황계수가 신선한 것은 0.4내외이며, 오래된 것은 0.3 이하가 된다.
- 난백계수 = $\dfrac{농후난백의\ 높이}{농후난백의\ 직경}$
- 난황계수 = $\dfrac{난황의\ 높이}{난황의\ 직경}$
- 비중법 : 6%의 소금물에 달걀을 넣어 가라앉으면 신선한 것이고 위로 뜨면 오래된 것이다.

① 부패
② 오래된 것
③ 보통
④ 1주일 경과
⑤ 신선

기적의 TIP

식품의 단백질
- **밀가루** : 글루테닌, 글리아딘, 글루텐
- **두류** : 글리시닌
- **달걀 난황** : 레시틴
- **달걀 난백** : 글로불린
- **우유** : 카세인
- **육류** : 콜라겐, 미오글로빈
- **어류** : 미오신

4) 달걀의 특성

① 응고성
- 난백의 응고온도는 60~65℃, 난황은 65~70℃이다.
- 달걀을 삶을 때 소금과 식초를 넣으면 응고 작용을 돕는다.
- 달걀을 3~5분 삶으면 반숙이 되고, 10~15분 삶으면 완숙이 된다.

② 녹변 현상
- 15분 이상 가열 시 난황 주의가 암녹색으로 변한다.
- 난백의 황화수소(H_2S)와 난황의 철(Fe)이 결합하여 황화철(FeS)을 생성한다.
- 가열 온도가 높으면, 삶는 시간이 길면, 오래된 계란이면, 찬물에 바로 안 넣으면 녹변 현상이 생긴다.

③ 기포성
- 난백의 기포성에 관여하는 단백질은 글로불린(Globulin)이다.
- 난백을 잘 저으면 공기가 들어가 거품이 일어난다.
- 튀김옷, 스폰지케이크, 머랭 등의 요리에 사용한다.
- 오래된 계란일수록 기포가 잘 생기지만 안정성과 점성은 적다.
- 30℃에서 거품이 잘 일어나므로 달걀을 실온에 미리 꺼내어 두고 거품을 내는 것이 좋다.
- 산(식초, 레몬즙)에서 기포가 더 잘 일어난다.
- 설탕, 우유, 기름은 기포의 발생을 저해한다.

④ 유화성
- 난황의 레시틴(Lecithin)은 기름에 유화되는 것을 촉진시킨다.
- 대표적인 유화식품으로 마요네즈, 수프, 케이크 반죽 등이 있다.

5) 달걀의 조리

① **피단(송화단)** : 중국 음식으로, 난류를 염류 및 알칼리에 침투시켜 내용물을 응고시키고 숙성하면 암모니아와 황화수소가 발생하여 독특한 풍미와 단단한 조직을 갖게 되는데, 주로 오리알을 이용하여 만들지만 달걀을 사용해도 무관하다.
② **마요네즈** : 신선한 난황에 기름을 소량씩 첨가하며 한 방향으로 빠르게 충분히 저어준다. 마지막에 식초, 소금, 향신료를 첨가한다.
③ **머랭** : 설탕과 흰자에 향료를 넣고 거품이 나게 섞은 후, 낮은 온도의 오븐에서 굽는다.

6) 우유의 조리

① 우유의 성분
- 우유는 동물성 단백질과 칼슘의 공급원으로 대표적인 완전식품이다.
- 단백질, 비타민 B_2, 칼슘(Ca), 인(P) 등의 영양소가 풍부하게 함유되어 있다.
- 우유의 단백질은 산에 의해 침전하는 카세인(Casein)과 침전되지 않는 락토글로불린(Lactoglobulin)과 락트알부민(Lactalbumin)으로 구성되어 있다.
- 우유의 탄수화물은 대부분이 유당이고, 미량의 글루코오즈, 갈락토오즈가 있다.

② 카세인(Casein)의 특징

- 주요 단백질의 80%이며 칼슘과 결합된 형태로 존재하며 인단백질이다.
- 우유를 20℃에서 산(Acid)을 가하여 pH4.6으로 조절하면 침전된다.
- 우유는 응고효소 레닌(Renin)에 의해 파라카세인(Paracasein)으로 응고된다.
- 열에는 응고되지 않는다.
- 이 원리를 이용하여 치즈나 요구르트를 만든다.

③ 우유의 조리

- 조리식품의 색을 희게 한다.
- 매끄러운 감촉과 우유 특유의 유연한 맛과 방향을 준다.
- 단백질 겔의 강도를 높인다.
- 식품에 마이야르 갈색화 반응을 일으킨다.
- 생선의 비린내를 흡착, 제거한다.

④ 우유의 가열에 의한 변화

- 60~65℃ 이상으로 가열하면 냄새가 나고 표면에 피막이 생긴다.
- 우유 중의 지방구가 단백질과 엉겨 표면에 뜨기 때문에 수분이 증발하면 피막이 형성된다.
- 우유를 뚜껑을 열고 약한 불에서 저어가며 끓이거나 뚜껑을 닫고 약한 불에서 은근히 끓이면 방지할 수 있다.

⑤ 우유를 응고시키는 요인

- 카세인(Casein) : 산(식초, 레몬즙), 응유효소(레닌), 알코올, 염류(염석)
- 유청 단백질(락토글로불린, 락트알부민) : 열

⑥ 유제품의 종류

- 연유 : 우유를 1/3로 농축시킨 무당연유와, 설탕을 첨가하고 농축시킨 가당연유가 있다.
- 탈지유 : 우유를 원심분리기로 처리하고 지방을 빼서 유지가 0.5% 이하인 것을 말한다.
- 요구르트 : 탈지유를 농축시키고 설탕을 첨가, 가열, 살균, 발효시킨 것이다.
- 분유 : 탈지유를 건조 분말한 것이다.
- 크림 : 탈지유에서 빠진 크림으로 지방 함량이 35%이다.
- 사워크림 : 생크림(유지방)을 발효한다.
- 버터 : 크림을 가열, 살균, 발효, 가염, 냉장시킨 것으로 지방 함량이 80%이다.
- 치즈 : 카세인을 레닌으로 응고시킨 것이다.

⑦ 우유의 균질화(Homogenization)

- 우유 지방 성분에 물리적 충격을 가하여 크기를 작게 분쇄하는 작업으로 지방의 분리를 방지하기 위한 방법이다.
- 우유의 지방은 큰 덩어리 상태로 존재하기 때문에 균질화를 하지 않으면 우유 표면에 지방층이 생길 수 있다.

🅑 기적의 TIP

우유의 카세인 문제나 산, 가열에 의한 변화 문제가 많이 나와요.

🅑 기적의 TIP

- 크림의 지방 함량 : 35%
- 우유의 유지방 함량 : 3% 이상
- 저지방 우유의 유지방 함량 : 1~2%

⑧ 치즈의 종류

- 자연치즈 : 원유, 탈지유, 크림, 버터 등을 유산균에 의하여 발효하고, 효소에 의하여 응고시킨 후 수분을 제거하여 만든 치즈
- 가공치즈 : 자연 치즈를 주 원료로 유화제와 함께 85℃에서 가열 살균하고 용해하여 균질하게 가공한 치즈

경도	수분 함량	종류
연질치즈	45~50%	리코타, 모짜렐라, 마스카포네, 까망베르, 크림치즈
반경질	40~45%	고르곤졸라, 브라, 폰티나
경질치즈	30~40%	에멘탈치즈, 체더치즈
초경질치즈	25~30%	빠르미지아노 레지아노, 그라나 빠다

03 수산물의 조리 및 가공 · 저장

1) 어류의 구조와 성분

① 어류의 종류

- 서식지에 따라 해수어와 담수어로 나눈다.
  - 해수어는 바닷물고기, 담수어는 강, 호수, 저수지 등에 사는 민물고기이다.
  - 해수어는 담수어보다 지방 함량이 많고 맛이 좋다.
- 지방이 5% 미만인 흰 살 생선과 5~20%의 지방을 함유하고 있는 붉은 살 생선이 있다.

② 어류의 성분

- 단백질
  - 단백질의 함량은 16~25%, 문어와 오징어 등은 약 10%가 들어있다.
  - 근원섬유(섬유상) 단백질은 미오신(Myosin), 액틴(Actin) 등이다.
  - 어패류 단백질의 아미노산 조성은 라이신(Lysine)을 많이 함유하고 있다.
- 지방
  - 주성분은 중성지방이며 구성 지방산으로 불포화지방산을 85% 함유하고 있다.
  - 제철생선과 산란 1~2개월 전에는 지방 함량이 높다.
  - 산란 후에는 지방과 단백질 함량이 낮고 수분 함량이 증가하여 맛이 없어진다.
- 무기질 및 비타민
  - 무기질은 1~2% 가량 함유하고, 주로 인(P)과 황(S)이 많다.
  - 비타민 A는 어유와 간유에 많다.

③ 어류의 특징

- 어류는 사후 1~4시간에서 최대강직현상을 보인다.
- 생선은 자기소화과정 중 글루타민산(Glutamic Acid)과 IMP가 생성되어 맛이 좋아진다.

- 생선 비린내의 주요 성분은 트리메틸아민(TMA=Trimethylamine)이며 수용성이다.
- 생선 육질이 소고기보다 연한 것은 콜라겐(Collagen)의 함량이 적기 때문이다.
- 새우나 게같은 갑각류의 색소는 가열하면 회색인 아스타잔틴(Astaxanthin)에서 적색의 아스타신(Astacin)이 된다.

④ 어류의 영양
- 전복의 영양 : 전복의 감칠맛은 글루탐산과 아데닐산, 단맛은 아르기닌, 글리신, 베타인 때문이다. 생전복은 콜라겐과 엘라스틴같은 단단한 단백질이 많아서 살이 오독오독한 질감을 준다.
- 새우의 영양 : 보리새우는 글리신, 아르기닌 및 타우린의 함량이 높아 단맛이 나며 비타민 E와 나이아신이 풍부하다. 젓갈용 새우는 몸이 분홍색이나 흰색을 띠며 암컷이 수컷보다 크다.
- 참치의 영양 : 참치의 적색육 부위는 지질이 1% 수준으로 낮고, 머리와 배쪽 부위는 지방이 25~40% 수준으로 높다. 철분 함량은 소고기와 유사한 수준으로 높으며, 셀레늄이 많아 항산화작용과 발암 억제작용을 한다.

⑤ 오징어의 특징
- 오징어의 근육은 직경 5μ의 가늘고 가로로 형성되어 있는 평활 근섬유로 구성되어 있다. 그래서 말린 오징어는 가로로 잘 찢어진다.
- 질긴 껍질이 얇은 4층으로 되어 있고 가장 안쪽에 있는 진피의 섬유만 세로 방향으로 되어 있다.
- 신선한 오징어는 무색투명하며, 껍질에는 짙은 적갈색의 색소포가 있다.
- 오징어나 문어의 먹물은 멜라닌(Melanin) 색소이다.

2) 어류의 신선도

① 어류의 부패
- 신선도가 떨어지면 pH5.5에서 중성으로 변하면서 수화성이 증가되어 부패되기 쉽다.
- 세균의 번식으로 TMA나 암모니아 같은 휘발성 염기물질 등이 생성된다.
- 세균수가 10^5/g이면 신선한 때로 보고, $10^7 \sim 10^8$/g이면 초기 부패, 1.5×10^7/g 이상이면 부패된 상태로 본다.
- 부패과정에서 생성된 히스티딘이 탈탄산작용에 의해 히스타민(Histamine)으로 바뀌어 함량이 많아진다.
- 사후 경직이 풀리면서 신선도가 저하된다.

② 신선한 어류
- 육질이 단단하고 탄력이 있는 것이 신선하다.
- 아가미의 색이 붉고, 눈이 투명하고 튀어나오면 신선하다.
- 비늘은 광택이 있고, 점액이 별로 없다.

③ 어취의 제거 방법

- TMA는 수용성이므로 물에 씻어 비린내를 제거할 수 있다.
- 산(레몬즙, 식초)을 첨가하면 비린내가 감소하고 생선가시가 연해진다.
- 마늘, 파, 양파는 황 화합물을 함유하고 있어 비린내를 감소시킨다.
- 된장, 간장은 비린내 억제 효과가 있다.
- 우유의 콜로이드 상태는 흡착력이 강하여 비린내 제거 효과가 있다.
- 알코올은 생선의 어취를 없애고 맛의 향상에 도움을 준다.
- 흰 살 생선에 밀가루와 계란물을 묻혀 전유어를 만드는 조리법은 어취해소에 효과적이다.

3) 어류의 조리법

① 구이

- 생선을 조리할 때 소금을 1~2% 첨가하면 생선살이 단단해지고 탄력있어진다.
- 처음에는 고온에서 표면을 응고시켜 단백질이 빠져나가지 않도록 하고 점차적으로 불을 약하게 하여 속까지 익힌다.
- 잘라서 절인 생선을 구울 때는 살 쪽을 먼저 구워야 모양을 제대로 유지할 수 있다.

② 탕, 찌개

- 물을 끓인 다음 생선을 넣어주면 국물이 맑고 생선살도 풀어지지 않고 비린내도 덜하다.
- 비린내 감소를 위해 생강을 넣을 때는 생선이 익은 후 넣어야 탈취 효과가 있다.
- 뚜껑을 열고 가열해야 비린내를 제거할 수 있다.
- 가열시간이 길어지면 염분에 의한 삼투압 작용으로 살이 굳어지면서 맛이 없어진다.

③ 젓갈

- 어패류에 20% 내외의 소금을 넣어 부패를 억제하면서 미생물의 작용으로 분해, 발효 숙성시켜 젓갈을 만든다.

④ 어묵

- 섬유상 단백질의 미오신의 함량은 가용성 단백질의 60%를 차지하고 소금에 녹는 성질이 있어 어묵의 형성에 이용된다.
- 점탄성을 부여하기 위해 전분을 첨가한다.

⑤ 어류의 건조식품

건제품	가공법	식품
소건품	어류를 그대로 건조	마른 오징어, 한치, 미역, 김
자건품	삶은 후 건조	마른 멸치, 마른 전복
배건품	불에 쬐어 건조	오징어, 정어리
훈건품	염지, 훈연하여 건조	연어, 청어
염건품	소금에 절여 건조	굴비, 고등어
동건품	얼렸다 녹았다 하며 건조	북어, 황태, 한천

4) 해조류

① 해조류의 성분

- 주성분은 탄수화물이며 대부분이 비소화성으로 소화율은 낮다.
- 대부분의 필수 아미노산이 많아 단백가도 높은 편이다.
- 비타민 A, 무기질 요오드의 함량이 높고 다시마와 미역에는 칼슘, 파래에는 철분이 많다.
- 김은 단백질이 40% 정도로 해조류 중 클로렐라 다음으로 단백질 함량이 높다.

② 해조류의 종류

- 녹조류 : 파래, 청각, 모자반
- 갈조류 : 다시마, 미역, 톳, 감태
- 홍조류 : 김, 우뭇가사리

③ 해조류의 조리

- 끓는 물에 단시간 내에 데쳐서 수용성 성분의 손실을 줄인다.
- 김을 여러 장 겹쳐서 굽게 되면 비타민 A의 손실을 감소시킨다.

④ 한천

- 우뭇가사리 등의 홍조류를 삶아서 얻은 액을 냉각, 동결, 건조한 것이다.
- 주성분은 갈락탄(Galactan)이고 갈락토오스와 아가로오스, 아가로펙틴으로 이루어져 있다.
- 체내에서 소화되지 않으나 물을 흡수, 팽창해서 장을 자극하여 변비를 예방한다.
- 식품의 0.5~3% 정도를 사용한다.
- 한천의 용해온도는 80~100℃이고 38~40℃에서 응고된다.
- 설탕의 첨가량이 많으면 젤의 강도가 높아진다.
- 산과 우유는 젤의 강도를 약하게 한다.
- 양갱의 제조에 사용된다.

04 유지 및 유지 가공품

1) 유지의 성분과 특성

① 유지의 성분

- 상온에서 액체인 것을 유(油, Oil), 고체인 것을 지(脂, Fat)라고 한다.
- 식물성 유지는 액체 상태가 많고 불포화지방산이 많이 함유되어 있다.
- 동물성 유지는 고체 상태가 많고 포화지방산이 많이 함유되어 있다.

② 유지의 성질

- 융점 : 포화지방산과 고급지방산이 많을수록 융점이 높아진다.
- 가소성 : 버터, 마가린 등은 힘을 가하고 제거했을 때 원상태로 회복되지 않는 성질이 있다.

• 연화 작용 : 비스킷, 케이크 등을 만들 때 글루텐의 형성을 방해하고 연한 상태로 만든다.
• 쇼트닝력 : 유지가 글루텐을 짧게 한다는 뜻에서 연화 작용을 나타내는 능력을 쇼트닝력(Shortening Power)이라고 한다.
• 유화성 : 친수성기와 소수성기를 갖고 있어 우유, 마요네즈, 마가린, 버터의 제조에 쓰인다.

③ 유지의 종류
• 동물성 유지 : 우지, 라드, 어유
• 식물성 유지 : 면실유, 옥수수유, 유채유, 참기름, 대두유, 팜유
• 가공유지 : 마가린, 쇼트닝

2) 유지의 발연점

① 발연점과 아크롤레인
• 발연점 : 유지를 가열하면 표면에서 푸른 연기가 발생하는데 이때의 온도를 발연점이라고 한다.
• 아크롤레인 : 발연점에 도달한 경우에는 청백색의 연기와 자극적인 냄새가 나는데 이것은 아크롤레인이 생성되기 때문이다.

② 유지의 발연점에 영향을 미치는 요인
• 1회 사용할 때마다 발연점이 10~15℃씩 저하된다.
• 유리지방산의 함량이 많을수록 발연점이 낮아진다.
• 기름에 이물질이 많으면 발연점이 낮아진다.
• 그릇의 표면적이 1인치 넓을수록 발연점이 2℃씩 저하된다.

③ 유지의 발연점
• 포도씨유 : 250℃
• 옥수수유 : 240℃
• 버터 : 208℃
• 라드 : 190℃
• 올리브유 : 175℃

3) 유지의 산패

① 산패의 반응
• 불쾌한 냄새가 발생하고 착색이 되며 맛이 나쁘게 되는 품질저하 현상을 산패라고 한다.
• 비중과 점성이 커진다.
• 저급, 유리지방산의 함량이 많아진다.
• 색이 암색으로 착색된다.
• 독성이 있다.
• 기름의 피로 현상이 나타나 거품이 발생한다.

② 유지의 산패에 영향을 끼치는 인자
- 온도가 높을수록 반응속도가 증가한다.
- 광선 및 자외선은 산패를 촉진한다.
- 수분이 많으면 촉매작용이 강해진다.
- 금속류는 유지의 산화를 촉진한다.
- 불포화도가 심하면 유지의 산패가 일어난다.

③ 유지의 산패를 방지하는 법
- 천연 항산화제가 있는 식물성 기름을 사용한다.
- 차갑고 어두운 곳에 밀폐시켜서 보관한다.
- 유리나 플라스틱 제품에 보관한다.

④ 유지의 반응
- 중합반응 : 유지를 가열하면 점차 점도가 증가하는 반응
- 산화반응 : 산소와의 결합, 수소가 빠져나가는 반응. 지방의 산화에 의한 알데히드 류에 단백질의 분해물인 염기성 물질이 반응하여 착색물이 생기는 것
- 열분해반응 : 열에 의해 결합이 끊어지고 새로운 물질을 만드는 반응
- 가수분해 반응 : 에스테르 결합부에 물이 부가되어 글리세린과 지방산이 생기는 분해 반응

4) 유지의 조리

① 유지 조리의 장점
- 향과 맛이 향상되고 부드러워진다.
- 고온으로 단시간 내에 조리하므로 영양가 손실이 적은 조리법이다.
- 용기나 재료가 부착되는 것을 방지시켜 준다.
- 연화, 크림, 유화, 가소성의 특징이 있어 다양하게 조리할 수 있다.

② 튀김의 조리
- 튀김의 적정한 온도는 160~180℃이다.
- 밀가루는 박력분을 사용하는 것이 바삭하다.
- 달걀을 넣으면 튀김옷이 단단하게 변하지만 시간이 지나면 흡습하여 맛이 떨어진다.
- 밀가루의 0.2% 정도 중조를 넣으면 탄산가스가 발생하여 양질의 튀김물이 된다.
- 튀김 반죽을 할 때 차가운 물이나 얼음물을 사용하면 바삭한 튀김이 된다.
- 튀김 반죽을 많이 저으면 질겨진다.

③ 샐러드유의 동유 처리
- 샐러드유로 쓰이는 기름은 냉장고에 보관하는데, 굳지 않고 부드러운 상태가 유지되어야 한다.
- 유지는 냉장고에서 보관하면 굳는 성질이 있으므로 온도를 낮추어 고체화시키고 여과하여 샐러드유로 적합하게 만든다.

✔ 개념 체크

1 유지는 1회 사용할 때마다 발연점이 1~5℃씩 낮아진다. (O, X)
2 온도가 높을수록, 수분이 많을수록, 불포화도가 심할수록 유지의 산패가 잘 일어난다. (O, X)
3 튀김을 할 때 기름의 적정 온도는 160~180℃이다. (O, X)

1 X 2 O 3 O

05 냉동식품의 조리

1) 냉동식품의 정의

① 전처리를 하고 −18℃ 이하가 되도록 급속 동결한 다음 소비자에게 판매하는 목적으로 포장된 식품을 말한다.
② 미생물은 10℃ 이하에서 발육이 억제되고, 반응 속도가 느려진다.
③ 0℃ 이하에서는 거의 작용을 하지 못한다.

2) 냉동 방법

① 식품을 서서히 얼리면 얼음 결정이 크게 되어 조직을 상하게 하므로 품질의 저하를 막기 위해서는 −40℃의 급속 동결법이나 −194℃의 액체 질소를 이용한 냉동법을 사용하는 것이 좋다.
② 온도조절은 '강'으로 하여 급속 냉동한다.
③ 야채류는 데친 후(블랜칭★) 차게 식혀 동결시킨다.
④ 밀폐하여 냉동한다.
⑤ 재료는 신선한 것으로 선택한다.
⑥ 재냉동은 하지 않는다.
⑦ 날짜와 식품명을 기입한다.

★ 블랜칭(Blanching)
재료와 물 또는 기름을 1:10 정도의 비율로 하여 끓는 물에 순간적으로 넣었다가 건져내어 흐르는 찬물에 헹구어 조리하는 방법

기적의 TIP

채소를 냉동시키기 전에 블랜칭(Blanching)하는 이유
• 효소의 불활성화
• 미생물의 살균
• 조직의 연화
• 부피의 감소

3) 냉동 중의 변화

① 조직 중의 빙결정의 수가 줄고, 대형의 빙결정이 생긴다.
② 근섬유가 손상을 받아 해동을 해도 수분이 흡수되지 못하고 유출되어 구멍이 생긴다.
③ 드립 중 수용성 단백질, 염류, 비타민류 등의 영양분의 손실이 있다.
④ 중량, 풍미, 식미가 감소된다.
⑤ 동결육의 건조에 의한 지방의 산화로 변색, 변성이 되는 동결화상이 생길 수 있다.

4) 냉동식품의 해동 방법

① 육류, 어류
• 높은 온도에서 해동하면 조직 세포가 손상되고 단백질의 변성이 생겨 드립(Drip)현상★이 생기므로 냉장고(5℃)에서 완만 해동하는 것이 좋다.
• 단시간 해동은 필름에 싸서 흐르는 수돗물에서 해동하거나 전자레인지를 사용한다.

★ 드립(Drip) 현상
해동할 때 가용성 물질이 분리되어 나오는 것

② 채소류
• 조리할 때 단시간에 조리한다.
• 볶거나 찌거나 삶을 때 동결된 채로 조리한다.

③ 과일류
• 해동은 먹기 직전에 포장된 채로 냉장고 또는 실온에서 하고 열탕을 하지 않는다.
• 주스로 할 경우 동결된 상태에서 그대로 믹서에 넣는다.

④ 튀김류
빵가루를 입힌 제품은 높은 온도의 기름에서 튀긴다.

1) 조미료의 종류

① 4가지 기본적인 맛 : 단맛, 신맛, 짠맛, 쓴맛
- 단맛 : 설탕, 물엿, 꿀, 올리고당, 인공감미료
- 신맛 : 식초, 빙초산, 구연산, 주석산
- 짠맛 : 소금, 간장, 된장
- 쓴맛 : 호프, 카페인

② 지미(맛난맛) : 멸치, 된장, 가다랑어포, 화학조미료
③ 매운맛 : 고추, 후추, 겨자, 고추냉이
④ 아린맛 : 감자, 죽순, 가지

2) 조미의 효과

① 조미료 자체의 맛이 음식에 가미된다.
② 식품이 지닌 좋은 맛은 증가하고 좋지 않은 맛은 감소된다.
③ 식품의 맛과 합해져 새로운 맛이 생성된다.

3) 조미료의 사용 순서

설탕 → 술 → 소금 → 식초 → 간장 → 된장 → 고추장 → 화학조미료

4) 소금의 종류

① 천일염 : 절이는 용도로 많이 사용하는 가공되지 않고 굵은 소금
② 자염 : 갯벌 흙을 해수로 투과시켜 만든 함수를 끓여서 제조한 소금
③ 정제염 : 해수를 이온교환수지방식으로 불순물과 중금속을 제거한 순도 높은 소금
④ 재제염 : 소금을 물에 녹여 불순물을 제거한 일명 꽃소금
⑤ 가공염 : 볶음, 태움 등의 방법으로 원형을 변형하거나 식품첨가물을 더하여 가공한 소금
⑥ 식탁염 : 식성에 따라 간을 맞추어 먹도록 식탁 위에 놓는 고운 소금

5) 향신료의 작용

① 특수한 향기와 맛으로 음식에 풍미를 주고 식욕을 촉진시킨다.
② 육류나 생선의 좋지 못한 냄새를 완화시킨다.
③ 곰팡이, 효모의 발생, 부패균의 증식을 억제한다.
④ 소화효소 등의 작용을 활성화하고, 정장제로서의 작용을 한다.

6) 향신료의 종류

① 생강 : 특수성분은 진저롤(Gingerol)이고 육류와 생선의 냄새를 없애고, 식욕 증진과 연육 작용을 한다. 생강은 식품이 익은 후에 넣는 것이 냄새를 제거하는 데 효과적이다.

기적의 TIP

조미료의 사용 순서는 조금씩 다를 수 있어요. '식초→간장'의 순서가 기출문제에서는 '간장→식초'로 출제되기도 해요.

기적의 TIP

조리 과정 중에 음식에 따라 다르게 쓸 수 있는 소금을 이해하도록 해요.

② 고추 : 매운맛의 캡사이신(Capsaicin)은 소화의 촉진제 역할을 한다.

③ 후추 : 특수 성분은 캐비신(Chavicine)이고 육류와 어류의 살균작용을 한다.

④ 마늘 : 매운 성분은 알리신(Allicin)이고 강한 살균력을 갖고 있으며, 체내에서 비타민 B_1의 흡수를 돕는다.

⑤ 파 : 매운맛은 황화아릴이고, 자극적인 방향과 매운맛이 있다.

⑥ 계피 : 방향, 쓴맛, 매운맛을 갖고 있다.

⑦ 월계수잎 : 특이한 향미가 있고, 서양요리의 육수, 소스 등에 다양하게 쓰인다.

⑧ 타임★ : 스튜, 생선수프, 토마토 음식에 많이 이용되고 살균, 방부 효과가 있다.

⑨ 정향★ : 식욕 증진에 도움을 주고 고기의 냄새를 제거한다.

⑩ 바질★ : 토마토소스와 잘 어울리며 스파게티, 피자, 샐러드에 이용된다.

★ 타임

★ 정향

★ 바질

07 식품의 저장

1) 식품 가공 및 저장 목적

① 영양과 맛을 개선한다.

② 수송과 저장이 간편하다.

③ 날것으로 이용이 불충분한 것의 이용범위를 높임과 동시에 식품의 가치를 높인다.

④ 식품의 이용기간을 연장시킬 수 있다.

2) 물리적 처리

① 냉장법

• 0~4℃로 저장하는 방법이다.

• 채소, 과일, 육류 등을 저장한다.

② 냉동법

• −40℃에서 급속 냉동, −20℃ 이하에서 냉동하여 저장하는 방법이다.

• 완만 냉각의 경우 조직 속의 드립(Drip) 형성이 커서 모양 품질 변화가 있다.

• −2℃ 이하에서는 미생물이 번식하지 못하므로 미생물 생육과 효소 작용이 억제된다.

• 냉풍냉각, 진공냉각, 냉수냉각

③ 움 저장법

• 10℃로 유지되도록 움 속에 저장하는 방법이다.

• 고구마, 감자, 무, 배추 등을 저장한다.

④ 가열 건조법(탈수법)

종류	내용	식품
일광 건조법	햇빛을 이용하여 식품을 건조시킴	건어물, 해산물, 고추
열풍 건조법	열풍을 보내서 식품을 건조시킴	육류, 어류, 달걀류
배건법	직화로 건조시킴	녹차, 커피콩, 담배
감압 건조법	감압하여 저온에서 건조시킴	채소, 분말 달걀
냉동 건조법	단백질 응고, 지방 산화를 방지	당면, 건조두부, 한천
증발 건조법	농축시켜 무게와 부피를 줄임	엿, 연유, 과즙
분무 건조법	액체를 분무하여 열풍 건조시킴	분유

⑤ 가열 살균법
- 저온살균법 : 61~65℃, 30분간
- 고온순간살균법 : 70~75℃, 15~20초
- 초고온순간살균법 : 130~140℃, 2초
- 주로 우유를 살균하는 방법이다.

3) 화학적 처리

① 염장법
- 미생물은 10% 정도의 소금 농도에서 발육이 억제된다.
- 해산물, 채소 등 소금에 넣어 절이는 방법이다.
- 물간법 : 물에 식염을 넣어 간하는 방법이다.
- 마른간법 : 식품에 식염을 직접 뿌리는 방법이다.
- 압착 염장법 : 압착하여 절이는 방법이다.

② 당장법
- 설탕 농도 50% 이상을 넣어 저장하는 방법이다.
- 예 잼, 젤리, 마멀레이드, 가당연유, 과일

③ 산저장법
- pH가 낮은 초산, 젖산을 이용하여 식품을 저장하는 방법이다.
- 예 피클, 장아찌

4) 발효 처리

① 세균, 효모 : 치즈, 주류, 요구르트, 발효식품
② 곰팡이 : 청국장, 된장, 메주

기적의 TIP

건조하기 전에 데치기(블랜칭, Blanching)를 하는 이유
- 부피 감소
- 선명한 색
- 저장성 용이
- 조직의 연화
- 불순물 제거

개념 체크

1 육류를 낮은 온도에서 냉동하면 드립(Drip) 현상이 발생한다. (O, X)

2 채소류를 볶거나 삶을 때에는 동결된 상태 그대로 조리한다. (O, X)

3 조미료를 사용할 때에는 설탕보다 소금을 먼저 사용해야 한다. (O, X)

4 저온살균법은 61~65℃ 정도의 온도에서 30분간 실시한다. (O, X)

5 배건법은 직화로 건조시키는 방법으로, 녹차나 커피콩 등에 사용한다. (O, X)

1 X 2 O 3 X 4 O 5 O

5) 종합적 처리

① 훈연법

- 냉훈법 : 25℃ 이하의 저온에서 3~4주일 걸려 훈연 건조하는 방법
- 온훈법
  - 25~80℃의 온도로 3~12시간 동안 4~5일 훈연 건조하는 방법
  - 연어 · 청어 등을 짜지 않게 소금에 절인 다음 물기를 빼고 바람에 말려 50~70℃에서 5~20시간 정도 훈연
  - 보존성이 약해 냉장 보관
- 배훈법 : 95~120℃에서 2~4시간 훈연하는 방법
- 열훈법 : 120℃ 고온에서 훈연하는 방법
- 액훈법 : 훈제액에 재료를 담근 후 건조하는 방법
- 베이컨 : 돼지의 삼겹살 부위를 소금에 절인 후 훈연시킨 가공품
- 소시지 : 육류를 곱게 갈아, 소금, 향신료 등을 혼합하여 창자 또는 인조(인공) 케이싱*에 채워 가열이나 훈연 또는 발효시킨 가공품
- 훈제 나무 : 사과나무, 참나무, 피칸나무, 체리나무, 단풍나무, 히코리, 벚나무, 떡갈나무, 향나무

★ 케이싱
- 천연 케이싱 : 우장, 돈장, 양장
- 인조 케이싱 : 콜라겐, 셀룰로오스, 파이브로오스, 플라스틱

② CA 저장(Controlled Atmosphere 저장, 가스 저장)

- 산소와 탄산가스의 농도를 조절하여 과일, 난류를 저장하는 방법이다.
- 식품마다 다르지만 미생물이 번식할 수 없는 0℃, 습도는 80 ~ 85%가 적당하다.
- 사과 : 산소 15%, 탄산가스 10~15%, 혼합기체 12℃로 저장한다.
- 토마토 : 산소와 탄산가스를 각각 5%의 혼합기체로 하여 12℃에서 저장한다.
- 달걀 : 흰자의 수양화가 지연된다.

③ 조사 살균법

- 자외선 살균법
  - 식품 내부에 있는 세균에는 효과가 없다.
  - 단백질 공존 시 살균효과가 떨어진다.
- 방사선 조사법
  - 감자의 저장에 이용된다(0.05 ~ 0.15kGy조사).
  - 감자, 양파, 마늘 등 싹 트는 식품, 된장, 고추장 분말과 고춧가루와 홍삼 등에 허용된다.
  - 우주용 식품에도 방사선 조사를 한다.

④ 통조림, 병조림

- 제조 공정 중 탈기하여 호기성 세균의 침입을 막는다.
- 선별 → 수세 → 탈피 → 조리 · 훈연 → 담기 → 탈기 → 밀봉 → 살균 → 냉각

⑤ 필름 포장

과일, 채소의 호흡을 억제하여 후숙을 방지한다.

CHAPTER

02

한식 조리

🎩 **학습 방향**

한식의 국, 찌개, 조림, 전, 적, 무침, 생채, 김치 등에 대한 설명을 정리한 단원입니다.
60문제 중 5문제 정도 출제되며 일상 생활에서 많이 접하는 음식이기 때문에 쉽게
풀어볼 수 있을 것이라 기대합니다.

🎩 **출제빈도**

SECTION 01	하	9%
SECTION 02	하	9%
SECTION 03	하	9%
SECTION 04	하	9%
SECTION 05	하	9%
SECTION 06	하	9%
SECTION 07	하	9%
SECTION 08	하	9%
SECTION 09	하	9%
SECTION 10	하	9%
SECTION 11	중	10%

밥 조리

빈출 태그 ▶ 밥의 조리 • 물의 양 • 가공

01 밥의 재료 준비

1) 쌀의 종류와 특성

① 인디카형 : 쌀알의 길이가 길어 장립종이라 하며, 찰기가 적고 잘 부서지고 불투명
  하며, 씹을 때 단단하고 세계 생산량의 90%를 차지한다.
② 자포니카형 : 낟알의 길이가 짧고 둥글기 때문에 단립종이라 하며, 쌀알이 둥글고
  길이가 짧고 찰기가 있다.
③ 자바니카형 : 낟알 길이와 찰기가 인디카형과 자포니카형의 중간 정도이다.

2) 쌀의 가공

① 현미 : 벼에서 왕겨층(20%)을 제거하면 현미가 되고, 소화율은 90%이다.
② 5분 도미 : 현미에서 외피(8%)를 50% 제거한 쌀이며, 도정률은 96%이다.
③ 7분 도미 : 현미에서 외피(8%)를 70% 제거한 쌀이며, 도정률은 94%이다.
④ 10분 도미(백미) : 현미에서 외피(8%)를 100% 제거하면 백미가 되고, 소화율은
  98%이다.

3) 보리의 가공

① 정맥 : 깨끗하게 껍질을 벗긴 보리이다.
② 할맥 : 보리를 2등분한 후 쌀처럼 정제한 보리쌀이다.
③ 압맥 : 기계로 누른 보리쌀이다.
④ 엿기름 : 보리, 밀 등의 곡류를 발아시켜 만든 것으로 맥주, 주정, 물엿, 식혜 등의
  제조에 이용한다.

02 밥의 조리

① 수세 : 수용성 성분의 용출로 무기질과 비타민 B군의 손실이 크고, 쌀을 씻는 횟수가 많을수록 영양 성분의 손실률이 크다. 물을 가득 넣고 가볍게 휘저어서 윗물을 따르는 조작을 2~3회 행하는 것이 좋다.

② 수침 : 쌀에 흡수되는 물의 양은 20~30%이고 여름에는 30분, 겨울에는 90분 정도 지나면 포화 상태에 도달한다.

쌀의 종류	질량에 따른 물의 양	부피에 따른 물의 양
백미	1.5배	1.2배
불린 쌀	1.2배	1배
햅쌀	1.4배	1.1배
찹쌀	1.1~1.2배	0.9~1배

③ 가열 : 가열 시 전분 변화가 가장 많이 일어나므로 불 조절을 잘해야 하고 온도 상승기, 비등기, 증자기 3단계로 구분한다.
• 온도 상승기 : 강한 화력에서 10~15분 정도 가열하는 것이 좋다.
• 비등기(끓이기) : 100℃를 유지할 수 있게 화력을 중간으로 5분 정도 가열한다.
• 증자기(쪄지는 시기) : 98~100℃를 유지하며 약한 불로 15분 정도 가열하고 물이 거의 없어졌을 때 불을 끈다.

④ 뜸들이기 : 불을 끈 상태에서 뜸을 들인다.

03 밥맛의 구성요소

① pH7~8의 밥맛이 가장 좋고, 산성이 높아질수록 밥맛은 나빠진다.
② 약간(0.03%)의 소금을 넣으면 밥맛이 좋아진다.
③ 묵은 쌀보다 햅쌀이 밥맛이 좋다.
④ 쌀의 품종과 재배 지역의 토질에 따라 밥맛이 다르다.
⑤ 쌀의 일반 성분은 밥맛과 관계가 없다.

기적의 TIP

밥의 조리는 전분의 조리와 함께 연관시켜 공부해 보세요.

기적의 TIP

쌀의 수분 함량은 14~15%이고, 밥의 수분 함량은 65%입니다.

① 주발 : 유기나 사기, 은기로 된 밥그릇으로 주로 남성용이며 사기 주발을 사발이라 한다. 아래는 좁고 위는 차츰 넓어지며 뚜껑이 있다.

② 바리 : 유기로 된 여성용 밥그릇으로 주발보다 밑이 좁고 배가 부르고 위쪽은 좁아지며 뚜껑에 꼭지가 있다.

③ 탕기 : 국을 담는 그릇으로 주발과 똑같은 모양이며 주발 안에 들어가는 작은 크기이다.

④ 대접 : 위가 넓고 운두*가 낮으며 숭늉이나 면, 국수를 담는 그릇으로 국 대접으로 사용한다.

⑤ 조치보 : 찌개를 담는 그릇으로 주발과 같은 모양이며 탕기보다 한 치수 작은 크기이다.

⑥ 보시기 : 김치류를 담는 그릇으로 쟁첩보다 약간 크고 조치보보다는 운두가 낮다.

⑦ 쟁첩 : 전, 구이, 나물, 장아찌 등 대부분의 찬을 담는 그릇으로 작고 납작하며 뚜껑이 있다.

⑧ 종지 : 간장 · 초장 · 초고추장 등의 장류와 꿀을 담는 그릇으로 주발의 모양과 같고 기명 중에 크기가 제일 작다.

⑨ 합 : 밑이 넓고 평평하며 위로 갈수록 직선으로 차츰 좁혀지고, 뚜껑의 위가 평평한 모양으로 유기나 은기가 많다. 작은 합은 밥그릇으로도 쓰이고, 큰 합은 떡 · 약식 · 면 · 찜 등을 담는다.

⑩ 조반기 : 대접처럼 운두가 낮고 위가 넓은 모양으로 꼭지가 달리고 뚜껑이 있다. 떡국 · 면 · 약식 등을 담는다.

⑪ 반병두리 : 위는 넓고 아래는 조금 평평한 양푼 모양의 유기나 은기의 대접으로 면 · 떡국 · 떡 · 약식 등을 담는다.

⑫ 접시 : 운두가 낮고 납작한 그릇으로 찬 · 과실 · 떡 등을 담는다.

★ 운두
그릇의 둘레나 높이

01 장국죽 만들기

① 장국죽 재료를 준비한다.
② 쌀은 씻어서 물에 2시간 이상 충분히 불려서 물기를 제거한다.
③ 불린 쌀은 절구나 밀대를 이용하여 쌀알을 부순다.
④ 불린 표고버섯은 포를 떠서 길이 3cm 채를 썬다.
⑤ 소고기는 간장, 다진 파, 다진 마늘, 후추, 깨소금, 참기름으로 양념을 한다.
⑥ 두꺼운 냄비에 참기름을 두르고 표고버섯과 소고기를 볶다가 쌀을 넣고, 쌀알이 투명해질 때까지 볶는다.
⑦ 쌀의 5~6배 정도의 물을 첨가하며 서서히 오래 끓인다.
⑧ 죽이 끓어오르면 불을 약하게 줄여서 쌀알이 완전히 퍼질 때까지 서서히 끓여 죽의 농도를 맞춘다.
⑨ 간장으로 색과 간을 맞춘다.

재료 : 쌀 100g, 진간장 15ml, 소고기 20g, 깨소금 5g, 불린 표고버섯 1개, 후춧가루 1g, 마늘 깐 것 1쪽, 참기름 10mL, 대파 흰 부분 1토막

02 전복죽 만들기

① 전복죽 재료를 준비한다.
② 쌀은 씻어서 물에 2시간 이상 충분히 불려서 물기를 제거한다.
③ 불린 쌀은 절구나 밀대를 이용하여 쌀알을 부순다.
④ 전복은 고운 솔로 깨끗이 문질러 씻는다. 껍질이 얇은 쪽에 칼을 넣어 내장이 터지지 않도록 살을 떼어내고 전복 살을 얇게 저며 썬다.
⑤ 냄비에 참기름을 넣고 쌀과 전복 내장을 볶다가 분량의 물을 붓고 끓인다.
⑥ 죽이 어느 정도 퍼지면 전복 살을 넣고 마지막에 소금으로 간한다.

재료 : 쌀 1/2컵, 전복 1개, 참기름 1큰술, 물 3컵, 소금 1작은술

03 녹두죽 만들기

재료 : 쌀 1/2컵, 녹두 1컵, 물 9컵, 소금 약간

① 녹두죽 재료를 준비한다.
② 쌀은 씻어서 물에 2시간 이상 충분히 불려서 물기를 제거한다. 불린 쌀은 절구나 밀대를 이용하여 쌀알을 부순다.
③ 녹두는 가볍게 비벼가며 씻어 10배 정도의 물을 붓고 삶는다. 녹두가 쉽게 으깨질 정도로 푹 삶은 뒤 체에 받쳐 나무주걱으로 으깨어 껍질은 버리고 앙금은 가라앉힌다.
④ 녹두를 넣고 불린 쌀에 물을 붓고 끓인다.
⑤ 죽이 어느 정도 퍼지면 마지막에 소금으로 간한다.

04 잣죽 만들기

재료 : 불린 쌀 1/2컵, 잣 1컵, 물 5컵, 소금 1작은술

① 잣죽 재료를 준비한다.
② 쌀은 씻어서 물에 2시간 이상 충분히 불린 후 물기를 제거한다. 불린 쌀은 갈아서 고운 체에 받치고 앙금과 윗물을 따로 준비한다.
③ 잣은 고깔을 떼서 물을 붓고 곱게 갈아 고운 체에 받쳐 앙금과 윗물을 따로 준비한다.
④ 냄비에 잣의 윗물을 붓고 나무주걱으로 저어가며 끓인 뒤 잣 앙금을 넣고 충분히 끓인다.
⑤ 쌀 윗물을 넣고 끓이다가 다시 쌀 앙금을 넣고 끓인다.
⑥ 끓어오르면 갈은 잣을 조금씩 넣어 멍울이 지지 않도록 불을 약하게 줄이고, 죽이 어우러질 때까지 서서히 끓인다.

05 죽의 조리 시 유의사항

① 곡물을 미리 물에 담가서 충분히 수분을 흡수시켜야 한다.
② 곡물의 5~6배의 물을 계량하여 처음부터 넣어서 끓인다. 도중에 물을 보충하면 죽이 잘 어우러지지 않는다.
③ 죽을 쑤는 냄비나 솥은 두꺼운 재질의 것이 좋다. 돌이나 옹기로 된 것이 열을 부드럽게 전하여 오래 끓이기에 적합하다.
④ 죽을 쑤는 동안에 너무 자주 저으면 죽이 삭아 물이 겉돌게 되므로, 나무주걱으로 눌어붙지 않을 정도로만 저어준다.
⑤ 불의 세기는 중불 이하에서 서서히 오래 끓인다.
⑥ 간은 곡물이 완전히 호화되어 부드럽게 퍼진 후에 하며, 간은 약하게 하고 먹는 사람의 기호에 따라 간장·소금·설탕·꿀 등으로 맞추도록 한다.

국·탕 조리

01 국의 분류

① 맑은 국 : 맑은 국은 대개 소고기 육수가 기본이고, 건지는 적은 편이다. 육류를 사용하지 않은 맑은 국으로는 콩나물과 대합, 재첩, 홍합 등 조개류로 끓인 탕이 있다.

② 장국 : 장국은 된장, 고추장을 넣고 끓이는 방법과 소금, 간장으로 간을 하고 약간의 고춧가루를 넣어 끓이는 방법이 있다. 일반적으로 토장국이라 하여 된장을 넣고 끓인 국을 많이 사용한다.

③ 냉국 : 여름철 국으로 국물은 소고기 또는 닭고기나 멸치, 다시마 등을 사용한다. 냉국을 만들 때는 진하게 끓인 육수를 차갑게 하여 사용한다.

④ 곰국 : 뼈나 살코기, 내장 등의 여러 가지 부위를 고아서 소금으로 간을 맞춘다.

02 국물의 기본

① 쌀뜨물 : 쌀을 처음 씻은 물은 버리고 2~3번째 씻은 물을 사용하며 쌀의 전분으로 국물에 진한 맛과 부드러움을 준다.

② 멸치 또는 조개 국물 : 멸치는 내장을 넣고 육수를 끓이면 쓴맛이 우러나기 때문에, 머리와 내장을 뗀 뒤 비린내를 없애기 위해 냄비에 살짝 볶고 찬물을 부어 끓인다. 끓기 시작하면 10~15분간 우려내고 거품은 걷어 면보에 걸러 사용한다. 국물을 내는 조개로는 모시조개나 바지락처럼 크기가 작은 것이 적당하다.

③ 다시마 육수 : 다시마는 두껍고 검은 빛을 띠는 것이 좋다. 다시마는 감칠맛을 내는 물질인 글루탐산나트륨, 알긴산, 만니톨 등을 많이 함유하고 있어 감칠맛이 난다.

④ 소고기 육수 : 국이나 전골, 편육은 사태, 양지머리와 같이 비교적 질긴 부위를 사용한다. 소고기는 찬물에 담가 핏물을 충분히 뺀 후 찬물에 고기를 넣고 센 불에서 끓이기 시작한다. 육수가 끓기 시작하면 약한 불로 은근히 끓여 육수가 잘 우러나도록 한다.

⑤ 사골 육수 : 소뼈를 이용한 육수를 만들 때에는 찬물에서 1~2시간 정도 담가 핏물을 충분히 뺀 후 육수를 낸다. 만약, 핏물을 빼지 않으면 국물이 검어지고 누린내가 난다.

03 탕의 종류

기적의 TIP

국과 탕은 국물이 맛있어야 하므로 찬물부터 끓여 재료의 맛이 용출되게 해야 합니다.

1) 맑은 탕

① 곰탕 : 양지머리·사태 등 고기와 양(胖 : 소의 위)·곱창·부아 등 내장을 될수록 많이 넣고 오래 끓여야 감칠맛이 난다. 파·마늘·무를 함께 넣어 푹 무르게 끓이고, 건더기는 건져 적당한 크기로 썰어서 다진 파·마늘·참기름·후춧가루·간장 등으로 양념을 하여 국에 넣어 한소끔 다시 끓인다.

② 갈비탕 : 가리탕이라고도 하며, 소갈비는 5~6cm 길이로 토막내고 무는 통째로 넣어 처음에는 센 불에 끓이고 중간에는 중불에 4~5시간 푹 고아준다. 고기가 흐물흐물하게 익었을 때, 무는 건져서 3cm 정도의 길이로 납작하게 썰고 갈비는 건져서 양념을 하고 국물은 식혀서 기름기를 걷어 낸다.

③ 설렁탕 : 소머리·사골·도가니 그 밖에 뼈·사태고기·양지머리·내장 등을 재료로 쓰며, 반나절 푹 끓이면 국물에 살코기와 뼈의 가용성분이 우러나와 국물이 유백색의 콜로이드용액 상태를 이룬다.

④ 조개탕 : 재첩·대합조개·모시조개 등을 껍질째로 깨끗이 씻어서 물을 붓고 끓이다가 맛이 우러났을 때 채썬 파를 넣는다.

2) 얼큰하게 끓이는 탕

① 추어탕 : 산 미꾸라지와 두부모를 통으로 넣고 끓이는 방법과 미꾸라지를 으깨어 끓이는 방법이 있다.

② 육개장 : 냄비에 물을 많이 붓고 끓이다가 핏물을 뺀 양지머리와 양·곱창을 넣고 푹 삶는다. 무른 고기를 건져 결대로 찢은 다음 갖은 양념으로 무친다. 파, 고사리, 숙주를 끓는 물에 살짝 데친 후 건져 양념한 고기와 함께 장국에 넣고 한소끔 끓인 뒤 고추기름을 넣고 다시 끓여 소금이나 고추장으로 간을 맞춘다.

③ 매운탕 : 메기·붕어·쏘가리 등 민물생선이나 민어·조기·대구·도미·동태·준치 등 해수어를 넣어 끓인다. 얼큰하고 시원한 맛을 더하기 위하여 조개, 두부, 호박, 마늘, 미나리, 쑥갓 등을 넣고 끓인다.

3) 닭 육수로 끓이는 탕

① 삼계탕 : 닭의 뱃속에 찹쌀, 밤, 마늘, 대추, 인삼 등을 넣고, 물을 넉넉히 부은 냄비나 솥에 푹 삶는다. 계삼탕이라고도 한다.

② 초계탕 : 닭 육수를 차게 식혀 식초와 겨자로 간을 한 다음 살코기를 잘게 찢어서 넣어 먹는 음식이다.

SECTION 04 찌개 조리

출제빈도 상 중 **하**
반복학습 1 2 3

빈출 태그 ▶ 찌개의 분류 • 찌개 조리하기

01 찌개의 분류

① 맑은 찌개 : 소금이나 새우젓으로 간을 맞춘 것으로 두부젓국찌개와 명란젓국찌개가 있다.
② 탁한 찌개 : 된장이나 고추장으로 간을 맞춘 것으로 된장찌개, 생선찌개, 순두부찌개, 청국장찌개, 두부고추장찌개, 호박감정, 오이감정, 게감정 등이 있다.

> **기적의 TIP**
>
> 찌개는 조치라고도 하며, 국보다 국물은 적고 건더기가 많은 음식으로 섞는 재료와 간을 하는 재료에 따라 구분해요.

02 찌개의 종류

① 명란젓국찌개 : 두부, 무, 파, 명란젓 등을 넣어 새우젓 국물로 간을 맞춘 맑은 찌개이다.
② 된장찌개 : 두부와 감자, 양파, 버섯 등 재료를 함께 넣고 된장 국물을 부어 끓이는 찌개이다. 육수는 멸치나 소고기를 이용하여 만든다.
③ 생선찌개 : 동태, 민어, 조기, 대구 등에 무, 호박, 마늘 등을 부재료를 넣고 고추장과 고춧가루로 매운맛을 낸다.
④ 순두부찌개 : 조개나 굴을 넣고 순두부를 이용하여 고추기름, 고춧가루로 매운맛을 낸 찌개이다. 맑게 끓이기도 한다.
⑤ 청국장찌개 : 불린 콩을 삶아 발효시켜서 만든 청국장에 두부와 김치 등을 넣고 끓인 찌개이다.

03 찌개의 그릇

① 냄비 : 음식을 끓이는 데 쓰는 조리기구로 솥에 비해 운두가 낮고 손잡이는 고정되어 있으며, 바닥이 평평하며 우리말로는 '쟁개비'라고 한다.
② 뚝배기 : 가장 토속적인 그릇의 하나로, 찌개를 끓이거나 조림을 할 때 쓰인다. 크기는 대형의 큰 뚝배기에서 아주 작은 알뚝배기가 있다.
③ 오지냄비 : 찌개나 지짐이를 끓이거나 조림을 할 때 사용하는 기구로 솥 모양이다.
④ 조치보 : 주발과 같은 모양으로 탕기보다 한 치수 작은 크기이다.

전·적 조리

빈출 태그 ▶ 전 · 적의 분류 • 전 · 적 조리하기

01 전(煎)

① 채소, 어류, 육류 등을 밀가루, 달걀 등의 옷을 입혀 기름에 지지는 방법이다.
② 전유어, 전유화, 간남 등의 이름으로 부른다. 1609년 『영접도감의궤(迎接都監儀軌)』
에 중국 사신을 위한 조반상에 오른 것으로 간남(肝南, 어육)으로 기록되어 있다.
③ 빈대떡이나 파전처럼 재료들을 밀가루 푼 것에 섞어서 직접 기름에 지지는 것은
지짐이라고 한다.

02 적(炙)

구분	특징	종류
산적	익히지 않은 재료를 양념하여 꼬챙이에 꿰어 굽거나, 살코기나 섭산적처럼 석쇠로 굽는 것	소고기산적, 섭산적, 장산적, 닭산적, 생치산적, 어산 적, 해물산적, 두릅산적, 떡산적 등
누름적 (누르미)	익힌 재료를 꿰어서 밀가루, 달걀물을 입혀 번철에 지져 익히는 것	김치적, 두릅적, 잡누름적, 지짐누름적 등
	익힌 재료를 썰어서 번철에서 기름을 누르고 익혀 꿴 것	화양적

SECTION 06 생채·회 조리

출제빈도 상 중 하
반복학습 1 2 3

빈출 태그 ▶ 생채·회의 종류 • 생채·회 조리하기

01 생채·회의 정의

① 생채는 익히지 않고 날로 무친 나물을 의미하며, 계절마다 나오는 싱싱한 채소들을 익히지 않고 초장, 고추장, 겨자소스 등으로 무친 반찬이다.
② 회는 채소류, 어패류, 육류를 썰어서 날로 초간장, 초고추장, 소금 등에 찍어 먹는 음식이다.
③ 숙회는 채소류, 어패류, 육류를 끓는 물에 데치거나 삶아서 썰어서 초고추장이나 겨자소스 등을 찍어 먹는 조리법이다.

02 생채·회의 종류

① 생채류 : 더덕생채, 도라지생채, 무생채, 오이생채, 해파리냉채, 파래무침, 상추무침
② 숙채류 : 탕평채, 도라지나물, 고사리나물, 버섯나물, 애호박나물, 시금치나물, 숙주나물, 콩나물무침
③ 회류 : 육회, 생선회
④ 숙회류 : 미나리강회, 파강회, 문어숙회, 오징어숙회, 낙지숙회, 새우숙회, 어채, 두릅회

03 생채 · 회의 조리

1) 무생채의 조리

재료 : 무 100g, 고춧가루 10g, 소금 1/3작은술, 다진 파, 다진 마늘, 다진 생강, 식초 2작은술, 설탕 2작은술, 깨소금

① 무는 채를 썬다.
② 굵은 고춧가루는 체에 내려 곱게 만들고, 고운 고춧가루를 넣고 버무린다.
③ 분량의 양념을 섞어 양념장을 만든다.
④ 붉게 물들인 무에 양념장을 넣고 버무려 완성 접시에 담는다.

2) 도라지생채의 조리

재료 : 통도라지(껍질 있는 것) 3개, 소금 1작은술, 식초 1작은술, 고추장 1작은술, 고춧가루 1/2작은술, 설탕 1/2작은술, 다진 파, 다진 마늘, 깨소금

① 도라지는 가로 방향으로 껍질을 돌려 깎아 제거하고 채를 썬다.
② 도라지에 소금을 넣어 바락바락 주물러서 쓴맛을 제거하고 절인다.
③ 고춧가루는 체에 내리고, 분량의 양념을 넣어 양념장을 만든다.
④ 도라지는 물에 헹구고 수분을 제거한다.
⑤ 도라지에 양념장을 넣고 버무려 완성 접시에 담는다.

3) 미나리강회의 조리

- **재료 :** 소고기 80g, 미나리 30g, 홍고추 1개, 달걀 2개, 소금, 식용유
- **초고추장 양념장 :** 고추장 1큰술, 식초 1큰술, 설탕 1/2큰술

① 끓는 물에 소금을 넣고 미나리의 줄기를 살짝 데친다. 찬물에 헹구고 수분을 제거한 후 반으로 길게 가른다.
② 끓는 물에 핏물을 뺀 소고기를 덩어리째 삶는다.
③ 홍고추는 폭 0.5cm, 길이 4cm로 썬다.
④ 팬에 기름을 두르고 황 · 백지단을 두툼하게 부치고, 식으면 황 · 백지단과 편육을 폭 1.5cm, 길이 5cm로 썬다.
⑤ 편육, 백지단, 황지단, 홍고추 순서로 모양을 잡고 미나리로 감는다. 매듭 부분은 보이지 않게 한다.
⑥ 초고추장을 만들어 곁들인다.

SECTION 07 조림·초 조리

출제빈도 상 중 **하**
반복학습 1 2 3

빈출 태그 ▶ 조림·초의 종류 • 조림·초 조리하기

01 조림·초(炒)의 정의

① 조림의 궁중용어는 '조리니'이며, 궁중에서는 조리개라고도 하였다.
② 초는 볶는다는 뜻으로 조림과 비슷한 방법이나 윤기가 나는 것이 특징이며, 조림의 국물에 녹말가루를 풀어 넣고 익혀서 그것이 재료에 엉기도록 하였다.

02 초의 종류

① 전복초 : 전복을 삶아 칼집을 내어 양념한 뒤에 조린 음식이다. 마른 전복을 불려서 얇게 저며 소고기와 간장, 설탕, 후춧가루를 넣고 조리다가 거의 졸아들면 녹말과 참기름을 넣어 윤기가 나게 한다. 홍합과 소라 등도 같은 방법으로 한다.
② 홍합초 : 홍합을 데쳐 양념하여 조린 음식으로 마른 홍합이나 데친 홍합으로 만들 수 있다.
③ 삼합초 : 홍합·전복·해삼에 양념한 소고기를 모두 합쳐 조린 음식이다.

03 조림·초의 조리

1) 장조림 조리

① 장조림의 주재료 및 부재료를 준비한다.
② 소고기는 두세 번 깨끗한 물로 갈아주면서 1시간 정도 핏물 빼기를 한다.
③ 끓는 물에 소고기, 대파, 양파, 마늘 및 통후추 등의 향신야채와 함께 30~40분 정도 가열한다.
④ 소고기를 삶은 후 10분 정도 식힌 후 찢고, 고기 삶은 물은 조림 국물로 사용한다.
⑤ 메추리알, 양념장을 일정 비율로 혼합한 후 95℃에서 20~30분간 조리한다.
⑥ 소고기와 메추리알이 다 조려질 때쯤 꽈리고추를 넣어 살짝 더 조린다.

재료 : 소고기(홍두깨) 200g, 진간장 99g(5½큰술), 마늘 20g, 백설탕 24g, 파 10g, 참기름 5mL, 생강 15g, 검은 후춧가루 2g, 꽈리고추 50g, 물 600g, 메추리알

2) 홍합초 조리

- **재료** : 생홍합살 100g, 대파 1토막, 마늘 2쪽, 생강 15g, 잣 5개
- **양념장** : 간장 1큰술, 설탕 1/2큰술, 후춧가루, 참기름

① 홍합은 이물질을 제거하고 물에 흔들어 씻은 후 끓는 물에 살짝 데친다.
② 대파는 2cm로 썰고 마늘과 생강은 편으로 썬다.
③ 냄비에 물 1/4컵, 간장 1큰술, 설탕 1/2큰술, 생강을 넣어 끓이고 끓으면 대파를 넣어 익힌다.
④ 국물이 반으로 졸아들면 마늘, 홍합을 넣어 익힌다. 이때 홍합이 질겨지지 않도록 한다.
⑤ 국물이 1큰술 정도 남았을 때 후춧가루, 참기름을 넣어 윤기가 나게 졸인다.
⑥ 접시에 홍합초를 국물과 함께 담고 잣을 다져서 기름기를 제거한 후 홍합초 위에 고명으로 뿌린다.

01 구이의 특징과 종류

구이는 건열조리법으로, 재료를 그대로 또는 소금이나 양념을 하여 불에 직접 굽는 직접구이와 도구를 이용하는 간접구이가 있다.

① 소금구이 : 고등어구이, 청어구이, 조기구이, 김구이, 스테이크
② 간장 양념구이 : 갈비구이, 너비아니구이, 장포육, 낙지호롱구이
③ 고추장 양념구이 : 제육구이, 장어구이, 오징어구이, 더덕구이, 뱅어포구이

02 구이의 조리

1) 너비아니구이의 조리

① 소고기는 핏물을 닦고 기름기와 힘줄을 떼어 내어 포를 뜬 후에 잔 칼질을 하여 배 즙에 10분 정도 재운다.
② 소고기에 양념장을 넣고, 간이 잘 배도록 주물러 30분간 재워 둔다.
③ 석쇠를 달구어 식용유를 바르고, 양념한 소고기를 올려서 중불로 타지 않게 굽는다.
④ 너비아니에 잣가루를 뿌려서 낸다.

• **재료** : 소고기(안심 또는 등심) 100g, 배 1/8개, 잣 5개, 식용유
• **양념장** : 진간장 1큰술, 설탕 1/2 큰술, 다진 파, 다진 마늘, 후추, 깨소금, 참기름, 배즙 1큰술

2) 소갈비구이의 조리

① 갈비는 6~7cm 길이로 잘라서 뼈에 붙은 기름과 힘줄을 떼어낸 후, 갈비가 잠기 도록 물을 붓고 1시간 간격으로 물을 갈아주면서 3시간 정도 핏물을 뺀다.

② 갈비뼈 끝 부분의 살이 떨어지지 않도록 두께 0.5cm 정도로 포를 떠서 앞뒷면에 잔 칼집을 넣는다.

③ 소갈비에 양념장을 넣고 30분 정도 재운다.

④ 석쇠를 달구어 식용유를 바르고, 양념한 갈비를 올려서 중불로 타지 않게 굽는다.

⑤ 갈비에 남은 양념장을 더 발라가면서 타지 않게 1분 정도 더 굽는다.

⑥ 구운 후 잣가루를 뿌린다.

3) 북어구이의 조리

① 북어포는 찬물에 5분 정도 불린다.

② 유장과 양념장을 만든다.

③ 북어는 면보로 수분을 제거하고 뼈와 잔가시를 제거하고 내장과 꼬리 쪽을 칼끝으로 콕콕 찔러준다. 껍질 쪽에는 잔 칼집을 넣어 오그라들지 않게 한 후, 3토막으로 자른다.

④ 석쇠는 불에 달궈 소독하고 수저로 긁어 이물질을 제거한 후 키친타올에 식용유를 묻혀 코팅한다.

⑤ 북어는 유장을 발라 초벌구이를 한다.

⑥ 구워진 북어는 양념장을 발라 타지 않게 굽는다.

- **재료** : 소갈비 1,000g
- **양념장** : 간장 5큰술, 배즙 5큰술, 다진 파 3큰술, 다진 마늘 1½큰술, 설탕 2큰술, 참기름 1½작은술, 깨소금 1½큰술, 후춧가루 1작은술

- **재료** : 북어포 1마리, 식용유
- **유장** : 참기름 1큰술, 진간장 1작은술
- **양념장** : 고추장 1큰술, 설탕 1/2큰술, 다진 파, 다진 마늘, 후추, 깨소금, 참기름

01 숙채의 정의

① 채소를 물에 데치거나 기름에 볶은 음식을 말한다.
② 콩나물, 시금치. 숙주나물, 기타 나물 등은 끓는 물에 데쳐서 무치고, 도라지, 고사리, 호박 등은 팬에 기름을 두르고 볶아서 익힌다.
③ 숙채에는 다양한 채소를 볶아서 당면과 함께 무친 잡채, 청포묵을 쇠고기, 채소, 지단 등과 함께 버무린 탕평채 등이 있다.

02 숙채의 조리

1) 시금치나물의 조리

① 시금치는 깨끗이 씻고 끓는 물에서 뚜껑을 열고 약간의 소금을 넣어 재빨리 삶는다.
② 삶은 시금치는 찬물에 헹궈서 물기를 짜서 준비한다.
③ 삶은 시금치에 양념이 잘 배합되도록 무친다.

재료 : 시금치 300g, 다진 파 15g, 다진 마늘 8g, 국간장 5mL, 소금 5g, 깨소금 5g, 참기름 15ml

2) 고사리나물의 조리

① 고사리와 다진 파, 다진 마늘, 국간장, 소금, 참기름, 깨소금을 섞어 양념을 무친다.
② 프라이팬에 식용유를 두르고 양념에 무친 고사리를 볶는다.

재료 : 고사리 200g, 국간장 2큰술, 참기름 1큰술, 다진 파 15g, 다진 마늘 8g, 깨소금 5g

볶음 조리

빈출 태그 ▶ 볶음 조리하기

01 볶음의 불 조절

1) 재료에 따른 불 조절

① 육류 : 프라이팬에 기름을 두르고 뜨거워지면 육류를 강한 불로 볶아 익힌다. 낮은 온도에서 조리하면 육즙이 유출되어 퍽퍽해지고 질겨진다. 기름과 불, 알코올을 이용하여 볶으면 중국 음식 특유의 불맛을 만들 수 있다.
② 채소류 : 오이와 당근, 버섯 등의 채소는 기름을 두르고 살짝 볶는다. 오래 볶으면 변색이 되거나 질겨지므로 조심한다.
③ 어류 : 오징어, 낙지 등 해산물은 오래 익히면 질겨지므로 강한 불로 단시간 내에 볶는다.

2) 불의 화력

① 센 불 : 센 불은 구이, 볶음, 찜처럼 처음에 재료를 익히거나 국물을 팔팔 끓일 때 사용한다.
② 중불 : 국물 요리에서 한 번 끓어오른 뒤 그 다음 부글부글 끓는 상태를 유지할 때 사용한다.
③ 약불 : 오랫동안 끓이는 조림 요리나 뭉근히 끓이는 국물 요리에 사용한다. 예를 들어 조림의 경우 처음에는 센 불로 하고 그 다음에는 중불 → 약불로 사용한다.

02 볶음의 조리

1) 오징어볶음의 조리

- **재료** : 물오징어 1마리, 양파 1/4개, 홍고추 1개, 풋고추 1개, 대파 4cm 1토막, 소금, 식용유
- **양념장** : 고추장 2큰술, 고춧가루 1큰술, 설탕 1큰술, 진간장 1작은술, 다진 마늘, 다진 생강, 깨소금, 후추, 참기름

① 양파는 폭 1cm로 굵게 채썰고, 고추와 대파는 어슷하게 썬다.
② 마늘과 생강은 다지고 양념장을 만든다.
③ 오징어는 몸통을 반으로 갈라 내장을 제거하고 소금으로 껍질을 벗긴다.
④ 오징어의 내장부분에 폭 0.3cm로 어슷하게 칼집을 가로, 세로로 넣는다.
⑤ 가로 4cm, 세로 1.5cm의 길이로 썰고, 다리는 4cm로 자른다.
⑥ 팬에 기름을 두르고 양파를 볶는다. 양파가 투명해지면 강불에서 오징어를 볶아 익힌다.
⑦ 오징어가 익으면 불을 줄여 양념장과 함께 볶는다.
⑧ 마지막으로 고추, 대파, 참기름을 넣어 윤기가 나게 볶는다.

김치 조리

빈출 태그 ▶ 양념 · 숙성 · 유산균 · 미생물 · 염도 · pH

01 김치의 이해

1) 김치의 정의

주 재료인 절임 채소에 고춧가루, 마늘, 생강, 파, 무, 젓갈 등을 혼합하여 저온에서 발효된 제품을 말한다.

2) 김치의 역사

삼국시대 이전	소금의 발견
삼국시대 『제민요술』	배추를 소금물에 담가두고, 순무는 말려서 소금을 치고 기장죽, 보리누룩, 소금을 넣어 담근 기록
고려시대 『한양구급방』	장으로 담근 여름용 순무장아찌, 소금에 절인 겨울 및 봄가을용 순무 절임
조선전기 『태종왕조실록』	초겨울 배추와 무를 절여 저장한다는 '침장고'라는 용어 등장, 김치를 뜻하는 '저(菹)' 기록
조선후기 『음식디미방』	산갓 김치, 생치 김치, 나박김치, 생치 짠지 등 소개

3) 김치의 성분

① 김치의 재료는 배추, 무, 고추, 마늘, 생강, 파, 젓갈 등이다.
② 칼슘과 칼륨 등 무기질과 식이섬유와 비타민 A, C가 많이 함유되어 있다.
③ 당질, 단백질, 지방 등 에너지를 내는 영양소의 함량은 적은 편이다.

4) 김치의 효능

① 항균 작용
② 중화 작용
③ 다이어트 효과
④ 항암 작용
⑤ 항산화 · 항노화 작용
⑥ 동맥경화, 혈전증 예방 작용

02 김치의 재료

1) 배추의 특성과 유형

① 배추는 발육적온이 20℃이고, 생육기간은 60~90일이다.
② 배추의 생육온도 특성상 가을 재배가 적합하고 전국적으로 생산량이 가장 많다.
③ 배추는 형태적으로 결구 상태에 따라 결구형(結球型)과 불결구형(不結球型)이 있다. 일반적으로 푸른 겉잎이 적고 절임 후에도 수율이 좋은 결구형 배추를 상업용으로 선호하는 편이다.

2) 김치의 양념

① 고추 : 표면이 매끈하고 윤기가 나는 붉은색으로 검거나 흰색이 없어야 하며 껍질이 두껍고 씨가 적어야 가루가 많이 나고 맛이 달면서 매운맛을 낸다.
② 마늘 : 모양이 둥글고 묵직하며 단단하고 6쪽으로 골이 분명한 것이 좋다.
③ 생강 : 발이 6~8개로 굵고 넓으면서 모양과 크기가 고르고 식이섬유가 적고 연하면서 단단한 것이 좋다.
④ 소금 : 저장성 향상과 발효조절 기능, 삼투작용, 효소활성억제 작용 등을 한다.
⑤ 젓갈 : 새우젓은 칼슘 함량이 높고 지방 함량이 적어 담백한 맛을 내며, 숙성하는 동안 비타민의 함량이 증가한다. 멸치젓은 지방과 아미노산의 함량이 높다.
⑥ 파 : 대파는 주로 양념으로 사용하고, 쪽파는 양념뿐만 아니라 김치의 주재료로도 사용한다.
⑦ 갓 : 잎은 윤기가 있는 진한 녹색이고 줄기는 연하고 가는 것이 좋다.

03 김치 만들기

1) 김치 만들기 작업 순서

배추 품질 확인하기 → 배추 다듬기 → 배추 자르기 → 배추 절이기 → 배추 세척 및 물 빼기 → 배추김치 부재료 전처리하기

2) 김치를 잘 담그기 위한 조건

① 좋은 품질의 싱싱한 주재료를 선택하여야 한다.
② 재료에 따라 염도, 절이는 시간을 조절하여 소금에 절인다.
③ 좋은 품질의 고춧가루를 사용해야 김치의 맛과 색이 좋다.
④ 저온(4℃ 이하)에서 저장한다.
⑤ 김치에 공기가 들어가지 않도록 잘 밀봉한다.

3) 김치의 숙성으로 인한 변화

① 유기산이 생성되어 산도를 증가시키고 pH를 감소시킨다.
② 젖산, 구연산, 주석산이 생긴다.
③ 유리아미노산 중 리신, 아스파르트산, 글루탐산, 발린, 메티오닌, 이소루신, 루신의 함량이 높아진다.
④ 김치의 발효 초기에는 비타민 C가 감소하다가 김치가 익을 때까지 지속적으로 증가한다. 추후에 약간 감소한다.

기적의 TIP

김치 발효 미생물
락토바실러스 플랜타럼, 류코
노스톡메센테로이데스, 스트
렙토코쿠스 피칼리스, 락토바
실러스 브레비스, 페디오코커
스 세레비지아에 등

4) 김치 산패의 원인

① 초기 김치 주재료 및 부재료가 청결하지 못한 경우
② 김치의 저장온도가 높거나 소금 농도가 낮은 경우
③ 김치 발효 마지막에 곰팡이나 효모들에 오염된 경우
④ 김치 발효 시에 공기가 들어간 경우

해설과 함께 보는
최신 기출문제

CBT 온라인 문제집

시험장과 동일한
환경에서 문제 풀이
서비스

• QR 코드를 찍으면 원하는 시험에 응시할 수 있습니다.
• 풀이가 끝나면 자동 채점되며, 해설을 즉시 확인할 수 있습니다.
• 마이페이지에서 풀이 내역을 분석하여 드립니다.
• 모바일과 PC도 이용 가능합니다.

한식조리기능사	소요 시간	문항 수
	1시간	총 60문항

수험번호 : _____

성   명 : _____

01 음식을 먹기 전에 가열하여도 식중독 예방이 가장 어려운 균은?

① 포도상구균
② 살모넬라균
③ 장염비브리오균
④ 병원성대장균

포도상구균 자체는 열에 약해 80℃에서 30분 가열하면 파괴되지만 독소는 열에 강하여 쉽게 파괴되지 않는다.

02 미생물이 자라는 데 필요한 조건이 아닌 것은?

① 온도
② 햇빛
③ 수분
④ 영양분

미생물 생육에 필요한 3대 조건은 온도, 수분, 영양분이다.

03 황변미 중독을 일으키는 오염 미생물은?

① 곰팡이
② 효모
③ 세균
④ 기생충

황변미의 병원체는 푸른곰팡이이다.

04 식품첨가물 중 보존제의 목적과 가장 거리가 먼 것은?

① 수분 감소의 방지
② 신선도 유지
③ 식품의 영양가 보존
④ 변질 및 부패 방지

보존제 : 식품의 변질, 부패를 방지하고 식품의 영양가와 신선도를 보존하기 위하여 사용하는 식품첨가물이다.

05 체내에서 흡수되면 신장의 재흡수장애를 일으켜 칼슘 배설을 증가시키는 중금속은?

① 납
② 수은
③ 비소
④ 카드뮴

카드뮴 중금속의 질병으로 신장 장애, 단백뇨, 골연화증의 증세가 있고, 이타이이타이 병의 원인이다.

06 소독의 지표가 되는 소독제는?

① 석탄산
② 크레졸
③ 과산화수소
④ 포르말린

석탄산 : 변소, 하수도, 오물, 의류를 소독하는 데 사용되며 비교적 안정적이고 유기물에도 소독력이 약화되지 않으므로 살균력의 지표가 된다.

정답 01 ① 02 ② 03 ① 04 ① 05 ④ 06 ①

07 감자, 고구마 및 양파와 같은 식품에 뿌리가 나고 싹이 트는 것을 억제하는 효과가 있는 것은?

① 자외선 살균법
② 적외선 살균법
③ 일광 소독법
④ 방사선 살균법

발아, 발근의 억제를 위해 방사선을 조사하여 식품처리를 하는데, 감자와 고구마의 허용선량은 0.05~0.15kGy이다. kGy는 감마선의 에너지 흡수량을 표시하는 단위이다.

08 주류 발효 과정에서 존재하면 포도주, 사과주 등에 메탄올이 생성되어 함유될 수 있으며, 중독 증상은 구토, 복통, 설사 및 심하면 실명하게 되는 성분은?

① 펙틴
② 구연산
③ 지방산
④ 아미노산

메틸알코올(메탄올) 중독 증상은 두통, 현기증 등을 일으키는 것 이외에 시신경 염증과 시각장애를 일으킨다.

09 식품첨가물의 사용 목적이 아닌 것은?

① 변질, 부패방지
② 관능개선
③ 질병예방
④ 품질개량, 유지

식품첨가물의 사용 목적 : 식품의 부패와 변질을 방지하고, 기호 및 관능을 만족시키고, 영양을 강화시키며, 품질 개량 및 일정 기간을 유지시키는 데 있다.

10 육류의 직화구이 및 훈연 중에 발생하는 발암 물질은?

① 아크릴아마이드(Acrylamide)
② 니트로사민(N-nitrosamine)
③ 에틸카바메이트(Ethylcarbamate)
④ 벤조피렌(Benzopyrene)

3,4-벤조피렌 : 발암 물질로 훈연제품, 구운 생선류, 불고기 등에서 발생한다.

11 식품위생수준 및 자질향상을 위하여 조리사 및 영양사에게 교육받을 것을 명할 수 있는 자는?

① 보건소장
② 시장 · 군수 · 구청장
③ 식품의약품안전처장
④ 국무총리

식품의약품안전처장의 역할
• 기구 및 용기 · 포장에 관한 기준 및 규격
• 유전자재조합식품 등의 표시
• 위해평가 검사
• 위해식품 긴급대응
• 유전자변형식품 등의 안전성 심사
• 특정 식품 등의 수입 · 판매 등 금지
• 시정명령
• 우수업소 · 모범업소의 지정
• 조리사와 영양사의 위생 교육

12 일반음식점을 개업하기 위하여 수행하여야 할 사항과 관할 관청은?

① 영업허가 - 지방식품의약품안전청
② 영업신고 - 지방식품의약품안전청
③ 영업허가 - 특별자치도 · 시 · 군 · 구청
④ 영업신고 - 특별자치도 · 시 · 군 · 구청

일반음식점 외에 식품제조가공업, 식품첨가물제조업, 휴게음식점 등도 이에 해당한다.

정답 07④ 08① 09③ 10④ 11③ 12④

13 어패류 조립방법으로 옳지 않은 것은?

① 조개류는 낮은 온도에서 서서히 조리하여야 단백질의 급격한 응고로 인한 수축을 막을 수 있다.

② 생선은 결체조직의 함량이 높으므로 주로 습열조리법을 사용해야 한다.

③ 생선조리 시 식초를 넣으면 생선이 단단해진다.

④ 생선조리에 사용하는 파, 마늘은 비린내 제거에 효과적이다.

생선은 결체조직의 함량이 고기에 비하면 낮은 편이다.

14 다음 중 전분의 정의가 잘못된 것은?

① 정맥 : 깨끗하게 껍질을 벗긴 보리이다.

② 할맥 : 보리를 2등분한 후 쌀처럼 정제한 보리쌀이다.

③ 압맥 : 기계로 누른 보리쌀이다.

④ 현미 : 벼에서 외피를 100% 제거한 쌀이다.

• 벼에서 외피를 100% 제거한 쌀은 백미이다.

15 식품위생법상 조리사를 두어야 하는 영업장은?

① 유흥주점

② 단란주점

③ 일반 레스토랑

④ 복어조리점

복어조리점에는 복어조리기능사 자격증을 취득한 조리사를 두어야 한다.

16 불포화지방산을 포화지방산으로 변화시키는 경화유에는 어떤 물질이 첨가되는가?

① 산소   ② 수소

③ 질소   ④ 칼슘

경화유는 액상기름에 수소를 첨가해서 만든 것이다.

17 치즈 제품을 굳기에 따라 구분할 때 일반적으로 가장 경도가 높은 것은?

① 체다 치즈(Cheddar Cheese)

② 블루 치즈(Blue Cheese)

③ 까망베르 치즈(Camembert Cheese)

④ 크림 치즈(Cream Cheese)

체다 치즈는 경성 치즈이고, 블루, 까망베르, 크림 치즈는 연성 치즈로 부드럽다.

18 식품의 수분 활성도(Aw)란?

① 식품의 수증기압과 그 온도에서의 물의 수증기압의 비

② 자유수와 결합수의 비

③ 식품의 단위시간당 수분증발량

④ 식품의 상대습도와 주위의 온도와의 비

$$수분활성도(Aw) = \frac{식품이\ 나타내는\ 수증기압}{순수한\ 물의\ 최대\ 수증기압}$$

19 녹색 채소의 색소고정에 관계하는 무기질은?

① 알루미늄(Al)

② 염소(Cl)

③ 구리(Cu)

④ 코발트(Co)

녹색 채소의 클로로필 분자의 마그네슘이온을 구리양이온으로 치환하면 안정된 청록색이 된다.

20 식품을 구성하는 성분 중 특수 성분인 것은?

① 수분

② 효소

③ 섬유소

④ 단백질

식품의 특수 성분은 효소로 맛, 향에 기인한다.

21 두부의 응고제 중 간수의 주성분은?

① KOH

② KCl

③ NaOH

④ $MgCl_2$

대두단백질 글리시닌은 황산칼슘($CaSO_4$), 염화마그네슘($MgCl_2$), 염화칼슘($CaCl_2$) 등의 두부응고제와 열(70℃)에 응고되는 성질을 이용하여 두부를 만든다.

22 신맛 성분과 주요 소재 식품의 연결이 틀린 것은?

① 초산(Acetic Acid) − 식초

② 젖산(Lactic Acid) − 김치류

③ 구연산(Citric Acid) − 시금치

④ 주석산(Tartaric Acid) − 포도

구연산은 감귤, 살구, 딸기에 있다.

23 카로티노이드에 대한 설명으로 옳은 것은?

① 클로로필과 공존하는 경우가 많다.

② 산화효소에 의해 쉽게 산화되지 않는다.

③ 자외선에 대해서 안정하다.

④ 물에 쉽게 용해된다.

오답 피하기

② : 산화효소에 의해 산화된다.

③ : 자외선에 불안정하다.

④ : 물에 쉽게 용해되지 않는다.

24 한천의 용도가 아닌 것은?

① 훈연제품의 산화방지제

② 푸딩, 양갱의 겔화제

③ 유제품, 청량음료 등의 안정제

④ 곰팡이, 세균 등의 배지

오답 피하기

훈연제품의 산화방지제는 에르소르빈산나트륨이다.

25 당류 가공품 중 결정형 캔디는?

① 퐁당(Fondant)

② 캐러멜(Caramel)

③ 마쉬멜로우(Marshmellow)

④ 젤리(Jelly)

결정형 캔디는 퐁당(Fondant), 퍼지(Fudge), 너겟(Nougat)이 있다.

26 우유 100g 중에 당질 5g, 단백질 3.5g, 지방 3.7g이 들어있다면 우유 170g은 몇 kcal를 내는가?

① 114.4kcal

② 167.3kcal

③ 174.3kcal

④ 182.3kcal

- 당질, 단백질은 1g당 4kcal의 열량을 내고, 지방은 1g당 9kcal의 열량을 낸다.
- (5×4) + (3.5×4) + (3.7×9) = 67.3
- 우유 100g에서 67.3kcal의 열량을 낸다.
- 우유 170g은 67.3 × 170 ÷ 100 = 114.41kcal의 열량을 낸다.

27 간장이나 된장의 착색은 주로 어떤 반응이 관계하는가?

① 아미노 카르보닐(Aminocarbonyl) 반응

② 캐러멜(Caramel)화 반응

③ 아스코르빈산(Ascorbic Acid) 산화 반응

④ 페놀(Phenol) 산화 반응

아미노화합물과 카르보닐화합물이 반응하여 착색중합물을 생성하는 비효소적인 반응을 아미노카르보닐반응이라 한다. 커피, 된장 등에서 방향 성분의 생성, 착색, 항산화성 등 바람직한 성질이 이에 해당한다.

28 검정콩밥을 섭취하면 쌀밥을 먹었을 때보다 쌀에서 부족한 어떤 영양소를 보충할 수 있는가?

① 단백질

② 탄수화물

③ 지방

④ 비타민

쌀에 부족한 단백질을 콩과 함께 섭취하면 보충할 수 있다.

29 사과의 갈변촉진 현상에 영향을 주는 효소는?

① 아밀라아제(Amylase)

② 리파아제(Lipase)

③ 아스코르비나아제(Ascorbinase)

④ 폴리페놀 옥시다아제(Polyphenol Oxidase)

오답 피하기

- **아밀라아제** : 아밀로오즈를 분해하는 효소
- **리파아제** : 리포오즈를 분해하는 효소
- **아스코르비나아제** : 아스코르빈산을 분해하는 효소

30 유화액의 상태가 같은 것으로 묶여진 것은?

① 우유, 버터, 마요네즈

② 버터, 아이스크림, 마가린

③ 크림수프, 마가린, 마요네즈

④ 우유, 마요네즈, 아이스크림

우유, 마요네즈, 아이스크림은 수중유적형 제품이다.

31 삼치구이를 하려고 한다. 정미중량 60g을 조리하고자 할 때 1인당 발주량은 약 얼마인가? (단, 삼치의 폐기율은 34%이다.)

① 43g

② 67g

③ 91g

④ 110g

$$발주량 = \frac{정미량}{정미율} = \frac{정미량}{1 - 폐기율} = \frac{60}{1 - 0.34} \div 91g$$

32 다음 식품 중 직접 가열하는 급속해동법이 많이 이용되는 것은?

① 생선류

② 육류

③ 반조리 식품

④ 계육

냉동식품은 완만 해동하는 편이 좋으나, 반조리 식품은 직접 가열한다.

33 전분의 호화와 점성에 대한 설명 중 틀린 것은?

① 곡류는 서류보다 호화온도가 높다.

② 전분의 입자가 클수록 빨리 호화된다.

③ 소금은 전분의 호화와 점도를 억제한다.

④ 산첨가는 가수분해를 일으켜 호화를 촉진시킨다.

산은 호화에 방해를 일으키는 인자이다.

34 난백에 기포가 생기는 것에 영향을 주는 것은?

① 난백에 거품을 낼 때 식초를 조금 넣으면 거품이 잘 생긴다.

② 난백에 거품을 낼 때 녹인 버터를 1큰술 넣으면 거품이 잘 생긴다.

③ 머랭을 만들 때 설탕은 맨 처음에 넣는다.

④ 난백은 0℃에서 가장 안정적이고 기포가 잘 생긴다.

산(식초, 레몬즙)에서 기포가 더 잘 일어난다.

오답 피하기

설탕, 우유, 기름은 기포의 발생을 저해한다.

35 필수지방산에 속하는 것은?

① 리놀렌산   ② 올레산

③ 스테아르산   ④ 팔미트산

필수지방산은 리놀렌산, 리놀레산, 아라키돈산이다.

36 우유를 응고시키는 요인과 거리가 먼 것은?

① 가열   ② 레닌(Rennin)

③ 산   ④ 당류

카제인은 산(식초, 레몬즙), 응유효소(레닌), 알코올, 염류(염석)에 의해 응고되고, 유청 단백질은 열에 응고한다.

37 육류의 근원섬유에 들어있으며, 근육의 수축이완에 관여하는 단백질은?

① 미오겐(Myogen)

② 미오신(Myosin)

③ 미오글로빈(Myoglobin)

④ 콜라겐(collagen)

근원섬유(섬유상) 단백질은 미오신(Myosin), 액틴(Actin) 등이다.

38 해조류에서 추출한 성분으로 식품에 점성을 주고 안정제, 유화제로서 널리 이용되는 것은?

① 알긴산(Alginic Acid)

② 펙틴(Pectin)

③ 젤라틴(Gelatin)

④ 이눌린(Inulin)

알긴산은 갈조류의 세포막 성분으로 미역, 다시마에 함유되어 있다.

정답 32 ③ 33 ④ 34 ① 35 ① 36 ④ 37 ② 38 ①

39 습열 조리법으로 조리하지 않는 것은?

① 편육　　　　　② 장조림

③ 불고기　　　　④ 꼬리곰탕

불고기는 건열 조리이다.

40 햇볕에 말린 생선이나 버섯에 특히 많은 비타민은?

① 비타민 C　　　② 비타민 K

③ 비타민 D　　　④ 비타민 E

자외선을 받으면 비타민 D가 생성된다.

41 어취 제거 방법에 대한 설명으로 틀린 것은?

① 식초나 레몬즙을 이용하여 어취를 약화시킨다.

② 된장, 고추장의 흡착성은 어취 제거 효과가 있다.

③ 술을 넣으면 알코올에 의하여 어취가 더 심해진다.

④ 우유에 미리 담가두면 어취가 약화된다.

술을 넣으면 어취를 약화시킨다.

42 밀가루로 빵을 만들 때 첨가하는 다음 물질 중 글루텐(Gluten) 형성을 도와주는 것은?

① 설탕　　　　　② 지방

③ 중조　　　　　④ 달걀

• 글루텐의 형성에 도움을 주는 물질 : 액체, 달걀, 소금, 물, 우유
• 글루텐의 형성을 방해하는 물질 : 지방, 설탕

43 콩이나 콩나물을 삶을 때 뚜껑을 닫으면 콩 비린내 생성을 방지할 수 있다. 그 이유는?

① 건조를 방지해서

② 산소를 차단해서

③ 색의 변화를 차단해서

④ 오래 삶을 수 있어서

콩은 너무 덜 익히면 콩 비린내가 나고 너무 많이 삶으면 메주냄새가 난다. 그러므로 콩이나 콩나물을 삶을 때는 뚜껑을 닫고 익을 때까지 여닫지 않는 것이 좋다.

44 식품을 계량하는 방법으로 틀린 것은?

① 밀가루 계량은 부피보다 무게가 더 정확하다.

② 흑설탕은 계량 전 체로 친 다음 계량한다.

③ 고체 지방은 계량 후 고무주걱으로 잘 긁어 옮긴다.

④ 꿀같이 점성이 있는 것은 계량컵을 이용한다.

흑설탕은 수저로 꾹꾹 눌러 담아 계량한다.

45 기름성분이 하수구로 들어가는 것을 방지하기 위해 가장 바람직한 하수관의 형태는?

① S 트랩　　　　② P 트랩

③ 드럼　　　　　④ 그리스 트랩

음식을 조리하거나 설거지 할 때 함께 유출되는 유지방을 배수배관에 유입되기 전 최종방류 지점에서 분리 배출한다.

46 폐기율이 20%인 식품의 출고계수는 얼마인가?

① 0.5　　　　　② 1.0

③ 1.25　　　　　④ 2.0

$$출고계수 = \frac{1}{정미율} \times 100 = \frac{1}{80} \times 100 = 1.25$$

정답 39 ③　40 ③　41 ③　42 ④　43 ②　44 ②　45 ④　46 ③

47 일반적인 식품의 구매 방법으로 가장 옳은 것은?

① 고등어는 2주일분을 한꺼번에 구입한다.

② 느타리버섯은 3일에 한 번씩 구입한다.

③ 쌀은 1개월분을 한꺼번에 구입한다.

④ 쇠고기는 1개월분을 한꺼번에 구입한다.

- **곡류, 건어물** : 부패성이 적어 1개월분을 한 번에 구입한다.
- **육류** : 중량과 부위별로 구입하고 냉장 시설이 갖추어져 있으면 1주일분을 구입한다.
- **어류** : 신선도를 확인하고 필요에 따라 수시로 구입한다.
- **과일류** : 산지별, 품종, 상자당 수량을 확인하고 필요에 따라 수시로 구입한다.

48 급식시설의 유형 중 1인 1식을 제공하는 데 사용하는 물의 양이 가장 많은 곳은?

① 학교급식

② 병원급식

③ 사업체급식

④ 기숙사급식

병원급식 : 일요일 및 공휴일에도 급식이 이루어져야 하고, 연중무휴로 1일 3식을 생산해야 한다.

49 고기의 질긴 결합조직 부위를 물과 함께 장시간 끓였을 때 연해지는 이유는?

① 엘라스틴이 알부민으로 변화되어 용출되어서

② 엘라스틴이 젤라틴으로 변화되어 용출되어서

③ 콜라겐이 알부민으로 변화되어 용출되어서

④ 콜라겐이 젤라틴으로 변화되어 용출되어서

육류의 결합 조직을 장시간 물에 넣어 가열했을 때 콜라겐이 젤라틴으로 된다. 결합 조직의 콜라겐이 젤라틴화 되면서 조직이 부드러워진다.

50 무기질만으로 짝지어진 것은?

① 지방, 나트륨, 비타민 A

② 칼슘, 인, 철

③ 지방산, 염소, 비타민 B

④ 아미노산, 요오드, 지방

오답 피하기

지방, 아미노산은 무기질이 아니다.

51 질병의 감염 경로로 틀린 것은?

① 아메바성 이질 – 환자 · 보균자의 분변 · 음식물

② 유행성 간염 A형 – 환자 · 보균자의 분변 · 음식물

③ 폴리오 – 환자 · 보균자의 콧물과 분변 · 음식물

④ 세균성이질 – 환자 · 보균자의 콧물 · 재채기 등의 분비물 · 음식물

세균성이질 : 소화기계 감염병으로 분변이나 토물에 의해서 소화기계 감염병이나 기생충 질환의 병원체가 체외로 배설된다.

52 회복기 보균자에 대한 설명으로 옳은 것은?

① 병원체에 감염되어 있지만 임상증상이 아직 나타나지 않은 상태의 사람

② 병원체를 몸에 지니고 있으나 겉으로는 증상이 나타나지 않는 건강한 사람

③ 질병의 임상 증상이 회복되는 시기에도 여전히 병원체를 지닌 사람

④ 몸에 세균 등 병원체를 오랫동안 보유하고 있으면서 자신은 병의 증상을 나타내지 아니하고 다른 사람에게 옮기는 사람

보균자 : 병원체를 보유하고 있지만 증상은 나타나지 않는 자로 건강 보균자, 잠복기 보균자, 병후 보균자가 있다.

정답 47 ③ 48 ② 49 ④ 50 ② 51 ④ 52 ③

53 간디스토마와 폐디스토마의 제1중간숙주를 순서 대로 짝지어 놓은 것은?

① 우렁이 – 다슬기
② 잉어 – 가재
③ 사람 – 가재
④ 붕어 – 참게

기생충	제1중간숙주	제2중간숙주
간흡충(간디스토마)	왜우렁이	붕어, 잉어
요꼬가와흡충	다슬기	담수어, 은어, 잉어
광절열두조충(긴촌충)	물벼룩	연어, 송어

54 다음 감염병 중 바이러스(Virus)가 병원체인 것은?

① 세균성 이질   ② 폴리오
③ 파라티푸스   ④ 장티푸스

오답 피하기

세균성이질, 파라티푸스, 장티푸스는 세균이다.

55 음의 강도(음압)의 단위는?

① Decibel   ② Phon
③ Sone   ④ Hertz

음의 강도는 데시벨이다.

56 만성감염병과 비교할 때 급성감염병의 역학적 특성은?

① 발생률은 낮고 유병률은 높다.
② 발생률은 높고 유병률은 낮다.
③ 발생률과 유병률이 모두 높다.
④ 발생률과 유병률이 모두 낮다.

• 발생률 : 특정 기간 내 발생하는 새로운 환자 숫자
• 유병률 : 특정 기간에 존재하는 환자 숫자

57 집단감염이 잘 되며 항문 부위의 소양증을 유발하는 기생충은?

① 회충   ② 구충
③ 요충   ④ 간흡충

요충은 집단 감염과 항문소양증이 있다.

58 중독될 경우 소변에서 코프로포르피린(Copro-porphyrin)이 검출될 수 있는 중금속은?

① 철(Fe)
② 크롬(Cr)
③ 납(Pb)
④ 시안화합물(CN)

납 중독에서 검출되고 증상으로는 연빈혈, 칼슘대사이상, 신장 장애, 적혈구수 증가가 있다.

59 자외선의 작용과 거리가 먼 것은?

① 피부암 유발
② 관절염 유발
③ 살균 작용
④ 비타민 D 형성

자외선은 관절염 치료에 사용된다.

60 물의 자정 작용에 해당되지 않는 것은?

① 희석 작용
② 침전 작용
③ 소독 작용
④ 산화 작용

물의 자정 작용은 지표수가 자연히 정화되는 작용을 말한다.

정답 53 ① 54 ② 55 ① 56 ② 57 ③ 58 ③ 59 ② 60 ③

한식조리기능사	소요 시간	문항 수
	1시간	총 60문항

수험번호 : _____

성   명 : _____

---

01 우리나라에서 허가된 발색제가 아닌 것은?

① 아질산나트륨

② 황산제일철

③ 질산칼륨

④ 아질산칼륨

....
발색제는 식품 색의 변색을 방지한다. 발색을 하는 식품첨가제로 허가된 발색
제로는 아질산나트륨, 질산칼륨, 황산제1철(건조), 황산제1철(결정), 질산나트륨
이 있다.

02 다환방향족 탄화수소이며, 훈제육이나 태운 고기
에서 다량 검출되는 발암 작용을 일으키는 것은?

① 질산염

② 알코올

③ 벤조피렌

④ 포름알데히드

....
벤조피렌은 불완전연소 과정에서 생성되는 다환방향족 탄화수소의 한 종류로
발암물질이고, 돌연변이를 일으키는 환경 호르몬이다. 공장의 매연, 배기가스,
담배 연기에서 나오는 물질이다.

03 에탄올 발효 시 생성되는 메탄올의 가장 심각한
중독 증상은?

① 구토

② 경기

③ 실명

④ 환각

....
메탄올의 중독 증상으로는 신경 염증, 두통, 구토, 설사, 실명이 있고, 심하면 호
흡 곤란으로 사망한다.

04 식품의 변질 현상에 대한 설명 중 틀린 것은?

① 통조림 식품의 부패에 관여하는 세균에는
내열성인 것이 많다.

② 우유의 부패 시 세균류가 관계하여 적변을
일으키기도 한다.

③ 식품의 부패에는 대부분 한 종류의 세균이
관계한다.

④ 가금육은 주로 저온성 세균이 주된 부패균
이다.

....
식품의 부패는 여러 종류의 세균이 관여하여 생긴다.

05 일반적으로 식품 1g 중 생균수가 약 얼마 이상일
때 초기 부패로 판정하는가?

① 10^2개

② 10^4개

③ 10^7개

④ 10^{15}개

....
생균수가 식품 1g당 생균수가 $10^7 \sim 10^8$이면 초기 부패로 판정한다.

정답 01 ④ 02 ③ 03 ③ 04 ③ 05 ③

06 독소형 세균성 식중독으로 짝지어진 것은?

① 살모넬라 식중독, 장염비브리오 식중독
② 리스테리아 식중독, 복어독 식중독
③ 황색포도상구균 식중독, 클로스트리디움 보툴리늄균 식중독
④ 맥각독 식중독, 콜리균 식중독

감염형 식중독 : 살모넬라 식중독, 장염비브리오 식중독, 병원성대장균 식중독, 웰치균

---

07 복어독 중독의 치료법으로 적합하지 않은 것은?

① 호흡촉진제 투여
② 진통제 투여
③ 위세척
④ 최토제 투여

복어독 테트로도톡신의 증세로는 마비성 식중독, 사지의 마비, 호흡 곤란, 호흡 마비로 인한 사망이 있다. 중독 증상에 알맞은 조치는 위세척을 하거나 구토하게 만드는 최토제를 투여한다. 호흡 곤란으로 인한 사망을 예방하기 위해서는 호흡 촉진제를 투여한다.

---

08 식품 취급자의 화농성 질환에 의해 감염되는 식중독은?

① 살모넬라 식중독
② 황색포도상구균 식중독
③ 장염비브리오 식중독
④ 병원성대장균 식중독

황색포도상구균 식중독은 화농성질환자에 의해 발생하므로 식품 조리 및 가공을 금지해야 한다.

---

09 과실류, 채소류 등 식품의 살균 목적으로 사용되는 것은?

① 초산비닐수지(Polyvinyl Acetate)
② 이산화염소(Chlorine Dioxide)
③ 규소수지(Silicone Resin)
④ 차아염소산나트륨(Sodium Hypochlorite)

참깨에는 사용할 수 없고, 과일과 채소의 살균 목적으로 사용한다. 최종 식품 완성 전에 제거한다.

• 초산비닐수지 : 피막제
• 이산화염소 : 소맥분 개량제
• 규소수지 : 소포제

---

10 다음 중 내인성 위해 식품은?

① 지나치게 구운 생선
② 푸른곰팡이에 오염된 쌀
③ 싹이 튼 감자
④ 농약을 많이 뿌린 채소

식품 중의 유독 유해 성분이나 물질 섭취로 인한 위해 식품을 내인성 위해 식품이라고 한다.

---

11 김치를 담근 배추와 무가 물러졌을 때 그 원인에 해당하지 않는 것은?

① 김치를 담글 때 배추와 무를 충분히 씻지 않았다.
② 김칫국물이 적어 국물 위로 김치가 노출되었다.
③ 김치를 꺼낼 때마다 꾹꾹 눌러 놓지 않았다.
④ 김치 숙성의 적기가 지났다.

배추와 무를 충분히 씻지 않은 것은 무름의 원인에 해당하지 않는다.

정답 06 ③ 07 ② 08 ② 09 ④ 10 ③ 11 ①

12 우리나라 식품 위생법의 목적과 거리가 먼 것은?

① 식품으로 인한 위생상의 위해 방지
② 식품 영양의 질적 향상 도모
③ 국민 보건의 증진에 이바지
④ 부정 식품 제조에 대한 가중 처벌

식품 위생의 목적 : 식품으로 인하여 생기는 위생상의 위해를 방지하고 식품 영양의 질적 향상을 도모하며 식품에 관한 올바른 정보를 제공하여 국민 보건의 증진에 이바지함을 목적으로 한다.

---

13 식품위생법상에서 정의하는 '집단급식소'에 대한 정의로 옳은 것은?

① 영리를 목적으로 하는 모든 급식 시설을 일컫는 용어이다.
② 영리를 목적으로 하지 않고 비정기적으로 1개월에 1회씩 음식물을 공급하는 급식 시설도 포함된다.
③ 영리를 목적으로 하지 아니하면서 특정 다수인에게 계속하여 음식을 공급하는 급식 시설을 말한다.
④ 영리를 목적으로 하지 않고 계속적으로 불특정 다수인에게 음식물을 공급하는 급식 시설을 말한다.

집단급식소 : 영리를 목적으로 하지 아니하면서 특정 다수인에게 계속하여 음식물을 공급하는 기숙사, 학교, 병원, 사회 복지 시설, 산업체, 국가, 지방 자치 단체 및 공공기관, 그 밖의 후생 기관

---

14 식품위생법상 식품위생감시원의 직무가 아닌 것은?

① 영업소의 폐쇄를 위한 간판 제거 등의 조치
② 영업의 건전한 발전과 공동의 이익을 도모하는 조치
③ 영업자 및 종업원의 건강 진단 및 위생 교육의 이행 여부의 확인, 지도
④ 조리사 및 영양사의 법령 준수사항 이행 여부의 확인, 지도

식품위생법상 식품위생감시원의 직무
• 식품 등의 위생적인 취급에 관한 기준의 이행 지도
• 수입 · 판매 또는 사용 등이 금지된 식품 등의 취급 여부에 관한 단속
• 표시 기준 또는 과대광고 금지의 위반 여부에 관한 단속
• 출입 · 검사 및 검사에 필요한 식품 등의 수거
• 시설 기준의 적합 여부의 확인 · 검사
• 영업자 및 종업원의 건강 진단 및 위생 교육의 이행 여부의 확인 · 지도
• 조리사 및 영양사의 법령 준수 사항 이행 여부의 확인 · 지도
• 행정 처분의 이행 여부 확인
• 식품 등의 압류 · 폐기 등
• 영업소의 폐쇄를 위한 간판 제거 등의 조치
• 그 밖에 영업자의 법령 이행 여부에 관한 확인 · 지도

---

15 식품위생법상 영업 신고를 하지 않는 업종은?

① 즉석 판매 제조, 가공업
② 양곡관리법에 따른 양곡가공업 중 도정업
③ 식품운반법
④ 식품소분, 판매업

신고하지 않아도 되는 업종
• 양곡가공업 중 도정업을 하는 경우
• 수산물가공업의 신고를 하고 해당 영업을 하는 경우
• 축산물가공업의 허가를 받아 해당 영업을 하는 경우
• 건강기능 식품제조업, 건강기능 식품수입업 및 건강기능 식품판매업의 영업 허가를 받거나 영업 신고를 하고 해당 영업을 하는 경우

---

16 마이야르(Maillard) 반응에 영향을 주는 인자가 아닌 것은?

① 수분   ② 온도
③ 당의 종류   ④ 효소

마이야르 반응은 비효소적 갈변이다.

정답 12 ④ 13 ③ 14 ② 15 ② 16 ④

17 다음 중 쌀 가공 식품이 아닌 것은?

① 현미
② 강화미
③ 팽화미
④ α-화미

18 다음 중 발효 식품은?

① 치즈
② 수정과
③ 사이다
④ 우유

발효 식품 : 치즈, 요구르트, 된장, 간장, 김치

19 채소와 과일의 가스 저장(CA 저장) 시 필수 요건이 아닌 것은?

① pH 조절
② 기체의 조절
③ 냉장 온도 유지
④ 습도 유지

• 산소와 탄산가스의 기체의 농도를 조절하여 과일, 난류를 저장하는 방법이다.
• 식품마다 다르지만 미생물이 번식할 수 없는 0℃, 습도는 80~85%가 적당하다.

20 단백질에 관한 설명 중 옳은 것은?

① 인단백질은 단순단백질에 인산이 결합한 단백질이다.
② 지단백질은 단순단백질에 당이 결합한 단백질이다.
③ 당단백질은 단순단백질에 지방이 결합한 단백질이다.
④ 핵단백질은 단순단백질 또는 복합단백질이 화학적 또는 산소에 의해 변화된 단백질이다.

21 한천의 용도가 아닌 것은?

① 훈연 제품의 산화방지제
② 푸딩, 양갱 등의 젤화제
③ 유제품, 청량 음료 등의 안정제
④ 곰팡이, 세균 등의 배지

한천은 우뭇가사리 등의 홍조류를 삶아서 얻은 액을 냉각, 동결, 건조한 것으로 양갱 제조에 쓰이고, 젤라틴과 함께 유제품의 식품안정제로도 사용된다. 연구 목적으로 곰팡이나 세균의 배지로도 사용한다.

22 식품의 수분 활성도(Aw)에 대한 설명으로 틀린 것은?

① 식품이 나타내는 수증기압과 순수한 물의 수증기압의 비를 말한다.
② 일반적인 식품의 Aw 값은 1보다 크다.
③ Aw의 값이 작을수록 미생물의 이용이 쉽지 않다.
④ 어패류의 Aw의 0.99~0.98 정도이다.

일반적인 식품의 수분활성도는 1보다 작다. 물의 수분활성도가 1이다.

23 장기간의 식품 보존 방법과 가장 관계가 먼 것은?

① 배건법

② 염장법

③ 산저장법(초지법)

④ 냉장법

냉장고에 보관하는 것만으로 장기간 보존할 수는 없다.

24 대표적인 콩 단백질인 글로불린(Globulin)이 가장 많이 함유하고 있는 성분은?

① 글리시닌(Glycinin)

② 알부민(Albumin)

③ 글루텐(Gluten)

④ 제인(Zein)

글리시닌은 콩의 대표적인 단백질로 염류에 응고되는 성질이 있어 두부를 만드는 데 이용된다.

25 라면류, 건빵류, 비스킷 등은 상온에서 비교적 장시간 저장해 두어도 노화가 잘 일어나지 않는데, 그 주된 이유는?

① 낮은 수분 함량

② 낮은 pH

③ 높은 수분 함량

④ 높은 pH

• 노화가 잘 일어나지 않는 조건으로는 수분 함량 15% 이하, 유화제 첨가, 설탕 첨가 등이 있다.
• 이 중 라면류, 건빵류, 비스킷은 수분 함량이 낮아 노화가 잘 일어나지 않는다.

26 신맛 성분에 유기산인 아미노기(-NH₂)가 있으면 어떤 맛이 가해진 산미가 되는가?

① 단맛   ② 신맛

③ 쓴맛   ④ 짠맛

신맛 + 아미노기 = 쓴맛

27 유지의 발연점에 영향을 주는 인자와 거리가 먼 것은?

① 용해도

② 유리지방산의 함량

③ 노출된 유지의 표면적

④ 불순물의 함량

• 사용횟수가 많으면, 1회 사용할 때마다 발연점이 10~15℃씩 저하된다.
• 유리지방산의 함량이 많을수록 발연점이 낮아진다.
• 기름에 이물질이 많으면 발연점이 낮아진다.
• 그릇의 표면적이 1인치 넓을수록 발연점이 2℃씩 저하된다.

28 다음 당류 중 단맛이 가장 약한 것은?

① 포도당

② 과당

③ 맥아당

④ 설탕

유당(16) < 갈락토오스(33) < 맥아당(60) < 포도당(74) < 설탕(100) < 전화당(85~130) < 과당(170)

29 다음 쇠고기 성분 중 일반적으로 살코기에 비해 간에 특히 더 많은 것은?

① 비타민 A, 무기질

② 단백질, 전분

③ 섬유소, 비타민 C

④ 전분, 비타민 A

소의 간에는 비타민 A가 많아 눈에 좋은 음식이라 하였고, 무기질인 철분(Fe)이 많아서 빈혈에 좋은 식품이다.

30 오징어 먹물 색소의 주 색소는?

① 안토잔틴

② 클로로필

③ 유멜라닌

④ 플라보노이드

- **안토잔틴** : 꽃잎의 노란색, 가을에 잎의 자색이나 적자색
- **클로로필** : 녹색 야채에 있는 Mg을 함유한 엽록소 색소
- **플라보노이드** : 콩, 감자, 연근 등의 흰색이나 노란색

31 급식인원이 1,000명인 단체급식소에서 1인당 60g의 풋고추조림을 주려고 한다. 발주할 풋고추의 양은? (단, 풋고추의 폐기율은 9%이다.)

① 55kg

② 60kg

③ 66kg

④ 68kg

발주량 = {정미주량 ÷ (100 − 폐기율) } × 인원수 × 100
= {60 ÷ (100 − 9)} × 1000 × 100 = 65,934g = 약 66kg

32 단체급식이 갖는 운영상의 문제점이 아닌 것은?

① 단시간 내에 다량의 음식조리

② 식중독 등 대형 위생사고

③ 대량구매로 인한 재고관리

④ 적온 급식의 어려움으로 음식의 맛 저하

단체급식에서는 일정한 기간마다 재고 관리를 하여 사용량을 통계, 발주한다.

33 완두콩을 조리할 때 정량의 황산구리를 첨가하면 특히 어떤 효과가 있는가?

① 비타민이 보강된다.

② 무기질이 보강된다.

③ 냄새를 보유할 수 있다.

④ 녹색을 보유할 수 있다.

완두콩을 통조림으로 만들 때 황산구리를 첨가하면 녹색을 유지할 수 있다. 그러나 비타민 C가 파괴되는 단점이 있다.

34 신선한 달걀의 감별법 중 틀린 것은?

① 햇빛(전등)에 비출 때 공기집의 크기가 작다.

② 흔들 때 내용물이 흔들리지 않는다.

③ 6% 소금물에 넣어서 떠오른다.

④ 깨뜨려 접시에 놓으면 노른자가 볼록하고 흰자의 점도가 높다.

가라앉는 것이 신선한 달걀이다.

35 다음 중 계량 방법이 올바른 것은?

① 마가린을 잴 때는 실온일 때 계량컵에 꼭꼭 눌러 담고, 직선으로 된 칼이나 Spatula로 깎아 계량한다.

② 밀가루를 잴 때는 측정 직전에 체로 친 뒤 눌러서 담아 직선 Spatula로 깎아 측정한다.

③ 흑설탕을 측정할 때는 체로 친 뒤 누르지 말고 가만히 수북하게 담고 직선 Spatula로 깎아 측정한다.

④ 쇼트닝을 계량할 때는 냉장 온도에서 계량컵에 꼭 눌러 담은 뒤, 직선 Spatula로 깎아 측정한다.

② 밀가루를 잴 때는 눌러 담지 않고 가볍게 담아 측정한다.
③ 흑설탕은 꼭꼭 눌러 담는다.
④ 쇼트닝은 실온에서 눌러 담는다.

정답 30 ③ 31 ③ 32 ③ 33 ④ 34 ③ 35 ①

36 육류, 생선류, 알류 및 콩류에 함유된 주된 영양소는?

① 단백질
② 탄수화물
③ 지방
④ 비타민

돼지고기, 쇠고기, 닭고기, 생선류 중 등푸른 생선, 달걀, 콩 제품들에는 단백질이 많다.

37 젤라틴의 응고에 관한 내용으로 틀린 것은?

① 젤라틴의 농도가 높을수록 빨리 응고된다.
② 설탕의 농도가 높을수록 빨리 응고된다.
③ 염류는 젤라틴이 물을 흡수하는 것을 막아 단단하게 응고시킨다.
④ 단백질 분해효소를 사용하면 응고력이 약해진다.

설탕의 농도가 높을수록 겔 강도를 감소시켜 부드러운 젤리를 형성한다.

38 난백으로 거품을 만들 때의 설명으로 옳은 것은?

① 레몬즙을 1~2 방울 떨어뜨리면 거품 형성을 용이하게 한다.
② 지방은 거품 형성을 용이하게 한다.
③ 소금은 거품의 안정성에 기여한다.
④ 묽은 달걀보다 신선란이 거품 형성을 용이하게 한다.

산(식초, 레몬즙)에서 기포는 더 잘 일어난다.

오답 피하기

• 설탕, 우유, 기름은 기포의 발생을 저해한다.
• 오래된 계란일수록 기포는 잘 생기지만 안정성과 점성이 적다.

39 다음 중 간장의 지미 성분은?

① 포도당(Glucose)
② 전분(Starch)
③ 글루탐산(Glutamic Acid)
④ 아스코리빈산(Ascorbic Acid)

간장의 감칠맛 성분은 글루탐산이다.

오답 피하기

포도당은 단당류, 전분은 다당류이고, 아스코르빈산은 비타민 C이다.

40 홍조류에 속하며 무기질이 골고루 함유되어 있고 단백질도 많이 함유된 해조류는?

① 김
② 미역
③ 우뭇가사리
④ 다시마

김 100g에는 단백질이 38.6g 들어 있어 다른 해조류에 비해 10~15% 정도 많다. 비타민 A, B, D도 풍부한 편이다.

41 식품의 구매 방법으로 필요한 품목, 수량을 표시하여 업자에게 견적서를 제출받고 품질이나 가격을 검토한 후 낙찰자를 정하여 계약을 체결하는 것은?

① 수의계약
② 경쟁입찰
③ 대량구매
④ 계약구입

오답 피하기

수의계약 : 경쟁 계약에 의하지 아니하고 임의로 적당한 상대자를 선정하여 체결하는 계약

정답 36 ① 37 ② 38 ① 39 ③ 40 ① 41 ②

42 떡의 노화를 방지할 수 있는 방법이 아닌 것은?

① 찹쌀가루의 함량을 높인다.
② 설탕의 첨가량을 늘린다.
③ 급속 냉동시켜 보관한다.
④ 수분 함량을 30~60%로 유지한다.

수분 함량을 15% 이하로 낮추어야 한다.

43 우유에 산을 넣으면 응고물이 생기는데 이 응고물의 주체는?

① 유당
② 레닌
③ 카제인
④ 유지방

카제인(Casein)은 산, 레닌에 응고되는 성질이 있다. 이를 응용하여 치즈를 만든다.

44 불고기를 만들어 파는 데 비용으로 1kg 기준으로 등심은 18,000원, 양념비는 3,500원이 소요되었다. 1인분에 200g을 사용하고 식재료 비율을 40%로 하려고 할 때 판매 가격은?

① 9,000원
② 8,600원
③ 17,750원
④ 10,750원

• 1kg 불고기를 만드는 데 소요되는 비용은 등심(18,000원) + 양념비(3,500원) = 21,500원이다.
• 1kg 소요 비용이 21,500원인데 1인분은 200g으로 하니 1인분의 소요 비용은 1/5이 된다.
• 즉 200g의 불고기 소요비용은 21500원 ÷ 5 = 4,300원이다.
• a라는 금액으로 팔려고 하는데 식재료 비율을 40%, 4,300원으로 하려고 한다.
• a × 0.4 = 4,300원 , a는 4,300원 ÷ 0.4 = 10,750원이다.

45 육류 조리 과정 중 색소의 변화 단계가 바르게 연결된 것은?

① 미오글로빈 – 메트미오글로빈 – 옥시미오글로빈 – 헤마틴
② 메트미오글로빈 – 옥시미오글로빈 – 미오글로빈 – 헤마틴
③ 미오글로빈 – 옥시미오글로빈 – 메트미오글로빈 – 헤마틴
④ 옥시미오글로빈 – 메트미오글로빈 – 미오글로빈 – 헤마틴

적자색 – 선홍색 – 갈색 – 회갈색

46 머랭을 만들고자 할 때 설탕 첨가는 어느 단계에 하는 것이 가장 효과적인가?

① 처음 젓기 시작할 때
② 거품이 생기려고 할 때
③ 충분히 거품이 생겼을 때
④ 거품이 없어졌을 때

설탕은 흰자의 거품 생성을 방해하므로 충분한 거품이 생긴 후 설탕을 첨가하는 것이 좋다.

47 마요네즈를 만들 때 기름의 분리를 막아주는 것은?

① 난황
② 난백
③ 소금
④ 식초

난황의 레시틴은 유화성이 있어 기름의 분리를 막아준다.

정답 42 ④ 43 ③ 44 ④ 45 ③ 46 ③ 47 ①

48 고체화 한 지방을 여과 처리하는 방법으로 샐러드유 제조 시 이용되며, 유화 상태를 유지하기 위한 가공 처리 방법은?

① 용출 처리
② 동유 처리
③ 정제 처리
④ 경화 처리

··

샐러드유로 쓰이는 기름은 냉장고에 보관하는데, 굳지 않고 부드러운 상태가 유지되어야 한다. 그러나 유지는 냉장고에서 보관하면 굳는 것이 있다. 그래서 온도를 낮추어 고체화 시키고 여과하여 샐러드유로 적합하게 만든다.

49 주방의 바닥 조건으로 맞는 것은?

① 산이나 알칼리에 약하고 습기, 열에 강해야 한다.
② 바닥 전체의 물매는 1/20이 적당하다.
③ 조리 작업을 드라이 시스템화 할 경우의 물매는 1/100 정도가 적당하다.
④ 고무 타일, 합성 수지 타일 등이 잘 미끄러지지 않으므로 적당하다.

[오답 피하기]
산과 알칼리에도 강해야 하고 바닥 전체의 물매는 1/100이 적당하다.

50 다음 중 돼지고기에만 존재하는 부위명은?

① 사태살
② 갈매기살
③ 채끝살
④ 안심살

··

돼지고기의 부위로는 갈매기살, 항정살, 삼겹살 등이 있다.

51 상수도와 관계된 보건 문제가 아닌 것은?

① 수도열
② 반상치
③ 레이노드병
④ 수인성 감염병

··

레이노드병은 진동과 관련된 병이다.

52 규폐증과 관계가 먼 것은?

① 유리규산
② 암석가공업
③ 골연화증
④ 폐조직의 섬유화

··

카드뮴 중독 증상으로 이타이이타이병에 걸리고 증상은 골연화증이 있다.

53 감염병 관리상 환자의 격리를 요하지 않는 것은?

① 콜레라
② 디프테리아
③ 파상풍
④ 장티푸스

··

파상풍은 다른 환자를 통해 감염되지 않기 때문에 격리를 요하지 않는다.

54 ( ) 안에 차례대로 들어갈 알맞은 내용은?

> 생물화학적 산소요구량(BOD)은 일반적으로 ( )을
> ( )에서 ( )간 안정화 시키는 데 소비한 산소량
> 을 말한다.

① 무기 물질, 15℃, 5일
② 무기 물질, 15℃, 7일
③ 유기 물질, 20℃, 5일
④ 유기 물질, 20℃, 7일

하수의 오염도를 나타내는 방법이며 수중 유기물을 20℃에서 5일간 측정한다.
BOD의 수치가 높으면 하수 오염도가 높다는 말로 20ppm 이하여야 한다.

55 실내 공기의 오염지표로 사용되는 것은?

① 일산화탄소
② 이산화탄소
③ 질소
④ 오존

• 10% 이상일 때는 질식사, 7% 이상일 때는 호흡 곤란 증세가 있다.
• 위생학적 허용 한계 : 0.1%(= 1,000ppm)

56 수인성 감염병의 특징을 설명한 것 중 틀린 것은?

① 단시간에 다수의 환자가 발생한다.
② 환자의 발생은 그 급수지역과 관계가 깊다.
③ 발생률이 남녀노소, 성별, 연령별로 차이가
   크다.
④ 오염원의 제거로 일시에 종식될 수 있다.

발생지역과 일치하고 성별, 연령에 따른 차이는 없다.

57 기생충과 인체감염원인 식품의 연결이 틀린 것은?

① 유구조충 – 돼지고기
② 무구조충 – 쇠고기
③ 동양모양선충 – 민물고기
④ 아니사키스 – 바다생선

동양모양선충 – 절임채소

58 감염병 발생의 3대 요인이 아닌 것은?

① 예방접종
② 환경
③ 숙주
④ 병인

예방접종은 감염병의 예방 대책 중의 하나이다.

59 기생충에 오염된 논, 밭에서 맨발로 작업할 때 감염될 수 있는 가능성이 가장 높은 것은?

① 간흡충
② 폐흡충
③ 구충
④ 광절열두조충

구충은 맨발 작업 시 피부로 감염되는 기생충이므로 장화를 착용해야 기생충
감염을 예방할 수 있다.

60 4대 온열 요소에 속하지 않은 것은?

① 기류
② 기압
③ 기습
④ 복사열

4대 온열 조건 인자는 기온, 기습, 기류, 복사열이다.

정답 54③ 55② 56③ 57③ 58① 59③ 60②

해설과 함께 보는 **최신 기출문제 03회**

한식조리기능사	소요 시간	문항 수
	1시간	총 60문항

수험번호 : _____

성   명 : _____

---

01 칼슘(Ca)과 인(P)의 대사 이상을 초래하여 골연화증을 유발하는 유해 금속은?

① 철(Fe)

② 카드뮴(Cd)

③ 은(Ag)

④ 주석(Sn)

납(Pb) 중독	연빈혈, 칼슘대사이상, 신장장애, 적혈구수 증가
수은(Hg) 중독	미나마타병, 언어장애, 지각이상, 보행곤란
크롬(Cr) 중독	비염, 인두염, 기관지염
카드뮴(Cd) 중독	이타이이타이병, 신장장애, 단백뇨, 골연화증

02 미생물학적으로 식품 1g당 세균수가 얼마일 때 초기 부패 단계로 판정하는가?

① $10^3 \sim 10^4$

② $10^4 \sim 10^5$

③ $10^7 \sim 10^8$

④ $10^{12} \sim 10^{13}$

세균수가 10^5/g이면 신선한 때로 보고, 식품 1g당 생균 수가 $10^7 \sim 10^8$이면 초기 부패로 판정한다.

03 혐기 상태에서 생산된 독소에 의해 신경 증상이 나타나는 세균성 식중독은?

① 황색포도상구균 식중독

② 클로스트리디움 보툴리늄 식중독

③ 장염비브리오 식중독

④ 살모넬라 식중독

특이한 신경 증상, 눈의 시력저하, 동공 확대, 청각마비, 언어장애, 높은 치사율

04 식품과 독성분이 잘못 연결된 것은?

① 감자 – 솔라닌(Solanine)

② 조개류 – 삭시톡신(Saxitoxin)

③ 독미나리 – 베네루핀(Venerupin)

④ 복어 – 테트로도록신(Tetrodotoxin)

독미나리 : 시큐톡신(Cicutoxin)

05 식품첨가물의 사용 목적과 이에 따른 첨가물의 종류가 바르게 연결된 것은?

① 식품의 영양 강화를 위한 것 – 착색료
② 식품의 관능을 만족시키기 위한 것 – 조미료
③ 식품의 변질이나 변패를 방지하기 위한 것 – 감미료
④ 식품의 품질을 개량하거나 유지하기 위한 것 – 산미료

오답 피하기
① 식품의 영양 강화를 위한 것 – 강화제
③ 식품의 변질이나 변패를 방지하기 위한 것 – 보존제
④ 식품의 품질을 개량하거나 유지하기 위한 것 – 개량제

06 다음 식품첨가물 중 주요 목적이 다른 것은?

① 과산화벤조일
② 과황산암모늄
③ 이산화염소
④ 아질산나트륨

과산화벤조일, 과황산암모늄, 이산화염소는 소맥분 개량제이다.

오답 피하기
아질산나트륨은 발색제이다.

07 식품의 변화 현상에 대한 설명 중 틀린 것은?

① 산패 : 유지 식품의 지방질 산화
② 발효 : 화학 물질에 의한 유기 화합물의 분해
③ 변질 : 식품의 품질 저하
④ 부패 : 단백질과 유기물이 부패 미생물에 의해 분해

발효 : 탄수화물 식품이 미생물에 의해 알코올과 유기산을 생성하여 유용한 물질을 만들어 내는 것

08 바이러스에 의한 감염이 아닌 것은?

① 폴리오
② 인플루엔자
③ 장티푸스
④ 유행성 감염

• **바이러스** : 인플루엔자, 천연두(두창), 홍역, 유행성이하선염, 급성회백수염(소아마비=폴리오), 유행성 간염, 일본뇌염, 광견병(공수병), AIDS 등
• **세균** : 디프테리아, 백일해, 결핵, 성홍열, 폐렴, 나병, 장티푸스, 파라티푸스, 세균성이질, 콜레라, 페스트, 파상풍 등

09 통조림 식품의 통조림관에서 유래될 수 있는 식중독 원인 물질은?

① 카드뮴
② 주석
③ 페놀
④ 수은

통조림에 철이 녹스는 것을 막기 위해 표면에 주석을 입힌다. 이 주석은 산성이 강한 과일, 캔, 주스 등에서 용출될 가능성이 높다.

10 곰팡이의 대사산물에 의해 질병이나 생리 작용에 이상을 일으키는 원인이 아닌 것은?

① 청매 중독
② 아플라톡신 중독
③ 황변미 중독
④ 오크라톡신 중독

청매 중독은 곰팡이 중독이 아니라 식물성 식중독의 중독 증상이다.

11 식품위생법상 위해 식품 등의 판매 등 금지내용이 아닌 것은?

① 불결하거나 다른 물질이 섞이거나 첨가된 것으로 인체의 건강을 해칠 우려가 있는 것
② 유독 · 유해 물질이 들어 있으나 식품의약품 안전처장이 인체의 건강을 해할 우려가 없다고 인정한 것
③ 병원 미생물에 의하여 오염되었거나 그 염려가 있어 인체의 건강을 해칠 우려가 있는 것
④ 썩거나 상하거나 설익어서 인체의 건강을 해칠 우려가 있는 것

위해 식품 등의 판매 등 금지
• 썩거나 상하거나 설익어서 인체의 건강을 해칠 우려가 있는 것
• 유독 · 유해 물질이 들어 있거나 묻어 있는 것 또는 그러할 염려가 있는 것. 다만, 식품의약품안전처장이 인체의 건강을 해칠 우려가 없다고 인정하는 것은 제외한다.
• 병을 일으키는 미생물에 오염되었거나 그러할 염려가 있어 인체의 건강을 해칠 우려가 있는 것
• 불결하거나 다른 물질이 섞이거나 첨가된 것 또는 그 밖의 사유로 인체의 건강을 해칠 우려가 있는 것
• 안전성 평가 대상인 농 · 축 · 수산물 등 가운데 안전성 평가를 받지 아니하였거나 안전성 평가에서 식용으로 부적합하다고 인정된 것
• 수입이 금지된 것 또는 수입 신고를 하지 아니하고 수입한 것
• 영업자가 아닌 자가 제조 · 가공 · 소분한 것

12 식품의 부패 과정에서 생성되는 불쾌한 냄새 물질과 거리가 먼 것은?

① 포르말린
② 암모니아
③ 황화수소
④ 인돌

포르말린 : 포름알데히드의 수용액으로 살균, 소독용으로 사용하고 부패 과정과 관계가 없다.

오답 피하기
• **황화수소** : 달걀 썩는 냄새이다.
• **인돌** : 부패한 단백질, 포유류의 배설물 속에 존재한다.

13 식품위생법규상 무상수거 대상 식품은?

① 도 · 소매업소에서 판매하는 식품 등을 시험 검사용으로 수거할 때
② 식품 등의 기준 및 규격 제정을 위한 참고용으로 수거할 때
③ 식품 등을 검사할 목적으로 수거할 때
④ 식품 등의 기준 및 규격 개정을 위한 참고용으로 수거할 때

관계 공무원으로 하여금 다음 각 목에 해당하는 출입 · 검사 · 수거 등의 조치
• 판매를 목적으로 하거나 영업에 사용하는 식품 등 또는 영업 시설 등에 대하여 하는 검사
• 검사에 필요한 최소량의 식품 등의 무상 수거
• 영업에 관계되는 장부 또는 서류의 열람

14 식품위생법상 명시된 영업의 종류에 포함되지 않는 것은?

① 식품조사처리업
② 식품접객업
③ 즉석판매제조 · 가공업
④ 먹는샘물제조업

영업 : 식품 또는 식품첨가물을 채취 · 제조 · 수입 · 가공 · 조리 · 저장 · 소분 · 운반 또는 판매하거나 기구 또는 용기 · 포장을 제조 · 수입 · 운반 · 판매하는 업(농업과 수산업에 속하는 식품 채취업은 제외한다)

15 식품위생법상 조리사 면허를 받을 수 없는 사람은?

① 미성년자
② 마약중독자
③ B형간염환자
④ 조리사 면허의 취소 처분을 받고 그 취소된 날부터 1년이 지난 자

• 정신질환자
• 감염병환자(B형간염환자는 제외)
• 마약이나 그 밖의 약물 중독자
• 조리사 면허의 취소 처분을 받고 그 취소된 날부터 1년이 지나지 아니한 자

16 결합수의 특성으로 옳은 것은?

① 식품 조직을 압착하여도 제거되지 않는다.

② 점성이 크다.

③ 미생물의 번식과 발아에 이용된다.

④ 보통의 물보다 밀도가 작다.

결합수	자유수
용질에 대하여 용매로 작용하지 않는다.	전해질을 잘 녹인다(용매 작용).
건조로 쉽게 제거되지 않는다.	건조로 쉽게 제거된다.
−20℃에서도 동결되지 않는다.	0℃ 이하에서 쉽게 동결된다.
미생물 증식에 이용되지 못한다.	미생물의 번식과 발아에 이용된다.
밀도가 크다.	표면장력, 점성, 비열이 크다.

17 사과, 바나나, 파인애플 등의 주요 향미 성분은?

① 에스테르(Ester)류

② 고급지방산류

③ 유황화합물류

④ 퓨란(Furan)류

오답 피하기

• 알코올 및 알데히드류 : 주류, 바닐라향, 감자, 오이, 복숭아, 계피
• 테르펜 : 녹차, 레몬, 오렌지
• 유황화합물 : 무, 파, 마늘, 양파, 간장
• 퓨란류 : 커피, 빵, 조리된 가금류, 카제인나트륨, 콩 등의 가열 처리 제품

18 다당류에 속하는 탄수화물은?

① 펙틴

② 포도당

③ 과당

④ 갈락토오스

오답 피하기

포도당, 과당, 갈락토오스는 단당류이다.

19 알코올 1g당 열량산출 기준은?

① 0kcal

② 4kcal

③ 7kcal

④ 9kcal

참고로 탄수화물의 열량은 4kcal/g, 단백질은 4kcal/g, 지질은 9kcal/g이다.

20 유지를 가열하면 점차 점도가 증가하게 되는데 이것은 유지 분자들의 어떤 반응 때문인가?

① 산화 반응

② 열분해 반응

③ 중합 반응

④ 가수분해 반응

간단한 분자들이 서로 결합하여 거대한 고분자 물질을 만드는 반응이다.

오답 피하기

• 산화 반응 : 산소와의 결합, 수소가 빠져나가는 반응이다.
• 열분해 반응 : 열에 의해 결합이 끊어지고 새로운 물질을 만드는 반응이다.
• 가수분해 반응 : 일반적으로 염이 물과 반응하여 산과 염기로 분해하는 반응이다.

21 젤라틴과 관계없는 것은?

① 양갱

② 족편

③ 아이스크림

④ 젤리

양갱은 한천으로 만든다.

22 다음 중 일반적으로 꽃 부분을 주요 식용 부위로 하는 화채류는?

① 비트(Beets)
② 파슬리(Parsley)
③ 브로콜리(Broccoli)
④ 아스파라거스(Asparagus)

> **오답 피하기**
>
> 비트는 뿌리식품, 파슬리는 잎, 아스라파라거스는 줄기를 먹는다.

23 색소 성분의 변화에 대한 설명 중 맞는 것은?

① 엽록소는 알칼리성에서 갈색화
② 플라본 색소는 알칼리성에서 황색화
③ 안토시안 색소는 산성에서 청색화
④ 카로틴 색소는 산성에서 흰색화

> **오답 피하기**
>
> 엽록소는 산성에서 갈색화, 안토시안 색소는 알칼리성에서 청색화, 카로틴 색소는 산성과 알칼리에서 안정하다.

24 칼슘과 단백질의 흡수를 돕고 정장 효과가 있는 것은?

① 설탕   ② 과당
③ 유당   ④ 맥아당

> 유당(Lactose)
> • 갈락토오스와 포도당의 결합
> • 체내 성장 촉진, 뇌신경 조직에 중요한 역할
> • 살균 작용, 정장 작용에 도움

25 두부를 만들 때 간수에 의해 응고되는 것은 단백질의 변성 중 무엇에 의한 변성인가?

① 산   ② 효소
③ 염류   ④ 동결

> 두부응고제 : 황산칼슘(CaSO4), 염화마그네슘(MgCl2), 염화칼슘(CaCl2) 등

26 호화와 노화에 관한 설명 중 틀린 것은?

① 전분의 가열 온도가 높을수록 호화 시간이 빠르며, 점도는 낮아진다.
② 전분 입자가 크고 지질 함량이 많을수록 빨리 호화된다.
③ 수분 함량이 0~60%, 온도가 0~4℃일 때 전분의 노화는 쉽게 일어난다.
④ 60℃ 이상에서는 노화가 잘 일어나지 않는다.

> 전분의 가열 온도가 높을수록 호화시간이 빠르고, 점도는 높아진다.

27 쓴 약을 먹은 직후 물을 마시면 단맛이 나는 것처럼 느끼게 되는 현상은?

① 변조 현상
② 소실 현상
③ 대비 현상
④ 미맹 현상

> **오답 피하기**
>
> • **맛의 대비 효과(맛의 강화)** : 서로 다른 맛 성분이 혼합되어 주된 맛 성분을 강화시킨다.
> • **맛의 억제 효과** : 서로 다른 맛의 혼합으로 각각의 맛이 약화된다.
> • **맛의 상쇄** : 두 가지 맛이 상쇄되어 한 가지 맛을 단독으로 나타내지 못하고 약화 또는 소멸시킨다.

28 오이나 배추의 녹색이 김치를 담갔을 때 점차 갈색을 띠게 되는 것은 어떤 색소의 변화 때문인가?

① 카로티노이드(Carotenoid)
② 클로로필(Chlorophyll)
③ 안토시아닌(Anthocyanin)
④ 안토잔틴(Anthoxanthin)

> 클로로필 색소는 산에 불안정하여 식초를 사용하면 누런색으로 변하고, 알칼리에 안정해서 식소다를 사용하면 녹색을 유지한다.

정답 22 ③ 23 ② 24 ③ 25 ③ 26 ① 27 ① 28 ②

29 가공치즈(Processed Cheese)의 설명으로 틀린 것은?

① 자연 치즈에 유화제를 가하여 가열한 것이다.
② 일반적으로 자연 치즈보다 저장성이 높다.
③ 약 85℃에서 살균하여 Pasteurized Cheese라고도 한다.
④ 가공 치즈는 매일 지속적으로 발효가 일어난다.

··
매일 지속적으로 발효가 일어나는 것은 자연 치즈의 특징이다.

30 달걀에 가스 저장을 실시하는 가장 중요한 이유는?

① 알껍질이 매끄러워짐을 방지하기 위하여
② 알껍질의 이산화탄소 발산을 억제하기 위하여
③ 알껍질의 수분 증발을 방지하기 위하여
④ 알껍질의 기공을 통한 미생물 침입을 방지하기 위하여

··
가스 저장은 산소와 탄산가스의 농도를 조절하여 과일, 난류를 저장하는 방법이다. 달걀에서 이산화탄소가 발산하면 기공이 커지고 신선도가 저하된다.

31 굵은 소금이라고도 하며, 오이지를 담글 때나 김장 배추를 절이는 용도로 사용하는 소금은?

① 천일염
② 재제염
③ 정제염
④ 꽃소금

··
천일염은 가공되지 않은 굵고 무기질이 많은 소금이다.

[오답 피하기]
• **정제염** : 불순물과 중금속을 제거한 정제한 소금이다.
• **식탁염** : 식성에 따라 간을 맞추어 먹도록 식탁 위에 놓아두는 고운 소금이다.
• **가공염** : 볶음, 태움 등의 방법으로 원형을 변형하거나 식품첨가물을 더하여 가공한 소금이다.

32 제품의 제조를 위하여 소비된 노동의 가치를 말하며 임금, 수당, 복리 후생비 등이 포함되는 것은?

① 노무비
② 재료비
③ 경비
④ 훈련비

··
• **재료비** : 제품의 제조를 위하여 소비되는 물품의 원가
• **경비** : 제품의 제조를 위하여 소비되는 재료비, 노무비 이외의 가치

33 국이나 전골 등에 국물 맛을 독특하게 내는 조개류의 성분은?

① 요오드
② 주석산
③ 구연산
④ 호박산

··
호박산은 감칠맛을 내는 맛성분으로 호박, 조개 등에 들어있다.

34 우유에 대한 설명으로 틀린 것은?

① 시판되고 있는 전유는 유지방 함량이 3.0% 이상이다.
② 저지방우유는 유지방을 0.1% 이하로 낮춘 우유이다.
③ 유당소화장애증이 있으면 유당을 분해한 우유를 이용한다.
④ 저염우유란 전유 속의 Na(나트륨)을 K(칼륨)과 교환시킨 우유를 말한다.

··
저지방우유는 지방 함량을 2% 이하로 줄인 우유이다.

정답 29 ④ 30 ② 31 ① 32 ① 33 ④ 34 ②

35 냉동식품의 조리에 대한 설명 중 틀린 것은?

① 쇠고기의 드립(Drip)을 막기 위해 높은 온도에서 빨리 해동하여 조리한다.

② 채소류는 가열 처리가 되어 있어 조리하는 시간이 절약된다.

③ 조리된 냉동식품은 녹기 직전에 가열한다.

④ 빵, 케이크는 실내 온도에서 자연 해동한다.

드립을 막기 위해서는 급속 냉동하고 낮은 온도에서 천천히 해동한다.

36 다음 중 조리용 기기 사용이 틀린 것은?

① 필러(Peeler) : 감자, 당근 껍질 벗기기

② 슬라이서(Slicer) : 쇠고기 갈기

③ 세미기 : 쌀의 세척

④ 믹서 : 재료의 혼합

슬라이서는 채 써는 도구이다.

37 김장용 배추포기김치 46kg을 담그려는데 배추 구입에 필요한 비용은 얼마인가? (단, 배추 5포기 (13kg)의 값은 13,260원, 폐기율은 8%이다.)

① 23,920원

② 38,934원

③ 46,000원

④ 51,000원

- 배추 13kg에 13,260원이므로 배추의 1kg당 가격은 1,020원이다.
  13,260 ÷ 13 = 1,020원
- 46kg을 담그려고 하는데 폐기율이 8%이므로 발주량은 50kg이다.
  46 ÷ 0.92 = 50kg(폐기율이 8%이므로, 정미율 92%이고, 전체 100%를 1
  로 보므로 0.92가 나온다.)
- 50kg을 주문할 때의 비용은 51,000원이다.
  50kg × 1,020원 = 51,000원

38 날콩에 함유된 단백질의 체내 이용을 저해하는 것은?

① 펩신

② 트립신

③ 글로불린

④ 안티트립신

단백질을 분해하는 효소인 트립신의 작용을 저해하는 것은 안티트립신이다. 가열로 파괴할 수 있다.

39 식빵에 버터를 펴서 바를 때처럼 버터에 힘을 가한 후 그 힘을 제거해도 원래 상태로 돌아오지 않고 변형된 상태로 유지하는 성질은?

① 유화성

② 가소성

③ 쇼트닝성

④ 크리밍성

버터, 마가린 등에 힘을 가하고 제거했을 때 원상태로 회복되지 않는 성질이다.

40 쇠고기 부위 중 결체 조직이 많아 구이에 가장 부적당한 것은?

① 등심

② 갈비

③ 사태

④ 채끝

사태는 기름, 힘줄이 많아서 찜, 탕, 편육, 육수에 적당하다.

41 버터나 마가린의 계량 방법으로 가장 옳은 것은?

① 냉장고에서 꺼내어 계량컵에 눌러 담은 후 윗면을 직선으로 된 칼로 깎아 계량한다.
② 실온에서 부드럽게 하여 계량컵에 담아 계량한다.
③ 실온에서 부드럽게 하여 계량컵에 눌러 담은 후 윗면을 직선으로 된 칼로 깎아 계량한다.
④ 냉장고에서 꺼내어 계량컵의 눈금까지 담아 계량한다.

오답 피하기

- **밀가루** : 체로 쳐서 누르지 않고 수북하게 담아 흔들지 말고 편편하게 깎아 측정한다.
- **설탕** : 흑설탕은 꼭꼭 눌러서 잰다.
- **액체** : 물엿, 꿀과 같은 점성이 큰 것은 큰 계량컵을 사용하고 눈금과 액체 표면의 아래 부분을 눈과 같은 높이로 맞추어 계량한다.

42 무나 양파를 오랫동안 익힐 때 색을 희게 하려면 다음 중 무엇을 첨가하는 것이 가장 좋은가?

① 소금
② 소다
③ 생수
④ 식초

플라보노이드계 색소는 산성에 안정하여 식초, 산을 첨가하는 것이 좋다.

43 생선을 껍질이 있는 상태로 구울 때 껍질이 수축되는 주원인 물질과 그 처리 방법은?

① 생선살의 색소 단백질, 소금에 절이기
② 생선살의 염용성 단백질, 소금에 절이기
③ 생선 껍질의 지방, 껍질에 칼집 넣기
④ 생선 껍질의 콜라겐, 껍질에 칼집 넣기

생선 껍질은 97% 이상이 콜라겐으로 구성되어 있는데, 오그라드는 성질은 칼집을 넣어 방지할 수 있다.

44 육류 조리에 대한 설명으로 틀린 것은?

① 탕 조리 시 찬물에 고기를 넣고 끓여야 추출물이 최대한 용출된다.
② 장조림 조리 시 간장을 처음부터 넣으면 고기가 단단해지고 잘 찢기지 않는다.
③ 편육 조리 시 찬물에 넣고 끓여야 잘 익은 고기 맛이 좋다.
④ 불고기용으로는 결합 조직이 되도록 적은 부위가 적당하다.

편육을 만들 때는 끓는 물에 고기를 넣어야 고기 맛의 용출이 적어 맛이 좋아진다.

45 다음 중 영양소의 손실이 가장 큰 조리법은?

① 바삭바삭한 튀김을 위해 튀김옷에 중조를 첨가한다.
② 푸른 채소를 데칠 때 약간의 소금을 첨가한다.
③ 감자를 껍질째 삶은 후 절단한다.
④ 쌀을 담가놓았던 물을 밥물로 사용한다.

중조는 양질의 튀김을 만들고 바삭한 역할을 하지만 제품의 영양소 손실이 있다.

46 다음 중 원가 계산의 원칙이 아닌 것은?

① 진실성의 원칙
② 확실성의 원칙
③ 발생 기준의 원칙
④ 비정상성의 원칙

- **진실성의 원칙** : 실제로 발생한 원가를 진실되게 정확히 파악한다.
- **발생 기준의 원칙** : 모든 비용과 수익의 계산은 그 발생 시점을 기준으로 한다.
- **계산 경제성(중요성)의 원칙** : 원가계산을 할 때는 경제성을 고려한다.
- **확실성의 원칙** : 여러 방법이 있을 경우에 가장 확실한 방법을 선택한다.
- **정상성의 원칙** : 정상적으로 발생한 원가만을 계산한다.
- **비교성의 원칙** : 다른 일정 기간의 것과 또 다른 부문의 것과 비교할 수 있도록 실행한다.
- **상호관리의 원칙** : 원가 계산, 일반 회계, 각 요소별, 부문별, 제품별 계산 간에 상호관리가 가능하도록 되어야 한다.

정답 41 ③ 42 ④ 43 ④ 44 ③ 45 ① 46 ④

47 마요네즈에 대한 설명으로 틀린 것은?

① 식초는 산미를 주고, 방부성을 부여한다.

② 마요네즈를 만들 때 너무 빨리 저어주면 분리되므로 주의한다.

③ 사용되는 기름은 냄새가 없고, 고도로 분리 정제가 된 것을 사용한다.

④ 새로운 난황에 분리된 마요네즈를 조금씩 넣으면서 저어주면, 마요네즈 재생이 가능하다.

마요네즈를 만들 때는 빨리 한 방향으로 저어야 분리되지 않는다.

48 조절 영양소가 비교적 많이 함유된 식품으로 구성된 것은?

① 시금치, 미역, 귤

② 쇠고기, 달걀, 두부

③ 두부, 감자, 쇠고기

④ 쌀, 감자, 밀가루

조절 영양소는 비타민, 무기질이다.

오답 피하기

쇠고기, 달걀, 두부에는 비교적 단백질이 많이 들어있고, 감자, 쌀, 밀가루에는 탄수화물이 많이 함유되어 있다.

49 소금 절임 시 저장성이 좋아지는 이유는?

① pH가 낮아져 미생물이 살아갈 수 없는 환경이 조성된다.

② pH가 높아져 미생물이 살아갈 수 없는 환경이 조성된다.

③ 고삼투성에 의한 탈수 효과에 미생물의 생육이 억제된다.

④ 저삼투성에 의한 탈수 효과로 미생물의 생육이 억제된다.

높은 농도의 소금 용액에 저장하면 삼투압 작용으로 소금은 식품으로, 식품의 수분은 바깥으로 빠져나오게 된다.

50 성인 여자의 1일 필요 열량을 2,000kcal라고 가정할 때, 이 중 15%를 단백질로 섭취할 경우 동물성 단백질의 섭취량은? (단, 동물성 단백질량은 일일단백질양의 1/3로 계산한다.)

① 25g

② 35g

③ 75g

④ 100g

• 2,000kcal 중 15%를 단백질로 섭취할 경우의 단백질의 섭취 칼로리는 다음과 같다.
• 2,000kcal × 0.15 = 300kcal
• 300kcal에서 동물성 단백질의 양은 1/3 하면 100kcal가 나온다.
• 단백질은 1g당 4kcal이다.
• 100 ÷ 4 = 25g

51 인공능동면역의 방법에 해당하지 않는 것은?

① 생균 백신 접종

② 글로불린 접종

③ 사균 백신 접종

④ 순화독소 접종

글로불린 접종은 인공수동면역이다.

52 주로 동물성 식품에서 기인하는 기생충은?

① 구충

② 회충

③ 동양모양선충

④ 유구조충

유구조충은 돼지고기에 기생을 한다.

53 인구정지형으로 출생률과 사망률이 모두 낮은 인구형은?

① 피라미드형
② 별형
③ 항아리형
④ 종형

종형은 아래와 위가 좁은 형태로 출생률과 사망률이 모두 낮다.

오답 피하기

구분	유형	특징
피라미드형	후진국형 (인구증가형)	출생률은 높고 사망률은 낮은 형이다.
종형	이상형 (인구정체형)	출생률과 사망률이 낮고 14세 이하가 65세 이상 인구의 2배 정도이다.
항아리형	선진국형 (인구감소형)	평균수명이 높고 인구가 감퇴하는 형이다
별형	도시형 (인구유입형)	생산층 인구가 증가되는 형이다.
기타형	농촌형 (인구유출형)	생산층 인구가 감소하는 형이다.

54 공기의 자정 작용과 관계가 없는 것은?

① 희석 작용
② 세정 작용
③ 환원 작용
④ 살균 작용

- 공기 자체의 확산과 이동에 의한 희석 작용
- 눈과 비에 의한 세정 작용
- 오존에 의한 산화 작용
- 자외선에 의한 살균 작용
- CO_2와 O_2의 교환 작용 : 광합성에 의한 교환

55 〈예비 처리 − 본 처리 − 오니 처리〉 순서로 진행되는 것은?

① 하수 처리
② 쓰레기 처리
③ 상수도 처리
④ 지하수 처리

- **예비 처리** : 제진망(Screen)을 설치하여 부유 물질을 제거하고 토사 등을 유속을 느리게 하여 침전시키는 보통 침전과 약품 처리를 시키는 약품 침전이 있다.
- **본 처리** : 혐기성, 호기성 처리 방법이 있다.
- **오니 처리** : 육상투기법, 해양투기법, 소각법, 퇴비화법, 사상건조법, 소화법 등이 일반적으로 이용되고 있다. 그 중 소화법은 혐기성 분해 처리를 시키는 방법으로 제일 진보된 오니 처리법이다.

56 이산화탄소(CO_2)를 실내 공기의 오탁지표로 사용하는 가장 주된 이유는?

① 유독성이 강하므로
② 실내 공기 조성의 전반적인 상태를 알 수 있으므로
③ 일산화탄소로 변화되므로
④ 항상 산소량과 반비례하므로

이산화탄소는 악취나 호흡, 연소 작용에 의해 발생하는데 공기 조성의 전반적으로 판단할 수 있다.

57 폐기물 관리법에서 소각로 소각법의 장점으로 틀린 것은?

① 위생적인 방법으로 처리할 수 있다.
② 다이옥신(Dioxin)의 발생이 없다.
③ 잔류물이 적어 매립하기에 적당하다.
④ 매립법에 비해 설치 면적이 적다.

다이옥신의 발생으로 대기 오염 문제가 발생한다.

정답 53④ 54③ 55① 56② 57②

58 진동이 심한 작업을 하는 사람에게 국소진동 장애로 생길 수 있는 직업병은?

① 진폐증
② 파킨슨씨병
③ 잠함병
④ 레이노드병

고열 환경	열중증(열쇠약증, 열경련증, 열사병)
저온 환경	동상, 동창, 참호족염
고압 환경	잠함병, 잠수병
저압 환경	고산병, 항공병
분진	진폐증, 규폐증, 석면폐증, 활석폐증

59 조명이 불충분할 때는 시력저하, 눈의 피로를 일으키고 지나치게 강렬할 때는 어두운 곳에서 암순응 능력을 저하시키는 태양 광선은?

① 전자파
② 자외선
③ 적외선
④ 가시광선

가시광선은 망막을 자극하여 색채를 부여하고 명암을 구분하는 파장이다.

60 감수성지수(접촉감염지수)가 가장 높은 감염병은?

① 폴리오
② 홍역
③ 백일해
④ 디프테리아

두창, 홍역(95%) > 백일해 > 성홍열 > 디프테리아 > 소아마비(0.1%)

한식조리기능사	소요 시간	문항 수
	1시간	총 60문항

수험번호 : _____

성   명 : _____

01 중금속에 의한 중독과 증상을 바르게 연결한 것은?

① 납 중독 – 빈혈 등의 조혈장애
② 수은 중독 – 골연화증
③ 카드뮴 중독 – 흑피증, 각화증
④ 비소 중독 – 사지마비, 보행장애

오답 피하기

- **수은 중독** : 미나마타병, 지각이상
- **카드뮴 중독** : 골연화증
- **비소 중독** : 구토, 설사, 심장마비

02 HACCP의 의무적용 대상 식품에 해당하지 않는 것은?

① 빙과류
② 비가열 음료
③ 껌류
④ 레토르트 식품

의무적용 대사 식품

- 어육가공품 중 어묵류
- 냉동수산식품 중 어류, 연체류, 조미가공품
- 냉동식품 중 피자류, 만두류, 면류
- 빙과류
- 비가열 음료
- 레토르트 식품
- 김치 중 배추김치

03 식품첨가물 중 보존료의 목적을 가장 잘 표현한 것은?

① 산도 조절
② 미생물에 의한 부패 방지
③ 산화에 의한 변패 방지
④ 가공 과정에서 파괴되는 영양소 보충

보존료는 식품의 부패, 변질을 방지하기 위한 식품첨가물이다.

오답 피하기

- **산미료** : 산도 조절
- **항산화제(산화방지제)** : 산화에 의한 변패 방지
- **강화제** : 가공과정에서 파괴되는 영양소 보충

04 식품에 다음과 같은 현상이 나타났을 때 품질 저하와 관계가 먼 것은?

① 생선의 휘발성 염기질소량 증가
② 콩단백질의 금속염에 의한 응고 현상
③ 쌀의 황색 착색
④ 어두운 곳에서 어육 연제품의 인광 발생

콩단백질의 금속염에 의한 응고 현상은 두부를 만드는 과정으로 품질 저하와 관련 없다.

05 미숙한 매실이나 살구 씨에 존재하는 독성분은?

① 라이코린
② 하이오사이어마인
③ 리신
④ 아미그달린

종류	독성 물질
감자 싹	솔라닌(Solanine)
부패된 감자	셉신(Sepsine)
독미나리	시큐톡신(Cicutoxin)
청매, 살구씨	아미그달린(Amygdalin)
피마자	리신(Ricin)
목화씨(면실유)	고시폴(Gossypol)

오답 피하기
· 라이코린 : 꽃무릇의 알뿌리
· 하이오사이어아민(히오시아민) : 독말풀
· 리신 : 피마자

06 내열성이 강한 아포를 형성하며 식품의 부패 식중독을 일으키는 혐기성 균은?

① 리스테리아속
② 비브리오속
③ 살모넬라속
④ 클로스트리디움속

클로스트리디움 보툴리눔 식중독의 독소인 뉴로톡신은 열에 약하여 80℃에서 30분 가열 시 파괴되고 아포는 열에 강하여 120℃에서 20분 이상 가열해야 한다.

07 식품첨가물이 갖추어야 할 조건으로 옳지 않은 것은?

① 식품에 나쁜 영향을 주지 않을 것
② 다량 사용하였을 때 효과가 나타날 것
③ 상품의 가치를 향상시킬 것
④ 식품 성분 등에 의해서 그 첨가물을 확인할 수 있을 것

미량으로 효과가 나타나야 한다.

08 황색포도상구균에 의한 식중독 예방 대책으로 적합한 것은?

① 토양의 오염을 방지하고 특히 통조림의 살균을 철저히 해야 한다.
② 쥐나 곤충 및 조류의 접근을 막아야 한다.
③ 어패류를 저온에서 보존하며 생식하지 않는다.
④ 화농성질환자의 식품 취급을 금지한다.

황색포도상구균은 화농성질환자의 식품 조리 및 가공에 의해 오염될 수 있으므로 식품 취급을 금지하고, 식중독 예방을 위해서 조리사는 마스크, 모자 착용을 해야 한다.

09 껌 기초제로 사용되며 피막제로도 사용되는 식품 첨가물은?

① 초산비닐수지
② 에스테르검
③ 폴리이소부틸렌
④ 폴리소르베이트

오답 피하기
· 에스테르검, 폴리이소부틸렌 : 껌 기초제
· 폴리소르베이트 : 계면활성제

10 부패가 진행됨에 따라 식품은 특유의 부패취를 내는데 그 성분이 아닌 것은?

① 아민류
② 아세톤
③ 황화수소
④ 인돌

미생물의 증식으로 분해되면서 나는 부패 냄새에는 황화수소, 암모니아, 인돌, 스카톨 등의 부패취가 있다.

11 출입·검사·수거 등에 관한 사항 중 틀린 것은?

① 식품의약품안전처장은 검사에 필요한 최소량의 식품 등을 무상으로 수거하게 할 수 있다.

② 출입 · 검사 · 수거 또는 장부 열람을 하고자 하는 공무원은 그 권한을 표시하는 증표를 지녀야 하며 관계인에게 이를 내보여야 한다.

③ 시장 · 군수 · 구청장은 필요에 따라 영업을 하는 자에 대하여 필요한 서류나 그 밖의 자료의 제출 요구를 할 수 있다.

④ 행정 응원의 절차, 비용 부담 방법 그 밖에 필요한 사항은 검사를 실시하는 담당 공무원이 임의로 정한다.

식품의약품안전처장, 시 · 도지사 또는 시장 · 군수 · 구청장은 위생 검사 등의 요청에 따르는 경우 14일 이내에 출입 · 검사 · 수거(위생 검사) 등을 하고 그 결과를 대통령령으로 정하는 바에 따라 위생 검사 등의 요청을 한 소비자, 소비자단체 또는 시험 · 검사 기관에 알리고 인터넷 홈페이지에 게시하여야 한다.

12 식품위생법상 식품 위생의 대상이 되지 않는 것은?

① 식품 및 식품첨가물

② 의약품

③ 식품, 용기 및 포장

④ 식품, 기구

식품은 의약품을 제외한 모든 음식물을 말한다.

13 총리령이 정하는 위생 등급 기준에 따라 위생 관리 상태 등이 우수한 집단 급식소를 우수 업소 또는 모범 업소로 지정할 수 없는 자는?

① 식품의약품안전처장

② 보건환경연구원장

③ 시장

④ 군수

• **우수 업소의 지정** : 식품의약품안전처장 또는 특별자치도지사 · 시장 · 군수 · 구청장
• **모범 업소의 지정** : 특별자치도지사 · 시장 · 군수 · 구청장

14 식품위생법상 집단 급식소에 근무하는 영양사의 직무가 아닌 것은?

① 종업원에 대한 식품 위생 교육

② 식단 작성, 검식 및 배식 관리

③ 조리사의 보수 교육

④ 급식 시설의 위생적 관리

영양사의 직무
• 집단 급식소에서의 식단 작성, 검식 및 배식 관리
• 구매 식품의 검수 및 관리
• 급식 시설의 위생적 관리
• 집단 급식소의 운영 일지 작성
• 종업원에 대한 영양 지도 및 식품 위생 교육

15 식품 접객업 조리장의 시설 기준으로 적합하지 않은 것은? (단, 제과점 영업소와 관광 호텔업 및 관광 공연장업의 조리장의 경우는 제외한다.)

① 조리장은 손님이 그 내부를 볼 수 있는 구조로 되어있어야 한다.

② 조리장 바닥에 배수구가 있는 경우에는 덮개를 설치하여야 한다.

③ 조리장 안에는 조리 시설 · 세척 시설 · 폐기물 용기 및 손 씻는 시설을 각각 설치하여야 한다.

④ 폐기물 용기는 수용성 또는 친수성 재질로 된 것이어야 한다.

폐기물 용기는 오물이나 악취 등이 누출되지 않도록 뚜껑이 있고 내수성 재질로 된 것이어야 한다.

16 어취의 성분인 트리메틸아민(TMA ; Trimetyl-amine)에 대한 설명 중 틀린 것은?

① 불쾌한 어취는 트리메틸아민의 함량과 비례한다.
② 수용성이므로 물로 씻으면 많이 없어진다.
③ 해수어보다 담수어에서 더 많이 생성된다.
④ 트리메틸아민 옥사이드(Trimethyl-amineOxide)가 환원되어 생성된다.

지방 함량이 많은 생선에서 트리메틸아민이 더 많이 생성된다.

17 밀가루 제품의 가공 특성에 가장 큰 영향을 미치는 것은?

① 라이신
② 글로불린
③ 트립토판
④ 글루텐

글루텐의 함량에 따라 강력분, 중력분, 박력분으로 나누는데 특성에 따라 사용을 다르게 한다.

종류	글루텐 함량	용도
강력분	13% 이상	빵, 마카로니, 스파게티
중력분	10~13%	칼국수면, 만두피
박력분	10% 이하	튀김옷, 케이크, 쿠키, 도너츠

18 식품의 성분을 일반 성분과 특수 성분으로 나눌 때 특수 성분에 해당하는 것은?

① 탄수화물
② 향기 성분
③ 단백질
④ 무기질

---

19 식품의 효소적 갈변에 대한 설명으로 맞는 것은?

① 간장, 된장 등의 제조 과정에서 발생한다.
② 블랜칭(Blanching)에 의해 반응이 억제된다.
③ 기질은 주로 아민(Amine)류와 카르보닐(Carbonyl) 화합물이다.
④ 아스코르빈산의 산화 반응에 의한 갈변이다.

블랜칭은 끓는 물에 식품을 데치는 것을 말한다. 열 처리, 산 처리 등으로 효소적 갈변을 억제할 수 있다.

오답 피하기

간장, 된장, 아민과 카르보닐의 반응, 아스코르빈산 산화 반응은 비효소적 갈변이다.

20 발효 식품이 아닌 것은?

① 두부
② 식빵
③ 치즈
④ 맥주

두부는 발효 식품이 아니라 콩의 가공 식품이다.

21 카세인(Casein)이 효소에 의하여 응고되는 성질을 이용한 식품은?

① 아이스크림
② 치즈
③ 버터
④ 크림스프

우유의 단백질 카세인이 산(식초, 레몬즙), 응유 효소(레닌), 알코올, 염류(염석)에 의해 응고되는데 이 성질을 이용하여 치즈를 만든다.

22 25g의 버터(지방 80%, 수분 20%)가 내는 열량은?

① 36kcal

② 100kcal

③ 180kcal

④ 225kcal

- 25g의 버터에서 지방이 80%이면 지방의 함량은 다음과 같다.
- 25g × 0.80 = 20g
- 버터의 지방은 20g이다.
- 지방은 1g당 9kcal의 열량을 낸다.
- 20g × 9kcal = 180kcal

23 베이컨류는 돼지고기의 어느 부위를 가공한 것인가?

① 볼기 부위

② 어깨살

③ 복부육

④ 다리살

베이컨은 삼겹살 부위를 훈제 가공 처리한 식품이다.

24 환원성이 없는 당은?

① 포도당(Glucose)

② 과당(Fructose)

③ 설탕(Sucrose)

④ 맥아당(Maltose)

설탕은 비환원당이다.

25 홍조류에 속하는 해조류는?

① 김

② 청각

③ 미역

④ 다시마

- 홍조류 : 김, 우뭇가사리
- 갈조류 : 미역, 다시마, 톳, 모자반
- 녹조류 : 청각

26 물에 녹는 비타민은?

① 레티놀(Retinol)

② 토코페롤(Tocopherol)

③ 티아민(Thiamine)

④ 칼시페롤(Calciferol)

수용성 비타민 : 티아민(비타민 B₁)

오답 피하기

지용성 비타민 : 레티놀(비타민 A), 토코페롤(비타민 E), 칼시페롤(비타민 D)

27 달걀에 관한 설명으로 틀린 것은?

① 흰자의 단백질은 대부분이 오보뮤신(Ovo-mucin)으로 기포성에 영향을 준다.

② 난황은 인지질인 레시틴(Lecithin), 세팔린(Cephalin)을 많이 함유한다.

③ 신선도가 떨어지면 흰자의 점성이 감소한다.

④ 신선도가 떨어지면 달걀흰자는 알칼리성이 된다.

기포성에 영향을 주는 흰자 단백질은 글로불린이다.

28 아린 맛은 어느 맛의 혼합인가?

① 신맛과 쓴맛

② 쓴맛과 단맛

③ 신맛과 떫은맛

④ 쓴맛과 떫은맛

죽순, 토란 등의 아린맛에는 쓴맛과 떫은맛이 있다.

정답 22 ③ 23 ③ 24 ③ 25 ① 26 ③ 27 ① 28 ④

29 유화(Emulsion)와 관련이 적은 식품은?

① 버터

② 생크림

③ 묵

④ 우유

친수성기와 소수성기를 갖고 있어 우유, 마요네즈, 마가린, 버터 등의 유제품 제조에 이용된다.

30 식품의 산성 및 알칼리성을 결정하는 기준 성분은?

① 필수지방산 존재 여부

② 필수아미노산 존재 여부

③ 구성 탄수화물

④ 구성 무기질

• **알칼리성 식품** : Ca, Mg, Na, K, Fe, Cu, Mn, Co, Zn
• **산성 식품** : P, S, Cl, I

31 향신료의 매운맛 성분 연결이 틀린 것은?

① 고추 – 캡사이신(Capsaicin)

② 겨자 – 차비신(Chavicine)

③ 울금(Curry 분) – 커큐민(Curcumin)

④ 생강 – 진저롤(Gingerol)

• **겨자** : 시니그린
• **후추** : 차비신(캐비신)

32 식품을 구매하는 방법 중 경쟁입찰과 비교하여 수의계약의 장점이 아닌 것은?

① 절차가 간편하다.

② 경쟁이나 입찰이 필요 없다.

③ 싼 가격으로 구매할 수 있다.

④ 경비와 인원을 줄일 수 있다.

수의계약은 경매, 입찰 등 경쟁하지 않고 임의로 적당한 상대자를 선정하는 계약이다. 저렴한 가격으로 구매할 수 있는 것은 경매이다.

33 냉장했던 딸기의 색깔을 선명하게 보존할 수 있는 조리법은?

① 서서히 가열한다.

② 짧은 시간에 가열한다.

③ 높은 온도로 가열한다.

④ 전자레인지에서 가열한다.

딸기잼을 만들 때 낮은 온도에서 서서히 가열하면 선명한 색의 딸기잼이 완성된다.

34 버터의 특성이 아닌 것은?

① 독특한 맛과 향기를 가져 음식에 풍미를 준다.

② 냄새를 빨리 흡수하므로 밀폐하여 저장하여야 한다.

③ 유중수적형이다.

④ 성분은 단백질이 80% 이상이다.

버터의 80%가 지방이다.

35 어패류에 관한 설명 중 틀린 것은?

① 붉은살 생선은 깊은 바다에 서식하며 지방 함량이 5% 이하이다.

② 문어, 꼴뚜기, 오징어는 연체류에 속한다.

③ 연어의 분홍살색은 카로티노이드 색소에 기인한다.

④ 생선은 자가 소화에 의하여 품질이 저하된다.

붉은살 생선은 지방 함량이 5~20%이다.

정답 29 ③ 30 ④ 31 ② 32 ③ 33 ① 34 ④ 35 ①

36 호화 전분이 노화를 일으키기 어려운 조건은?

① 온도가 0~4℃일 때

② 수분 함량이 15% 이하일 때

③ 수분 함량이 30~60%일 때

④ 전분의 아밀로오스 함량이 높을

노화의 방지책
- 수분 함량을 15% 이하로 한다.
- 유화제를 첨가한다.
- 0℃ 이하로 동결시키거나 60℃ 이상으로 온장시킨다.
- 설탕을 첨가한다.

37 신선한 달걀에 대한 설명으로 옳은 것은?

① 깨뜨려 보았을 때 난황계수가 작은 것

② 흔들어 보았을 때 진동 소리가 나는 것

③ 표면이 까칠까칠하고 광택이 없는 것

④ 수양난백의 비율이 높은 것

- 난백계수가 신선하면 약 0.16, 오래된 달걀은 0.1 이하가 된다.
- 난황계수가 신선한 것은 0.4 내외이며, 오래된 것은 0.3 이하가 된다.
- 농후난백의 비율이 높은 것이 신선한 달걀이다.

38 곡류의 영양 성분을 강화할 때 쓰이는 영양소가 아닌 것은?

① 비타민 B_1

② 비타민 B_2

③ Niacin

④ 비타민 B_{12}

비타민 B_{12}(시아노코발라민)은 혈액 생성에 관여하고 생선, 간, 달걀에 많이 함유되어 있다.

39 강력분을 사용하지 않는 것은?

① 케이크

② 식빵

③ 마카로니

④ 피자

케이크는 박력분을 사용한다.

40 못처럼 생겨서 정향이라고도 하며 양고기, 피클, 청어절임, 마리네이드 절임 등에 이용되는 향신료는?

① 클로브

② 코리앤더

③ 캐러웨이

④ 아니스

오답 피하기
- **코리앤더** : 우리나라에서는 고수로 많이 알려진 풀로, 쌀국수나 중국요리에 많이 쓰인다.
- **캐러웨이** : 빵, 케이크, 스프 등 서양 요리에 많이 쓰인다.
- **아니스** : 팔각이라고 불리고 오향장육 재료로 쓰이는 향신료이다.

41 다음의 육류 요리 중 영양분의 손실이 가장 적은 것은?

① 탕

② 편육

③ 장조림

④ 산적

기름에 단시간 내에 익히는 것이 가장 영양소 손실이 적다.

42 유화의 형태가 나머지 셋과 다른 것은?

① 우유

② 마가린

③ 마요네즈

④ 아이스크림

- 유중수적형 : 마가린, 버터
- 수중유적형 : 우유, 마요네즈, 아이스크림

43 다음은 간장의 재고 대상이다. 간장의 재고가 10병일 때 선입선출법에 의한 간장의 재고자산은 얼마인가?

입고일자	수량	단가
5일	5병	3,500원
12일	10병	3,000원
20일	8병	3,000원
27일	3병	3,500원

① 25,500원

② 26,000원

③ 31,500원

④ 35,000원

- 선입선출법에 의하여 10병이 재고면 27일 때 구입한 3병, 20일 때 구입한 병이 재고가 된다.
- (3 × 3,500) + (7 × 3,000) = 31,500원

44 오징어 12kg을 45,000원에 구입하여 모두 손질한 후의 폐기율이 35%였다면 실사용량의 kg당 단가는 약 얼마인가?

① 1,666원

② 3,205원

③ 5,769원

④ 6,123원

- 12kg의 폐기율은 35%이면 정미율은 65%이다.
- 정미량은 다음과 같다.
- 12kg × 0.65 = 7.8kg
- 12kg을 45,000원에 구입하지만 실제 사용하는 양은 7.8kg이다.
- 실제 단가는 45,000원 ÷ 7.8kg = 약 5,769원이다.

45 음식을 제공할 때에는 온도를 고려해야 하는데, 다음 중 맛있게 느끼는 식품의 온도가 가장 높은 것은?

① 전골

② 국

③ 커피

④ 밥

전골은 양념이나 건더기가 많아 음식의 온도가 높아야 맛있게 먹을 수 있다.

46 서양 요리 조리 방법 중 습열 조리와 거리가 먼 것은?

① 브로일링(Broiling)

② 스티밍(Steaming)

③ 보일링(Boiling)

④ 시머링(Simmering)

브로일링은 건열 조리이다.

47 육류를 끓여 국물을 만들 때 설명으로 맞는 것은?

① 육류를 오래 끓이면 근육 조직인 젤라틴이 콜라겐으로 용출되어 맛있는 국물을 만든다.

② 육류를 찬물에 넣어 끓이면 맛 성분의 용출이 잘 되어 맛있는 국물을 만든다.

③ 육류를 끓는 물에 넣고 설탕을 넣어 끓이면 맛 성분의 용출이 잘 되어 맛있는 국물을 만든다.

④ 육류를 오래 끓이면 질긴 지방 조직인 콜라겐이 젤라틴화 되어 맛있는 국물을 만든다.

오답 피하기

- 육류를 오래 끓이면 근육 조직인 콜라겐이 젤라틴으로 용출되어 맛있는 국물을 만든다.
- 육류를 찬물에 끓이면 맛 성분의 용출이 잘 되어 맛있는 국물을 만든다.
- 육류를 오래 끓이면 질긴 단백질인 콜라겐이 젤라틴화 되어 맛있는 국물을 만든다.

정답 42 ② 43 ③ 44 ③ 45 ① 46 ① 47 ②

48 어패류 조리 방법 중 틀린 것은?

① 조개류는 낮은 온도에서 서서히 조리하여야 단백질의 급격한 응고로 인한 수축을 막을 수 있다.

② 생선은 결체 조직의 함량이 높으므로 주로 습열 조리법을 사용해야 한다.

③ 생선 조리 시 식초를 넣으면 생선이 단단해 진다.

④ 생선 조리에 사용하는 파, 마늘은 비린내 제거에 효과적이다.

> 생선은 결체 조직의 함량이 높지 않다.

49 메주용으로 대두를 단시간 내에 연하고 색이 곱도록 삶는 방법이 아닌 것은?

① 소금물에 담갔다가 그 물로 삶아준다.

② 콩을 불릴 때 연수를 사용한다.

③ 설탕물을 섞어주면서 삶아준다.

④ $NaHCO_3$ 등 알칼리성 물질을 섞어서 삶아 준다.

> 콩을 삶을 때 중조를 사용하면 연화되어 쉽게 물러지지만 영양소 파괴가 있어, 소금물에 삶는 것이 좋다. 물은 경수보다는 연수가 조리용 물로 적합하다.

50 급식시설별 1인 1식 사용수 양이 가장 많은 곳은?

① 학교 급식

② 병원 급식

③ 기숙사 급식

④ 사업체 급식

> 병원 급식이 1일 3식을 월요일부터 일요일까지 매일 제공하므로 사용수량이 많다.

51 실내공기의 오염 지표인 CO_2(이산화탄소)의 실내 (8시간 기준) 서한량은?

① 0.001% ② 0.01%

③ 0.1% ④ 1%

> 위생학적 허용 한계 : 0.1% (= 1,000ppm)

52 열 작용을 갖는 특징이 있어 일명 열선이라고도 하는 복사선은?

① 자외선 ② 가시광선

③ 적외선 ④ X-선

> 적외선의 특징
> • 일광의 3분류 중 파장이 가장 길다.
> • 적외선은 지상에 열을 주어 기온이 좌우된다.
> • 적외선 과다 노출은 일사병과 백내장을 유발한다.

53 우리나라에서 발생하는 장티푸스의 가장 효과적인 관리 방법은?

① 환경위생 철저

② 공기정화

③ 순화독소(Toxoid) 접종

④ 농약사용 자제

> 장티푸스는 수인성 감염병으로 환경위생을 철저하게 하면 예방할 수 있다.

54 쥐의 매개에 의한 질병이 아닌 것은?

① 쯔쯔가무시병

② 유행성출혈열

③ 페스트

④ 규폐증

> 규폐증은 먼지, 분진이 원인이다.

55 공중보건 사업을 하기 위한 최소 단위가 되는 것은?

① 가정
② 개인
③ 시 · 군 · 구
④ 국가

개인이 아니라 인간 집단이며 최소 단위는 지역사회, 국민 전체를 대상으로 한다.

56 유리규산의 분진 흡입으로 폐에 만성섬유증식을 유발하는 질병은?

① 규폐증
② 철폐증
③ 면폐증
④ 농부폐증

규산이 들어있는 먼지가 오랫동안 노출되어 폐에 규산이 쌓여 생기는 질환이다.

57 수인성 감염병의 유행 특징이 아닌 것은?

① 일반적으로 성별, 연령별 이환율의 차이가 적다.
② 발생 지역이 음료수 사용 지역과 거의 일치한다.
③ 발병률과 치명률이 높다.
④ 폭발적으로 발생한다.

수인성 감염병은 폭발적으로 발생하지만 치명률은 낮다.

58 기온 역전 현상의 발생 조건은?

① 상부 기온이 하부 기온보다 낮을 때
② 상부 기온이 하부 기온보다 높을 때
③ 상부 기온과 하부 기온이 같을 때
④ 안개와 매연이 심할 때

대기층의 온도는 100m 상승할 때마다 1℃가 낮아지므로, 상부 기온이 하부 기온보다 낮다. 그러나 대기 오염으로 인해 기온 역전 현상은 상부 기온이 하부 기온보다 높은 때를 말한다.

59 녹조를 일으키는 부영양화 현상과 가장 밀접한 관계가 있는 것은?

① 황산염
② 인산염
③ 탄산염
④ 수산염

강이나 호수에서 유기물과 인산염을 비롯한 영양 물질이 늘어나 조류가 급격하게 자랄 수 있는 현상을 부영양화라 하며, 부영양화로 강이나 호수에서는 녹색을 띠는 녹조 현상이 일어난다.

60 채소로 감염되는 기생충이 아닌 것은?

① 편충
② 회충
③ 동양모양선충
④ 사상충

사상충은 모기로부터 감염된다.

정답 55 ③ 56 ① 57 ③ 58 ② 59 ② 60 ④

해설과 함께 보는 최신 기출문제 05회

한식조리기능사	소요 시간	문항 수
	1시간	총 60문항

수험번호 : _____

성   명 : _____

---

01 식육 및 어육 등의 가공육제품의 육색을 안전하게 유지하기 위하여 사용되는 식품첨가물은?

① 아황산나트륨

② 질산나트륨

③ 몰식자산프로필

④ 이산화염소

식품 중에 존재하는 색소단백질과 결합함으로써 식품의 색을 보다 선명하게 하거나 안정화시키는 첨가물은 발색제라고 한다. 발색제는 질산나트륨이다.

02 식품위생의 목적이 아닌 것은?

① 위생상의 위해방지

② 식품 영양의 질적 향상 도모

③ 국민보건의 증진

④ 식품 산업의 발전

식품위생의 목적
• 식품으로 인한 위생상의 위해 사고를 방지한다.
• 식품 영양의 질적 향상을 도모한다.
• 국민 보건의 증진에 이바지한다.

03 다음 보기에서 설명하는 곰팡이 독소 물질은?

> 1960년 영국에서 10만 마리의 칠면조가 간장 장해를 일으켜 대량 폐사한 사고가 발생하여 원인을 조사한 결과, 땅콩박에서 Aspergillus Favus가 번식하여 생성한 독소가 원인 물질로 밝혀졌다.

① 오클라톡신(Ochratoxin)

② 에르고톡신(Ergotoxin)

③ 아플라톡신(Aflatoxin)

④ 루브라톡신(Rubratoxin)

땅콩과 관련된 독소 물질은 아플라톡신이다. 재래식 된장, 간장, 고추장, 밀가루도 원인 식품이 될 수 있다.

04 식육 및 어육 제품의 가공 시 첨가되는 아질산염과 제2급 아민이 반응하여 생기는 발암물질은?

① 벤조피렌(Benzopyrene)

② PCB(Polychlorinated Biphrnyl)

③ 엔니트로사민(N-nitrosamine)

④ 말론알데히드(Malonaldehyde)

아질산염과 아민류가 산성 조건하에서 반응하여 생성하는 물질로 강한 발암성을 갖는 물질이다.

05 알레르기성 식중독에 관계되는 원인 물질과 균은?

① 아세토인, 살모넬라균

② 지방, 장염비브리오균

③ 엔테로톡신 포도상구균

④ 히스타민, 모르가니균

세균이 직접 원인이 아니라, 세균의 효소 작용에 의해 유독 물질이 생성되어 발생한다.

06 초기에 두통, 구토, 설사 증상을 보이다가 심하면 실명을 유발하는 것은?

① 아우라민

② 메탄올

③ 무스카린

④ 에르고타민

주류 발효 과정에서 존재하고 포도주, 사과주 등에 메탄올이 생성되어 함유될 수 있다.

07 감자의 부패에 관여하는 물질은?

① 솔라닌

② 셉신

③ 아코니틴

④ 시큐톡신

감자 싹의 독성 물질은 솔라닌이지만, 부패된 감자는 셉신이라는 독성 물질이 있다.

08 발육 최적 온도가 25~37℃인 균은?

① 저온균

② 중온균

③ 고온균

④ 내열균

• 저온균 : 최적온도 10~20℃인 세균으로 물속이나 냉장고에서도 번식한다.
• 중온균 : 최적온도 25~40℃인 세균으로 자연계에 가장 광범위하게 분포한다.
• 고온균 : 55℃ 이상에서 증식이 가능하고, 온천수에서도 번식한다.

09 우리나라에서 간장에 사용할 수 있는 보존료는?

① 프로피온산(Propionic Acid)

② 이초산나트륨(Sodium Diacetate)

③ 안식향산(Benzoic Acid)

④ 소르빈산(Sorbic Acid)

안식향산 : 청량 음료수, 간장, 식초

오답 피하기

• **소르빈산** : 육제품, 절임식품, 잼, 케첩, 된장, 고추장
• **프로피온산** : 빵, 생과자
• **이초산나트륨** : 빵, 식용유지, 식육가공품, 스프, 건과류
• **파라옥시안식향산부틸, 파라옥시안식향산에틸** : 간장, 식초, 청량음료, 과일 소스, 과일 및 과채의 표피

10 세균의 장독소(Enterotoxin)에 의해 유발되는 식중독은?

① 황색포도상구균 식중독

② 살모넬라 식중독

③ 복어 식중독

④ 장염비브리오 식중독

황색포도상구균은 장독소로 급성위장염의 증세가 있다.

11 다음 중 살모넬라에 오염되기 쉬운 대표적인 식품은?

① 과실류

② 해초류

③ 난류

④ 통조림

살모넬라균의 원인식품으로는 어패류, 난류, 우유, 육류, 샐러드 등이 있다.

12 조리사 면허의 취소처분을 받을 때 면허증 반납은 누구에게 하는가?

① 보건복지부장관
② 특별자치도지사, 시장 · 군수 · 구청장
③ 식품의약품안전처장
④ 보건소장

면허의 취소처분을 받을 때는 특별자치도지사, 시장 · 군수 · 구청장에게 면허증을 반납한다.

위반사항	1차 위반	2차 위반	3차 위반
조리사, 영양사의 보수 교육을 받지 아니한 경우	시정명령	15일	1개월
식중독이나 위생과 관련한 중대한 사고 발생에 직무상의 책임이 있는 경우	1개월	2개월	면허취소
면허를 타인에게 대여하여 사용하게 한 경우	2개월	3개월	면허취소

13 영업허가를 받아야 하는 업종은?

① 식품운반업
② 유흥주점영업
③ 식품제조, 가공업
④ 식품소분, 판매업

허가를 받아야 하는 영업
• **식품조사처리업** : 식품의약품안전처장
• **단란주점영업, 유흥주점영업** : 특별자치도지사 또는 시장 · 군수 · 구청장

14 식품위생법에서 정하고 있는 식품 등의 위생적인 취급에 관한 기준에 대한 설명으로 틀린 것은?

① 식품 등의 제조, 가공, 조리에 직접 사용되는 기계, 기구 및 음식기는 사용 후에 세척, 살균하는 등 항상 청결하게 유지, 관리하여야 한다.
② 어류, 육류, 채소류를 취급하는 칼, 도마는 각각 구분하여 사용하여야 한다.
③ 제조, 가공하여 최소판매 단위로 포장된 식품을 허가 받지 아니하고 포장을 뜯어 분할하여 판매하여서는 아니 되나, 컵라면 등 그 밖의 음식류에 뜨거운 물을 부어주기 위하여 분할하는 경우는 가능하다.
④ 식품 등의 원료 및 제품은 모두 냉동, 냉장 시설에 보관, 관리하여야 한다.

식품에 따라 냉장, 냉동, 실온 보관하여 관리한다.

15 식품 등을 제조, 가공하는 영업을 하는 자가 제조, 가공하는 식품 등의 식품위생법 규정에 의한 기준, 규격에 적합한지 여부를 검사한 기록서를 보관해야 하는 기간은?

① 6개월
② 1년
③ 2년
④ 3년

• 자가품질검사는 자가품질검사기준에 따라 하여야 한다.
• 검사를 의뢰받은 자가품질위탁검사기관은 검사를 한 후 지체 없이 그 검사 결과를 의뢰한 영업자에게 통보하여야 한다.
• 자가품질위탁검사기관은 검사 결과 부적합하여 해당 제품이 회수대상이 되는 식품 등에 해당된다고 인정되는 경우에는 지체 없이 식품의약품안전처장, 지방식품의약품안전청장 또는 신고관청에 통보하여야 한다. 이 경우 자가품질검사를 의뢰한 영업자는 유통 중인 해당 제품에 대하여 법 제45조에 따라 회수 · 폐기하는 등 필요한 조치를 하여야 한다.
• 자가품질검사에 관한 기록서는 2년간 보관하여야 한다.

정답 12 ② 13 ② 14 ④ 15 ③

16 탄수화물의 구성 요소가 아닌 것은?

① 탄소
② 질소
③ 산소
④ 수소

탄수화물은 탄소(C), 수소(H), 산소(O)로 구성되어 있다.

오답 피하기

질소는 단백질의 구성 요소이다.

17 라이코펜은 무슨 색이며 어떤 식품에 많이 들어 있는가?

① 붉은색 – 당근, 호박, 살구
② 붉은색 – 토마토, 수박, 감
③ 노란색 – 옥수수, 고추, 감
④ 노란색 – 새우, 녹차, 노른자

라이코펜은 적색을 나타내며 카로티노이드계 색소의 한 종류이다.

18 알칼리성 식품의 성분에 해당되는 것은?

① 유즙의 칼슘(Ca)
② 생선의 황(S)
③ 곡류의 염소(Cl)
④ 육류의 인(P)

- 알칼리성 식품 : Ca, Mg, Na, K, Fe, Cu, Mn, Co, Zn
- 산성 식품 : P, S, Cl, I

19 함유된 주요 영양소가 잘못 짝지어진 것은?

① 북어포 – 당질, 지방
② 우유 – 칼슘, 단백질
③ 두유 – 지방, 단백질
④ 밀가루 – 당질, 단백질

북어포 – 단백질

20 이당류인 것은?

① 설탕(Sucrose)
② 전분(Starch)
③ 과당(Fructose)
④ 갈락토오스(Galactose)

이당류 : 맥아당, 설탕, 젖당

오답 피하기

- 단당류 : 과당, 갈락토오스, 포도당
- 다당류 : 전분, 펙틴

21 훈연 시 육류의 보존성과 풍미 향상에 가장 많이 관여하는 것은?

① 유기산
② 숯 성분
③ 탄소
④ 페놀류

훈연 제품의 풍미는 페놀과 카보닐 화합물이 관여한다.

22 동물이 도축된 후 화학 변화가 일어나 근육이 긴장되어 굳어지는 현상은?

① 사후경직
② 자기소화
③ 산화
④ 팽화

동물의 도살 후 사후강직은 근섬유가 액토미오신(Actomyosin)을 형성하여 근육이 수축되는 상태이다.

23 클로로필(Chlorophyll) 색소의 포르피린 고리에 결합되어 있는 이온은?

① Cu
② Mg
③ Fe
④ Na

녹색 채소의 마그네슘을 함유한 엽록소 색소이다.

24 생선 육질이 쇠고기 육질보다 연한 것은 주로 어떤 성분의 차이에 의한 것인가?

① 글리코겐
② 헤모글로빈
③ 포도당
④ 콜라겐

생선 육질이 쇠고기보다 연한 것은 콜라겐(Collagen)의 함량이 적기 때문이다.

25 식품의 단백질이 변성되었을 때 나타나는 현상이 아닌 것은?

① 소화 효소의 작용을 받기 어려워진다.
② 용해도가 감소한다.
③ 점도가 증가한다.
④ 폴리펩티드사슬이 풀어진다.

단백질이 변성되면 소화율이 높아진다.

26 고구마 100g이 72kcal의 열량을 낼 때, 고구마 350g은 얼마의 열량을 공급하는가?

① 234kcal
② 252kcal
③ 324kcal
④ 384kcal

- $100 : 72 = 350 : x$
- $\dfrac{72 \times 350}{100} = 252$

27 치즈 제조에 사용되는 우유단백질을 응고시키는 효소는?

① 프로테아제
② 레닌
③ 아밀라아제
④ 말타아제

레닌은 응유 효소로 치즈 제조에 사용한다.

28 쌀의 도정도가 증가할 때 나타나는 현상은?

① 빛깔이 좋아진다.
② 조리 시간이 증가한다.
③ 소화율이 낮아진다.
④ 영양분이 증가한다.

오답 피하기
쌀을 도정할수록 조리시간이 단축되고, 소화율이 높아지며, 영양분은 감소된다.

정답 23 ② 24 ④ 25 ① 26 ② 27 ② 28 ①

29 비타민에 대한 설명 중 틀린 것은?

① 카로틴은 프로비타민 A이다.

② 비타민 E는 토코페롤이라고도 한다.

③ 비타민 B는 망간(Mn)을 함유한다.

④ 비타민 C가 결핍되는 괴혈병이 발생한다.

비타민 B_{12}는 코발트를 함유한다.

30 생선묵의 점탄성을 부여하기 위해 첨가하는 물질은?

① 소금

② 전분

③ 설탕

④ 술

섬유상 단백질의 미오신의 함량은 가용성단백질의 60%를 차지하고 소금에 녹는 성질이 있어 어묵의 형성에 이용된다. 점탄성을 부여하기 위해 전분을 첨가한다.

31 육류 조리에 대한 설명으로 맞는 것은?

① 목심, 양지, 사태는 건열 조리에 적당하다.

② 안심, 등심, 염통, 콩팥은 습열 조리에 적당하다.

③ 편육은 고기를 냉수에서 끓이기 시작한다.

④ 탕류는 고기를 찬물에 넣고 끓이며, 끓기 시작하면 약한 불에서 끓인다.

오답 피하기

① 목심, 양지, 사태는 습열 조리에 적당하다. 탕이나 편육으로 물에 넣어 푹 끓이는 것이 좋다.

② 안심, 등심은 건열조리가 적당하다. 구이용으로 팬이나 그릴에 구워 먹는다.

③ 편육은 고기를 먹기 위한 것이므로 끓는 물에 고기를 넣어 끓인다.

32 냄새나 증기를 배출시키기 위한 환기 시설은?

① 트랩

② 트랜치

③ 후드

④ 컨베이어

후드는 식품의 증기, 냄새를 배출시키는 환풍 시설로 가열대보다 넓게 설치하는 것이 좋다.

33 시금치 나물을 조리할 때 1인당 80g이 필요하다면, 식수인원 1,500명에 적합한 시금치 발주량은? (단, 시금치 폐기율은 5%이다.)

① 100kg

② 122kg

③ 127kg

④ 132kg

발주량 = {정미주량 ÷ (100 − 폐기율)} × 인원수 × 100
= 80 ÷ (100 − 5) × 1500 × 100 = 126351g = 약 127kg

34 신체의 근육이나 혈액을 합성하는 구성 영양소는?

① 단백질

② 무기질

③ 물

④ 비타민

• 체조직구성 식품 : 단백질, 무기질
• 3대 영양소 : 탄수화물, 단백질, 지질

35 단당류에서 부제탄소원자가 3개 존재하면 이론적인 입체이성체수는?

① 2개
② 4개
③ 6개
④ 8개

부제탄소원수가 3개 존재하면 2개의 이성체가 존재한다.
즉, $2^3 = 2 \times 2 \times 2 = 8$개이다.

36 전분의 호화와 점성에 대한 설명 중 옳은 것은?

① 곡류는 서류보다 호화 온도가 낮다.
② 전분의 입자가 클수록 빨리 호화된다.
③ 소금은 전분의 호화와 점도를 촉진시킨다.
④ 산 첨가는 가수분해를 일으켜 호화를 촉진시킨다.

오답 피하기

• 곡류는 서류보다 호화온도가 높다.
• 소금은 전분의 호화에 도움은 되지만 점도를 약하게 한다.
• 산 첨가는 가수분해를 일으켜 호화의 방해를 일으키는 인자이다.

37 점성이 없고 보슬보슬한 메쉬드포테이토용 감자로 가장 알맞은 것은?

① 충분히 숙성한 분질의 감자
② 전분의 숙성이 불충분한 수확 직후의 햇감자
③ 소금 1컵:물 11컵의 소금물에서 표면에 뜨는 감자
④ 10℃ 이하의 찬 곳에서 저장한 감자

분질감자는 부서지는 성질을 이용하여 메쉬드 포테이토를 만들고 볶음 요리가 적합하지 않아 오븐감자구이를 만든다.

38 김치를 담근 배추와 무가 물러졌을 때 그 원인에 해당되지 않는 것은?

① 김치 담글 때 배추와 무를 충분히 씻지 않았다.
② 김치 국물이 적어 국물 위로 김치가 노출되었다.
③ 김치를 꺼낼 때마다 꾹꾹 눌러 놓지 않았다.
④ 김치 숙성의 적기가 경과되었다.

김치를 숙성할 때 충분히 김치 내에 산소가 많이 들어가지 않도록 꾹꾹 누르고, 국물이 어느 정도 잠겨야 하고, 맨 위에 공기와 차단할 수 있도록 배추잎이나 비닐로 덮어 숙성하는 것이 좋다. 온도도 냉장고에 두고 자주 여닫지 않아야 쉽게 무르지 않는다.

39 난백의 기포성에 관한 설명으로 옳은 것은?

① 신선한 달걀의 난백이 기포 형성이 잘 된다.
② 수양난백이 농후난백보다 기포 형성이 잘 된다.
③ 난백거품을 낼 때 다량의 설탕을 넣으면 기포 형성이 잘 된다.
④ 실온에 둔 것보다 냉장고에서 꺼낸 난백의 기포 형성이 쉽다.

오답 피하기

• 신선한 달걀보다는 오래된 달걀이 기포 형성은 잘 되지만 안정성이 적어 쉽게 기포가 가라앉는다.
• 머랭을 만들 때 설탕을 넣으면 기포가 잘 안 일어나므로 어느 정도의 기포가 생기면 설탕을 넣어야 한다.
• 차가운 달걀은 기포가 잘 생기지 않으므로 실온에 미리 꺼내어 두는 것이 좋다.

40 식품의 감별법 중 틀린 것은?

① 감자 – 병충해, 발아, 외상, 부패 등이 없는 것
② 송이버섯 – 봉오리가 크고 줄기가 부드러운 것
③ 생과일 – 성숙하고 신선하며 청결한 것
④ 달걀 – 표면이 거칠고 광택이 없는 것

송이버섯을 감별할 때 갓이 많이 피지 않고, 향이 진한 것이 좋다.

정답 35④ 36② 37① 38① 39② 40②

41 식물성 유지가 아닌 것은?

① 올리브유
② 면실유
③ 피마자유
④ 버터

버터는 동물성 유지이다.

42 조리기기 및 기구와 그 용도의 연결이 틀린 것은?

① 필러(Peeler) – 채소의 껍질을 벗길 때
② 믹서(Mixer) – 재료를 혼합할 때
③ 슬라이서(Slicer) – 채소를 다질 때
④ 육류파운더(Meat Pounder) – 육류를 연화시킬 때

슬라이서는 야채나 육류를 저미는 기구이고, 다질 때 사용하는 것은 찹퍼이다.

43 알칼로이드성 물질로 커피의 자극성을 나타내고 쓴 맛에도 영향을 미치는 성분은?

① 주석산(Tartaric Acid)
② 카페인(Caffein)
③ 탄닌(Tannin)
④ 개미산(Formic Acid)

커피, 코코아의 쓴맛의 성분은 카페인이다.

44 전분을 주재료로 이용하여 만든 음식이 아닌 것은?

① 도토리묵
② 크림스프
③ 두부
④ 죽

콩은 단백질 글리시닌이 염류에 응고되는 성질을 이용하여 만든 식품이다.

45 에너지 전달에 대한 설명으로 틀린 것은?

① 물체가 열원에 직접적으로 접촉됨으로써 가열되는 것을 전도라고 한다.
② 대류에 의한 열의 전달은 매개체를 통해서 일어난다.
③ 대부분의 음식은 전도, 대류, 복사 등 복합적 방법에 의해 에너지가 전달되어 조리된다.
④ 열의 전달 속도는 대류가 가장 빨라 복사, 전도보다 효율적이다.

열의 전달 속도는 대류가 가장 늦다.

46 냉동육류를 해동시키는 방법 중 영양소 파괴가 가장 적은 것은?

① 실온에서 해동한다.
② 40℃의 미지근한 물에 담근다.
③ 냉장고에서 해동한다.
④ 비닐봉지에 싸서 물속에 담근다.

냉장고에서 완만 해동하는 것이 세균의 번식을 막고, 조직의 파괴, 드립현상을 최소화할 수 있다.

47 쌀을 지나치게 문질러서 씻을 때 가장 손실이 큰 비타민은?

① 비타민 A
② 비타민 B
③ 비타민 D
④ 비타민 E

쌀은 배아에 비타민 B의 손실을 줄이기 위하여 가볍게 2~3회 세척하는 것이 가장 바람직하다.

48 단체급식의 문제점이 아닌 것은?

① 영양가의 산출 오류나 조리 기술의 부족은 영양 저하를 일으킬 수 있다.

② 식중독 및 유독 물질이나 세균의 혼입으로 위생사고가 발생할 수 있다.

③ 짧은 시간 내에 다량의 음식을 준비하므로 다양한 음식의 개발이 어렵다.

④ 국가의 식량정책에 협조하여 식단을 작성하므로 제철 식품의 사용이 어렵다.

단체급식에서는 지역과 계절에 따라 제철 식품을 사용한다.

49 생선 조리 방법으로 적합하지 않은 것은?

① 탕을 끓일 경우 국물을 먼저 끓인 후에 생선을 넣는다.

② 생강은 처음부터 넣어야 어취제거에 효과적이다.

③ 생선조림은 양념장을 끓이다가 생선을 넣는다.

④ 생선 표면을 물로 씻으면 어취가 감소된다.

생강은 생선 단백질이 응고된 후에 넣는 것이 좋다.

50 육류의 사후강직과 숙성에 대한 설명으로 틀린 것은?

① 사후강직은 근섬유가 미오글로빈(Myo-globin)을 형성하여 근육이 수축되는 상태이다.

② 도살 후 글리코겐이 혐기적 상태에서 젖산을 생성하여 pH가 저하된다.

③ 사후강직 시기에는 보수성이 저하되고 육질이 많이 유출된다.

④ 자가분해효소인 카텝신(Cathepsin)에 의해 연해지고 맛이 좋아진다.

사후강직은 근섬유가 액토미오신(Actomyosin)을 형성하여 근육이 수축되는 상태이다.

51 감염병의 병원체를 내포하고 있어 감수성 숙주에게 병원체를 전파시킬 수 있는 근원이 되는 모든 것을 의미하는 용어는?

① 감염 경로

② 병원소

③ 감염원

④ 미생물

오답 피하기

• 감염 경로 : 호흡기계, 소화기계, 피부 등
• 병원소 : 사람, 동물, 물건 등
• 미생물 : 바이러스, 세균, 리케차 등

52 채소류로부터 감염되는 기생충은?

① 동양모양선충, 편충

② 회충, 무구조충

③ 십이지장충, 선모충

④ 요충, 유구조충

채소류로부터 감염되는 기생충은 요충, 십이지장충, 회충, 편충, 동양모양선충 등이 있다.

오답 피하기

• 유구조충, 선모충 – 돼지
• 무구조충 – 소

53 모기에 의해 전파되는 감염병은?

① 콜레라

② 장티푸스

③ 말라리아

④ 결핵

오답 피하기

파리 – 장티푸스, 콜레라

정답 48 ④ 49 ② 50 ① 51 ③ 52 ① 53 ③

54 광화학적 오염 물질에 해당되지 않는 것은?

① 오존

② 케톤

③ 알데히드

④ 탄화수소

광화학적 오염물질을 2차 오염물질이라고도 한다. 2차 오염물질은 1차 오염 물질이 공기 중에서 화학 반응을 일으켜 간접적으로 생성되는 물질로서 산성비, 산성눈, 광화학 스모그 등이 포함된다.

55 소음에 있어서 음의 크기를 측정하는 단위는?

① 데시벨(dB)

② 폰(phon)

③ 실(SIL)

④ 주파수(Hz)

폰(phon) : 음의 세기와 더불어 일어나는 감각상의 수량적 변화를 말한다.

오답 피하기

데시벨 : 음의 강도를 말한다.

56 모체로부터 태반이나 수유를 통해 얻어지는 면역은?

① 자연능동면역

② 인공능동면역

③ 자연수동면역

④ 인공수동면역

능동면역	자연능동 면역	질병감염 후 얻은 면역(두창, 소아마비)
	인공능동 면역	예방접종 후 얻은 면역
수동면역	자연수동 면역	태반, 모유 등 모체로부터 얻은 면역
	인공수동 면역	수혈 후 얻은 면역

57 질병을 매개하는 위생해충과 그 질병의 연결이 틀린 것은?

① 모기 – 사상충증, 말라리아

② 파리 – 장티푸스, 발진티푸스

③ 진드기 – 유행성출혈열, 쯔쯔가무시증

④ 벼룩 – 페스트, 발진열

파리가 장티푸스의 위생해충을 맞지만, 발진티푸스는 이에서 매개한다.

58 다수인이 밀집한 실내 공기가 물리, 화학적 조성의 변화로 불쾌감, 두통, 권태, 현기증 등을 일으키는 것은?

① 자연독

② 진균독

③ 산소중독

④ 군집독

극장, 강연장 등 다수인이 밀집한 실내 공기는 화학적 조성이나 물리적 조성의 변화를 초래하여 불쾌감, 두통, 권태, 현기증, 구토 등이 일어나는데 이와 같은 생리적 이상을 군집독이라 한다.

59 온열 요소가 아닌 것은?

① 기온

② 기습

③ 기류

④ 기압

온열 조건 인자 3요소는 기온, 기습, 기류이다.

---

60 공중보건에 대한 설명으로 틀린 것은?

① 목적은 질병예방, 수명연장, 정신적 신체적 효율의 증진이다.

② 공중보건의 최소단위는 지역사회이다.

③ 환경위생 향상, 감염병 관리 등이 포함된다.

④ 주요 사업대상은 개인의 질병치료이다.

··

공중보건은 개인이 아닌 인간 집단이고, 목적에는 치료가 해당되지 않는다.

정답 60 ④

해설과 따로 보는
최신 기출문제

CBT 온라인 문제집

시험장과 동일한
환경에서 문제 풀이
서비스

• QR 코드를 찍으면 원하는 시험에 응시할 수 있습니다.
• 풀이가 끝나면 자동 채점되며, 해설을 즉시 확인할 수 있습니다.
• 마이페이지에서 풀이 내역을 분석하여 드립니다.
• 모바일과 PC도 이용 가능합니다.

한식조리기능사	소요 시간	문항 수
	1시간	총 60문항

수험번호 : _____

성   명 : _____

정답 & 해설 ▶ 270쪽

01 식품에 존재하는 유기물질을 고온으로 가열할 때 단백질이나 지방이 분해되어 생기는 유해물질은?

① 에틸카바메이트(Ethylcarbamate)

② 다환방향족탄화수소(Polycyclic aromatic hydrocarbon)

③ 엔-니트로소아민(N-nitrosoamine)

④ 메탄올(Methanol)

02 식품의 위생과 관련된 곰팡이의 특징이 아닌 것은?

① 건조식품을 잘 변질시킨다.

② 대부분 생육에 산소를 요구하는 절대 호기성 미생물이다.

③ 곰팡이독을 생성하는 것도 있다.

④ 일반적으로 생육 속도가 세균에 비하여 빠르다.

03 다음 중 대장균의 최적 증식 온도 범위는?

① 0~5℃

② 5~10℃

③ 30~40℃

④ 55~75℃

04 모든 미생물을 제거하여 무균상태로 하는 조작은?

① 소독

② 살균

③ 멸균

④ 방부

05 60℃에서 30분간 가열하면 식품 안전에 위해가 되지 않는 세균은?

① 살모넬라균

② 클로스트리디움 보틀리늄균

③ 황색포도상구균

④ 장구균

06 육류의 발색제로 사용되는 아질산염이 산성 조건에서 식품 성분과 반응하여 생성되는 발암물질은?

① 지질과산화물(Aldehyde)

② 벤조피렌(Benzopyrene)

③ 니트로사민(Nitrosamine)

④ 포름알데히드(Formaldehyde)

07 사용이 허가된 산미료는?

① 구연산

② 계피산

③ 말톨

④ 초산에틸

08 식품과 자연독의 연결이 맞는 것은?

① 독버섯 : 솔라닌(Solanine)

② 감자 : 무스카린(Muscarine)

③ 살구씨 : 파세오루나틴(Phaseolunatin)

④ 목화씨 : 고시폴(Gossypol)

09 식품첨가물 중 보존료의 목적을 가장 잘 표현한 것은?

① 산도 조절

② 미생물에 의한 부패 방지

③ 산화에 의한 변패 방지

④ 가공과정에서 파괴되는 영양소 보충

10 알레르기성 식중독을 유발하는 세균은?

① 병원성 대장균(E.Coli O157:H7)

② 프로테우스 모르가니(Proteus Morganii)

③ 엔테로박터 사카자키(Enterobacter Sakazakii)

④ 비브리오 콜레라(Vibrio Cholera)

11 식품위생법상 식품위생 수준의 향상을 위하여 필요한 경우 조리사에게 교육을 받을 것을 명할 수 있는 자는?

① 관할시장

② 보건복지부장관

③ 식품의약품안전처장

④ 관할 경찰서장

12 식품위생법의 정의에 따른 '기구'에 해당하지 않는 것은?

① 식품 섭취에 사용되는 기구

② 식품 또는 식품첨가물에 직접 닿는 기구

③ 농산품 채취에 사용되는 기구

④ 식품 운반에 사용되는 기구

13 즉석판매제조·가공업소 내에서 소비자에게 원하는 만큼 덜어서 직접 최종 소비자에게 판매하는 대상 식품이 아닌 것은?

① 된장

② 식빵

③ 우동

④ 어육제품

14 식품위생법상 조리사가 식중독이나 그 밖에 위생과 관련한 중대한 사고 발생의 직무상 책임에 대한 1차 위반 시 행정처분기준은?

① 시정명령

② 업무정지 1개월

③ 업무정지 2개월

④ 면허취소

15 식품위생법상 식품접객업 영업을 하려는 자는 몇 시간의 식품위생교육을 미리 받아야 하는가?

① 2시간
② 4시간
③ 6시간
④ 8시간

16 카세인(Casein)은 어떤 단백질에 속하는가?

① 당단백질
② 지단백질
③ 유도단백질
④ 인단백질

17 전분 식품의 노화를 억제하는 방법으로 적합하지 않은 것은?

① 설탕을 첨가한다.
② 식품을 냉장 보관한다.
③ 식품의 수분함량을 15% 이하로 한다.
④ 유화제를 사용한다.

18 과실 저장고의 온도, 습도, 기체 조성 등을 조절하여 장기간 동안 과실을 저장하는 방법은?

① 산 저장
② 자외선 저장
③ 무균포장 저장
④ CA 저장

19 유지를 가열할 때 생기는 변화에 대한 설명으로 틀린 것은?

① 유리지방산의 함량이 높아지므로 발연점이 낮아진다.
② 연기 성분으로 알데히드(Aldehyde), 케톤(Ketone) 등이 생성된다.
③ 요오드값이 높아진다.
④ 중합반응에 의해 점도가 증가된다.

20 완두콩 통조림을 가열하여도 녹색이 유지되는 것은 어떤 색소 때문인가?

① Chlorophyll(클로로필)
② Cu-chlorophyll(구리-클로로필)
③ Fe-chlorophyll(철-클로로필)
④ Chlorophylline(클로로필린)

21 신맛 성분과 주요 소재 식품의 연결이 틀린 것은?

① 구연산(Citric Acid) – 감귤류
② 젖산(Lactic Acid) – 김치류
③ 호박산(Succinic Acid) – 늙은 호박
④ 주석산(Tartaric Acid) – 포도

22 미생물의 생육에 필요한 수분활성도의 크기로 옳은 것은?

① 세균 〉효모 〉곰팡이
② 곰팡이 〉세균 〉효모
③ 효모 〉곰팡이 〉세균
④ 세균 〉곰팡이 〉효모

23 달걀 100g 중에 당질 5g, 단백질 8g, 지질 4.4g이 함유되어 있다면 달걀 5개의 열량은 얼마인가? (단, 달걀 1개의 무게는 50g이다.)

① 91.6kcal
② 229kcal
③ 274kcal
④ 458kcal

24 근채류 중 생식하는 것보다 기름에 볶는 조리법을 적용하는 것이 좋은 식품은?

① 무
② 고구마
③ 토란
④ 당근

25 다음 중 단백가가 가장 높은 것은?

① 쇠고기
② 달걀
③ 대두
④ 버터

26 가정에서 많이 사용되는 다목적 밀가루는?

① 강력분
② 중력분
③ 박력분
④ 초강력분

27 산성 식품에 해당하는 것은?

① 곡류
② 사과
③ 감자
④ 시금치

28 아미노산, 단백질 등이 당류와 반응하여 갈색 물질을 생성하는 반응은?

① 폴리페놀 옥시다아제(Polyphenol Oxidase)
② 마이야르(Maillard) 반응
③ 캐러멜화(Caramelization) 반응
④ 티로시나아제(Tyrosinase) 반응

29 제조 과정 중 단백질 변성에 의한 응고 작용이 일어나지 않는 것은?

① 치즈 가공
② 두부 제조
③ 달걀 삶기
④ 딸기잼 제조

30 난황에 주로 함유되어 있는 색소는?

① 클로로필
② 안토시아닌
③ 카로티노이드
④ 플라보노이드

31 튀김옷의 재료에 관한 설명으로 틀린 것은?

① 중조를 넣으면 탄산가스가 발생하면서 수분 도 증발되어 바삭하게 된다.

② 달걀을 넣으면 달걀 단백질의 응고로 수분 흡수가 방해되어 바삭하게 된다.

③ 글루텐 함량이 높은 밀가루가 오랫동안 바 삭한 상태를 유지한다.

④ 얼음물에 반죽을 하면 점도를 낮게 유지하 여 바삭하게 된다.

32 식품구매 시 폐기율을 고려한 총발주량을 구하는 식은?

① 총발주량 = (100-폐기율)×100×인원수

② 총발주량 = [(정미중량-폐기율)/(100-가식률)]×100

③ 총발주량 = (1인당 사용량-폐기율)×인원수

④ 총발주량 = [정미중량/(100-폐기율)]×100 ×인원수

33 달걀의 기능을 이용한 음식의 연결이 잘못된 것은?

① 응고성 – 달걀찜

② 팽창제 – 시폰케이크

③ 간섭제 – 맑은 장국

④ 유화성 – 마요네즈

34 냉장고 사용 방법으로 틀린 것은?

① 뜨거운 음식은 식혀서 냉장고에 보관한다.

② 문을 여닫는 횟수를 가능한 한 줄인다.

③ 온도가 낮으므로 식품을 장기간 보관해도 안전하다.

④ 식품의 수분이 건조되므로 밀봉하여 보관한다.

35 식품을 고를 때 채소류의 감별법으로 틀린 것은?

① 오이는 굵기가 고르며 만졌을 때 가시가 있 고 무거운 느낌이 나는 것이 좋다.

② 당근은 일정한 굵기로 통통하고 마디나 뿔 이 없는 것이 좋다.

③ 양배추는 가볍고 잎이 얇으며 신선하고 광 택이 있는 것이 좋다.

④ 우엉은 껍질이 매끈하고 수염뿌리가 없는 것으로 굵기가 일정한 것이 좋다.

36 조리장의 설비에 대한 설명 중 부적합한 것은?

① 조리장의 내벽은 바닥으로부터 5cm까지 내 수성 자재로 한다.

② 충분한 내구력이 있는 구조여야 한다.

③ 조리장에는 식품 및 식기류의 세척을 위한 위생적인 세척 시설을 갖춘다.

④ 조리원 전용의 위생적 수세 시설을 갖춘다.

37 고추장에 대한 설명으로 틀린 것은?

① 고추장은 곡류, 메주가루, 소금, 고춧가루, 물을 원료로 제조한다.

② 고추장의 구수한 맛은 단백질이 분해하여 생긴 맛이다.

③ 고추장은 된장보다 단맛이 더 약하다.

④ 고추장의 전분 원료로 찹쌀가루, 보릿가루, 밀가루를 사용한다.

38 다음 원가의 구성에 해당하는 것은?

직접원가＋제조간접비

① 판매가격

② 간접원가

③ 제조원가

④ 총원가

39 조리 시 일어나는 현상과 그 원인으로 연결이 틀린 것은?

① 장조림 고기가 단단하고 잘 찢어지지 않음 : 물에서 먼저 삶은 후 양념간장을 넣어 약한 불로 서서히 조렸기 때문

② 튀긴 도넛에 기름 흡수가 많음 : 낮은 온도에서 튀겼기 때문

③ 오이무침의 색이 누렇게 변함 : 식초를 미리 넣었기 때문

④ 생선을 굽는데 석쇠에 붙어 잘 떨어지지 않음 : 석쇠를 달구지 않았기 때문

40 식단을 작성할 때 구비해야 하는 자료로 가장 거리가 먼 것은?

① 계절 식품표

② 설비, 기기 위생점검표

③ 대치 식품표

④ 식품영양구성표

41 탈수가 일어나지 않으면서 간이 맞도록 생선을 구우려면 일반적으로 생선 중량 대비 소금의 양은 얼마가 가장 적당한가?

① 0.1%

② 2%

③ 16%

④ 20%

42 쇠고기 40g을 두부로 대체하고자 할 때 필요한 두부의 양은 약 얼마인가? (단, 100g당 쇠고기 단백질 함량은 20.1g, 두부 단백질 함량은 8.6g으로 계산한다.)

① 70g

② 74g

③ 90g

④ 94g

43 약과를 반죽할 때 필요 이상으로 기름과 설탕을 넣으면 어떤 현상이 일어나는가?

① 매끈하고 모양이 좋아진다.
② 튀길 때 둥글게 부푼다.
③ 튀길 때 모양이 풀어진다.
④ 켜가 좋게 생긴다.

44 육류 조리에 대한 설명으로 맞는 것은?

① 육류를 오래 끓이면 질긴 지방 조직인 콜라겐이 젤라틴화 되어 국물이 맛있게 된다.
② 목심, 양지, 사태는 건열조리에 적당하다.
③ 편육을 만들 때 고기는 처음부터 찬물에서 끓인다.
④ 육류를 찬물에 넣어 끓이면 맛 성분 용출이 용이해져 국물 맛이 좋아진다.

45 단체급식에서 식품의 재고관리에 대한 설명으로 틀린 것은?

① 각 식품에 적당한 재고기간을 파악하여 이용하도록 한다.
② 식품의 특성이나 사용 빈도 등을 고려하여 저장 장소를 정한다.
③ 비상시를 대비하여 가능한 한 많은 재고량을 확보할 필요가 있다.
④ 먼저 구입한 것은 먼저 소비한다.

46 식혜에 대한 설명으로 틀린 것은?

① 전분이 아밀라아제에 의해 가수분해되어 맥아당과 포도당을 생성한다.
② 밥을 지은 후 엿기름을 부어 효소반응이 잘 일어나도록 한다.
③ 80℃의 온도가 유지되어야 효소반응이 잘 일어나 밥알이 뜨기 시작한다.
④ 식혜 물에 뜨기 시작한 밥알은 건져내어 냉수에 헹구어 놓았다가 차게 식힌 식혜에 띄워 낸다.

47 중조를 넣어 콩을 삶을 때 가장 문제가 되는 것은?

① 비타민 B_1의 파괴가 촉진됨
② 콩이 잘 무르지 않음
③ 조리수가 많이 필요함
④ 조리시간이 길어짐

48 고기를 연하게 하기 위해 사용하는 과일에 들어 있는 단백질 분해효소가 아닌 것은?

① 피신(Ficin)
② 브로멜린(Bromelin)
③ 파파인(Papain)
④ 아밀라아제(Amylase)

49 찹쌀떡이 멥쌀떡보다 더 늦게 굳는 이유는?

① pH가 낮기 때문에
② 수분함량이 적기 때문에
③ 아밀로오스의 함량이 많기 때문에
④ 아밀로펙틴의 함량이 많기 때문에

50 다음 중 일반적으로 폐기율이 가장 높은 식품은?

① 살코기

② 달걀

③ 생선

④ 곡류

51 하수오염 조사 방법과 관련이 없는 것은?

① THM의 측정

② COD의 측정

③ DO의 측정

④ BOD의 측정

52 다음 중 가장 강한 살균력을 갖는 것은?

① 적외선

② 자외선

③ 가시광선

④ 근적외선

53 호흡기계 감염병이 아닌 것은?

① 폴리오

② 홍역

③ 백일해

④ 디프테리아

54 학교 급식의 교육 목적으로 옳지 않은 것은?

① 편식 교육

② 올바른 식생활 교육

③ 빈곤 아동들의 급식 교육

④ 영양에 대한 올바른 교육

55 채소로부터 감염되는 기생충으로 짝지어진 것은?

① 편충, 동양모양선충

② 폐흡충, 회충

③ 구충, 선모충

④ 회충, 무구조충

56 감각온도의 3요소가 아닌 것은?

① 기온

② 기습

③ 기류

④ 기압

57 인수공통감염병에 속하지 않는 것은?

① 광견병

② 탄저

③ 고병원성조류인플루엔자

④ 백일해

58 아메바에 의해서 발생되는 질병은?

① 장티푸스

② 콜레라

③ 유행성 간염

④ 이질

59 폐기물 소각 처리 시의 가장 큰 문제점은?

① 악취가 발생되며 수질이 오염된다.

② 다이옥신이 발생한다.

③ 처리 방법이 불쾌하다.

④ 지반이 약화되어 균열이 생길 수 있다.

60 공중보건사업과 거리가 먼 것은?

① 보건교육

② 인구보건

③ 감염병 치료

④ 보건행정

한식조리기능사	소요 시간	문항 수
	1시간	총 60문항

수험번호 : _____

성 명 : _____

정답 & 해설 ▶ 273쪽

01 사람이 평생 동안 매일 섭취하여도 아무런 장해가 일어나지 않는 최대량으로 1일 체중 kg당 mg수로 표시하는 것은?

① 최대무작용량(NOEL)

② 1일 섭취 허용량(ADI)

③ 50% 치사량(LD_{50})

④ 50% 유효량(ED_{50})

02 바지락 속에 들어 있는 독성분은?

① 베네루핀(Venerupin)

② 솔라닌(Solanine)

③ 무스카린(Muscarine)

④ 아마니타톡신(Amanitatoxin)

03 다음 중 잠복기가 가장 짧은 식중독은?

① 황색포도상구균 식중독

② 살모넬라균 식중독

③ 장염 비브리오 식중독

④ 장구균 식중독

04 세균 번식이 잘 되는 식품과 가장 거리가 먼 것은?

① 온도가 적당한 식품

② 수분을 함유한 식품

③ 영양분이 많은 식품

④ 산이 많은 식품

05 세균성 식중독과 병원성 소화기계 감염병을 비교한 것으로 틀린 것은?

	세균성 식중독	병원성 소화기계 감염병
①	많은 균량으로 발병	균량이 적어도 발병
②	2차 감염이 빈번함	2차 감염이 없음
③	식품위생법으로 관리	감염병 예방법으로 관리
④	비교적 짧은 잠복기	비교적 긴 잠복기

06 관능을 만족시키는 식품첨가물이 아닌 것은?

① 동클로로필린나트륨

② 질산나트륨

③ 아스파탐

④ 소르빈산

07 생선 및 육류의 초기부패 판정 시 지표가 되는 물질에 해당되지 않는 것은?

① 휘발성염기질소(VBN)
② 암모니아(Ammonia)
③ 트리메틸아민(Trimethylamine)
④ 아크롤레인(Acrolein)

08 중금속에 대한 설명으로 옳은 것은?

① 비중이 4.0 이하의 금속을 말한다.
② 생체기능유지에 전혀 필요하지 않다.
③ 다량이 축적될 때 건강장해가 일어난다.
④ 생체와의 친화성이 거의 없다.

09 이타이이타이병과 관계 있는 중금속 물질은?

① 수은(Hg)
② 카드뮴(Cd)
③ 크롬(Cr)
④ 납(Pb)

10 오래된 과일이나 산성 채소 통조림에서 유래되는 화학성 식중독의 원인 물질은?

① 칼슘
② 주석
③ 철분
④ 아연

11 조리사 또는 영양사 면허의 취소처분을 받고 그 취소된 날부터 얼마의 기간이 경과되어야 면허를 받을 자격이 있는가?

① 1개월
② 3개월
③ 6개월
④ 1년

12 식품위생법상 출입·검사·수거에 대한 설명 중 틀린 것은?

① 관계 공무원은 영업소에 출입하여 영업에 사용하는 식품 또는 영업시설 등에 대하여 검사를 실시한다.
② 관계 공무원은 영업상 사용하는 식품 등을 검사를 위하여 필요한 최소량이라 하더라도 무상으로 수거할 수 없다.
③ 관계 공무원은 필요에 따라 영업에 관계되는 장부 또는 서류를 열람할 수 있다.
④ 출입·검사·수거 또는 열람하려는 공무원은 그 권한을 표시하는 증표를 지니고 이를 관계인에 내보여야 한다.

13 일반음식점의 모범업소의 지정기준이 아닌 것은?

① 화장실에 1회용 위생종이 또는 에어타월이 비치되어 있어야 한다.
② 주방에는 입식조리대가 설치되어 있어야 한다.
③ 1회용 물컵을 사용하여야 한다.
④ 종업원은 청결한 위생복을 입고 있어야 한다.

14 우리나라 식품위생법 등 식품위생 행정업무를 담당하고 있는 기관은?

① 환경부
② 고용노동부
③ 보건복지부
④ 식품의약품안전처

15 소분업 판매를 할 수 있는 식품은?

① 전분
② 식용유지
③ 식초
④ 빵가루

16 탄수화물의 조리가공 중 쌀이 떡으로 변화되는 현상과 가장 관계 깊은 것은?

① 거품생성
② 호화
③ 유화
④ 산화

17 색소를 보존하기 위한 방법 중 틀린 것은?

① 녹색채소를 데칠 때 식초를 넣는다.
② 매실지를 담글 때 소엽(차조기 잎)을 넣는다.
③ 연근을 조릴 때 식초를 넣는다.
④ 햄 제조 시 질산칼륨을 넣는다.

18 효소적 갈변 반응에 의해 색을 나타내는 식품은?

① 분말 오렌지
② 간장
③ 캐러멜
④ 홍차

19 단맛 성분에 소량의 짠맛 성분을 혼합할 때 단맛이 증가하는 현상은?

① 맛의 상쇄현상
② 맛의 억제현상
③ 맛의 변조현상
④ 맛의 대비현상

20 브로멜린(Bromelin)이 함유되어 있어 고기를 연화시키는 데 이용되는 과일은?

① 사과
② 파인애플
③ 귤
④ 복숭아

21 지방의 경화에 대한 설명으로 옳은 것은?

① 물과 지방이 서로 섞여 있는 상태이다.
② 불포화지방산에 수소를 첨가하는 것이다.
③ 기름을 7.2℃까지 냉각시켜서 지방을 여과하는 것이다.
④ 반죽 내에서 지방층을 형성하여 글루텐 형성을 막는 것이다.

22 어류의 염장법 중 건염법(마른간법)에 대한 설명 중 틀린 것은?

① 식염의 침투가 빠르다.
② 품질이 균일하지 못하다.
③ 선도가 낮은 어류로 염장을 할 경우 생산량이 증가한다.
④ 지방질의 산화로 변색이 쉽게 일어난다.

23 대두를 구성하는 콩 단백질의 주성분은?

① 글리아딘
② 글루테닌
③ 글루텐
④ 글리시닌

24 간장, 다시마 등의 감칠맛을 내는 주된 아미노산은?

① 알라닌(Alanine)
② 글루탐산(Glutamic Acid)
③ 리신(Lysine)
④ 트레오닌(Threonine)

25 열에 의해 가장 쉽게 파괴되는 비타민은?

① 비타민 C
② 비타민 A
③ 비타민 E
④ 비타민 K

26 가열에 의해 고유의 냄새 성분이 생성되지 않는 것은?

① 장어구이
② 스테이크
③ 커피
④ 포도주

27 연제품 제조에서 탄력성을 주기 위해 꼭 첨가해야 하는 것은?

① 소금
② 설탕
③ 펙틴
④ 글루타민산소다

28 어떤 단백질의 질소함량이 18%라면 이 단백질의 질소계수는 약 얼마인가?

① 5.56
② 6.30
③ 6.47
④ 6.67

29 맥아당은 어떤 성분으로 구성되어 있는가?

① 포도당 2분자가 결합된 것
② 과당과 포도당 각 1분자가 결합된 것
③ 과당 2분자가 결합된 것
④ 포도당과 전분이 결합된 것

30 1g당 발생하는 열량이 가장 큰 것은?

① 당질
② 단백질
③ 지방
④ 알코올

31 냉동 생선을 해동하는 방법으로 위생적이며 영양 손실이 가장 적은 경우는?

① 18~22℃의 실온에 둔다.
② 40℃의 미지근한 물에 담가둔다.
③ 냉장고 속에 해동한다.
④ 23~25℃의 흐르는 물에 담가둔다.

32 식품의 감별법 중 틀린 것은?

① 쌀알은 투명하고 앞니로 씹었을 때 강도가 센 것이 좋다.
② 생선은 안구가 돌출되어 있고 비늘이 단단하게 붙어 있는 것이 좋다.
③ 닭고기의 뼈(관절) 부위가 변색된 것은 변질된 것으로 맛이 없다.
④ 돼지고기의 색이 검붉은 것은 늙은 돼지에서 생산된 고기일 수 있다.

33 다음 중 신선한 달걀은?

① 달걀을 흔들어서 소리가 나는 것
② 삶았을 때 난황의 표면이 암녹색으로 쉽게 변하는 것
③ 껍질이 매끈하고 윤기 있는 것
④ 깨보면 농후난백이 난황을 에워싸고 있는 것

34 식혜를 만들 때 엿기름을 당화시키는데 가장 적합한 온도는?

① 10~20℃
② 30~40℃
③ 50~60℃
④ 70~80℃

35 많이 익은 김치(신김치)는 오래 끓여도 쉽게 연해지지 않는 이유는?

① 김치에 존재하는 소금에 의해 섬유소가 단단해지기 때문이다.
② 김치에 존재하는 소금에 의해 팽압이 유지되기 때문이다.
③ 김치에 존재하는 산에 의해 섬유소가 단단해지기 때문이다.
④ 김치에 존재하는 산에 의해 팽압이 유지되기 때문이다.

36 조리대 배치형태 중 환풍기와 후드의 수를 최소화할 수 있는 것은?

① 일렬형
② 병렬형
③ ㄷ자형
④ 아일랜드형

37 우유를 데울 때 가장 좋은 방법은?

① 냄비에 담고 끓기 시작할 때까지 강한 불로 데운다.
② 이중냄비에 넣고 젓지 않고 데운다.
③ 냄비에 담고 약한 불에서 젓지 않고 데운다.
④ 이중냄비에 넣고 저으면서 데운다.

38 아래의 조건에서 당질 함량을 기준으로 고구마 180g을 쌀로 대치하려면 필요한 쌀의 양은?

- 고구마 100g의 당질 함량 29.2g
- 쌀 100g의 당질 함량 31.7g

① 165.8g
② 170.6g
③ 177.5g
④ 184.7g

39 아래 〈보기〉 중 단체급식 조리장을 신축할 때 우선적으로 고려할 사항 순으로 배열된 것은?

가. 위생	나. 경제	다. 능률

① 다 → 나 → 가
② 나 → 가 → 다
③ 가 → 다 → 나
④ 나 → 다 → 가

40 스파게티와 국수 등에 이용되는 문어나 오징어 먹물의 색소는?

① 타우린(Taurine)
② 멜라닌(Melanin)
③ 미오글로빈(Myoglobin)
④ 히스타민(Histamine)

41 수분 70g, 당질 40g, 섬유질 7g, 단백질 5g, 무기질 4g, 지방 3g이 들어있는 식품의 열량은?

① 165kcal
② 178kcal
③ 198kcal
④ 207kcal

42 조리장의 입지조건으로 적당하지 않은 곳은?

① 급 · 배수가 용이하고 소음, 악취, 분진, 공해 등이 없는 곳
② 사고발생 시 대피하기 쉬운 곳
③ 조리장이 지하층에 위치하여 조용한 곳
④ 재료의 반입, 오물의 반출이 편리한 곳

43 버터 대용품으로 생산되고 있는 식물성 유지는?

① 라드
② 마가린
③ 마요네즈
④ 땅콩버터

44 조미의 기본 순서로 가장 옳은 것은?

① 설탕 → 소금 → 간장 → 식초
② 설탕 → 식초 → 간장 → 소금
③ 소금 → 식초 → 간장 → 설탕
④ 간장 → 설탕 → 식초 → 소금

45 편육을 할 때 가장 적합한 삶기 방법은?

① 끓는 물에 고기를 덩어리째 넣고 삶는다.
② 끓는 물에 고기를 잘게 썰어 넣고 삶는다.
③ 찬물에서부터 고기를 넣고 삶는다.
④ 찬물에서부터 고기와 생강을 넣고 삶는다.

46 단체급식의 목적이 아닌 것은?

① 피급식자의 건강의 회복, 유지, 증진을 도모한다.

② 피급식자의 식비를 경감한다.

③ 피급식자에게 물질적 충족을 준다.

④ 영양교육과 음식의 중요성을 교육함으로써 바람직한 급식을 실현한다.

47 소화흡수가 잘 되도록 하는 방법으로 가장 적절한 것은?

① 짜게 먹는다.

② 동물성 식품과 식물성 식품을 따로따로 먹는다.

③ 식품을 잘고 연하게 조리하여 먹는다.

④ 한꺼번에 많은 양을 먹는다.

48 젤라틴과 한천에 관한 설명으로 틀린 것은?

① 한천은 보통 28~35℃에서 응고되는데 온도가 낮을수록 빨리 굳는다.

② 한천은 식물성 급원이다.

③ 젤라틴은 젤리, 양과자 등에서 응고제로 쓰인다.

④ 젤라틴에 생파인애플을 넣으면 단단하게 응고한다.

49 밀가루 반죽 시 넣는 첨가물에 관한 설명으로 옳은 것은?

① 유지는 글루텐 구조형성을 방해하여 반죽을 부드럽게 한다.

② 소금은 글루텐 단백질을 연화시켜 밀가루 반죽의 점탄성을 떨어뜨린다.

③ 설탕은 글루텐 망사구조를 치밀하게 하여 반죽을 질기고 단단하게 한다.

④ 달걀을 넣고 가열하면 단백질의 연화작용으로 반죽이 부드러워진다.

50 원가계산의 목적으로 옳지 않은 것은?

① 원가의 절감 방안을 모색하기 위해서

② 제품의 판매가격을 결정하기 위해서

③ 경영손실을 제품가격에서 만회하기 위해서

④ 예산편성의 기초자료로 활용하기 위해서

51 다음의 상수처리 과정에서 가장 마지막 단계는?

① 급수

② 취수

③ 정수

④ 도수

52 규폐증에 대한 설명으로 틀린 것은?

① 먼지 입자의 크기가 0.5~5.0㎛일 때 잘 발생한다.

② 대표적인 진폐증이다.

③ 암석가공업, 도자기 공업, 유리제조업의 근로자들이 주로 많이 발생한다.

④ 일반적으로 위험요인에 노출된 근무 경력이 1년 이후부터 자각 증상이 발생한다.

53 공중보건학의 목표에 관한 설명으로 틀린 것은?

① 건강 유지

② 질병 예방

③ 질병 치료

④ 지역사회 보건수준 향상

54 생균(Live Vaccine)을 사용하는 예방접종으로 면역이 되는 질병은?

① 파상풍

② 콜레라

③ 폴리오

④ 백일해

55 돼지고기를 날것으로 먹거나 불완전하게 가열하여 섭취할 때 감염될 수 있는 기생충은?

① 유구조충

② 무구조충

③ 광절열두조충

④ 간디스토마

56 소음의 측정 단위는?

① dB

② kg

③ Å

④ ℃

57 인수공통감염병으로 그 병원체가 세균인 것은?

① 일본뇌염

② 공수병

③ 광견병

④ 결핵

58 음식물이나 식수에 오염되어 경구적으로 침입되는 감염병이 아닌 것은?

① 유행성이하선염

② 파라티푸스

③ 세균성 이질

④ 폴리오

59 적외선에 속하는 파장은?

① 200nm

② 400nm

③ 600nm

④ 800nm

60 매개 곤충과 질병이 잘못 연결된 것은?

① 이 – 발진티푸스

② 쥐벼룩 – 페스트

③ 모기 – 사상충증

④ 벼룩 – 렙토스피라증

한식조리기능사	소요 시간	문항 수
	1시간	총 60문항

수험번호 : _____

성   명 : _____

정답 & 해설 ▶ 276쪽

01 황색 포도상구균의 특징이 아닌 것은?
① 균체가 열에 강함
② 독소형 식중독 유발
③ 화농성 질환의 원인균
④ 엔테로톡신(Enterotoxin) 생성

02 섭조개에서 문제를 일으킬 수 있는 독소 성분은?
① 테트로도톡신(Tetrodotoxin)
② 셉신(Sepsine)
③ 베네루핀(Venerupin)
④ 삭시톡신(Saxitoxin)

03 어패류의 선도 평가에 이용되는 지표성분은?
① 헤모글로빈
② 트리메틸아민
③ 메탄올
④ 이산화탄소

04 식품에서 자연적으로 발생하는 유독물질을 통해 식중독을 일으킬 수 있는 식품과 가장 거리가 먼 것은?
① 피마자
② 표고버섯
③ 미숙한 매실
④ 모시조개

05 과거 일본 미나마타병의 집단발병 원인이 되는 중금속은?
① 카드뮴
② 납
③ 수은
④ 비소

06 소시지 등 가공육 제품의 육색을 고정하기 위해 사용하는 식품첨가물은?
① 발색제
② 착색제
③ 강화제
④ 보존제

07 소독의 지표가 되는 소독제는?

① 석탄산
② 크레졸
③ 과산화수소
④ 포르말린

08 식품의 변화현상에 대한 설명 중 틀린 것은?

① 산패 : 유지식품의 지방질 산화
② 발효 : 화학물질에 의한 유기화합물의 분해
③ 변질 : 식품의 품질 저하
④ 부패 : 단백질과 유기물이 부패 미생물에 의해 분해

09 파라티온(Parathion), 말라티온(Malathion)과 같이 독성이 강하지만 빨리 분해되어 만성중독을 일으키지 않는 농약은?

① 유기인제 농약
② 유기염소제 농약
③ 유기불소제 농약
④ 유기수은제 농약

10 식품첨가물의 주요 용도 연결이 옳은 것은?

① 삼이산화철 – 표백제
② 이산화티타늄 – 발색제
③ 명반 – 보존료
④ 호박산 – 산도조절제

11 식품위생법상 식중독 환자를 진단한 의사는 누구에게 이 사실을 제일 먼저 보고하여야 하는가?

① 보건복지부장관
② 경찰서장
③ 보건소장
④ 관할 시장 · 군수 · 구청장

12 조리사 면허 취소에 해당하지 않는 것은?

① 식중독이나 그 밖에 위생과 관련한 중대한 사고 발생에 직무상의 책임이 있는 경우
② 면허를 타인에게 대여하여 사용하게 한 경우
③ 조리사가 마약이나 그 밖의 약물에 중독이 된 경우
④ 조리사 면허의 취소처분을 받고 그 취소된 날부터 2년이 지나지 아니한 경우

13 식품위생법상 식품 등의 위생적인 취급에 관한 기준이 아닌 것은?

① 식품 등을 취급하는 원료보관실 · 제조가공실 · 조리실 · 포장실 등의 내부는 항상 청결하게 관리하여야 한다.
② 식품 등의 원료 및 제품 중 부패 · 변질되기 쉬운 것은 냉동 · 냉장시설에 보관 · 관리하여야 한다.
③ 유통기한이 경과된 식품 등을 판매하거나 판매의 목적으로 전시하여 진열 · 보관하여서는 아니 된다.
④ 모든 식품 및 원료는 냉장 · 냉동시설에 보관 · 관리하여야 한다.

14 식품위생법상 허위표시, 과대광고, 비방광고 및 과대포장의 범위에 해당하지 않는 것은?

① 허가 · 신고 또는 보고한 사항이나 수입신고한 사항과 다른 내용의 표시 · 광고

② 제조방법에 관하여 연구하거나 발견한 사실로서 식품학 · 영양학 등의 분야에서 공인된 사항의 표시

③ 제품의 원재료 또는 성분과 다른 내용의 표시 · 광고

④ 제조연월일 또는 유통기한을 표시함에 있어서 사실과 다른 내용의 표시 · 광고

15 식품위생법상 '식품을 제조·가공 또는 보존하는 과정에서 식품에 넣거나 섞는 물질 또는 식품을 적시는 등에 사용하는 물질'로 정의된 것은?

① 식품첨가물
② 화학적 합성품
③ 항생제
④ 의약품

16 β-전분이 가열에 의해 α-전분으로 되는 현상은?

① 호화
② 호정화
③ 산화
④ 노화

17 중성지방의 구성 성분은?

① 탄소와 질소
② 아미노산
③ 지방산과 글리세롤
④ 포도당과 지방산

18 젓갈의 숙성에 대한 설명으로 틀린 것은?

① 농도가 묽으면 부패하기 쉽다.
② 새우젓의 소금 사용량은 60% 정도가 적당하다.
③ 자기소화 효소작용에 의한 것이다.
④ 호염균의 작용이 일어날 수 있다.

19 결합수의 특징이 아닌 것은?

① 전해질을 잘 녹여 용매로 작용한다.
② 자유수보다 밀도가 크다.
③ 식품에서 미생물의 번식과 발아에 이용되지 못한다.
④ 동 · 식물의 조직에 존재할 때 그 조직에 큰 압력을 가하여 압착해도 제거되지 않는다.

20 요구르트 제조는 우유 단백질의 어떤 성질을 이용하는가?

① 응고성
② 용해성
③ 팽윤
④ 수화

21 알칼리성 식품에 대한 설명으로 옳은 것은?

① Na, K, Ca, Mg이 많이 함유되어 있는 식품
② S, P, Cl이 많이 함유되어 있는 식품
③ 당질, 지질, 단백질 등이 많이 함유되어 있는 식품
④ 곡류, 육류, 치즈 등의 식품

22 우유의 균질화(Homogenization)에 대한 설명이 아닌 것은?

① 지방구 크기를 0.1~2.2㎛ 정도로 균일하게 만들 수 있다.

② 탈지유를 첨가하여 지방의 함량을 맞춘다.

③ 큰 지방구의 크림층 형성을 방지한다.

④ 지방의 소화를 용이하게 한다.

23 레드 캐비지로 샐러드를 만들 때 식초를 조금 넣은 물에 담그면 고운 적색을 띠는 것은 어떤 색소 때문인가?

① 안토시아닌(Anthocyanin)

② 클로로필(Chlorophyll)

③ 안토잔틴(Anthoxanthin)

④ 미오글로빈(Myoglobin)

24 섬유소와 한천에 대한 설명 중 틀린 것은?

① 산을 첨가하여 가열하면 분해되지 않는다.

② 체내에서 소화되지 않는다.

③ 변비를 예방한다.

④ 모두 다당류이다.

25 과실의 젤리화 3요소와 관계가 없는 것은?

① 젤라틴

② 당

③ 펙틴

④ 산

26 탄수화물의 분류 중 5탄당이 아닌 것은?

① 갈락토오스(Galactose)

② 자일로오스(Xylose)

③ 아라비노오스(Arabinose)

④ 리보오스(Ribose)

27 CA 저장에 가장 적합한 식품은?

① 육류

② 과일류

③ 우유

④ 생선류

28 황함유 아미노산이 아닌 것은?

① 트레오닌(Threonine)

② 시스틴(Cystine)

③ 메티오닌(Methionine)

④ 시스테인(Cysteine)

29 하루 필요 열량이 2,500kcal일 경우 이 중의 18%에 해당하는 열량을 단백질에서 얻으려 한다면, 필요한 단백질의 양은 얼마인가?

① 50.0g

② 112.5g

③ 121.5g

④ 171.3g

30 조리와 가공 중 천연색소의 변색 요인과 거리가 먼 것은?

① 산소
② 효소
③ 질소
④ 금속

31 조리에 사용하는 냉동식품의 특성이 아닌 것은?

① 완만 동결하여 조직이 좋다.
② 미생물 발육을 저지하여 장기간 보존이 가능하다.
③ 저장 중 영양가 손실이 적다.
④ 산화를 억제하여 품질 저하를 막는다.

32 조리기구의 재질 중 열전도율이 커서 열을 전달하기 쉬운 것은?

① 유리
② 도자기
③ 알루미늄
④ 석면

33 달걀을 이용한 조리식품과 관계가 없는 것은?

① 오믈렛
② 수란
③ 치즈
④ 커스터드

34 소금 절임 시 저장성이 좋아지는 이유는?

① pH가 낮아져 미생물이 살아갈 수 없는 환경이 조성된다.
② pH가 높아져 미생물이 살아갈 수 없는 환경이 조성된다.
③ 고삼투성에 의한 탈수효과로 미생물의 생육이 억제된다.
④ 저삼투성에 의한 탈수효과로 미생물의 생육이 억제된다.

35 밀가루의 용도별 분류는 어느 성분을 기준으로 하는가?

① 글리아딘
② 글로불린
③ 글루타민
④ 글루텐

36 소고기의 부위별 용도와 조리법 연결이 틀린 것은?

① 앞다리−불고기, 육회, 장조림
② 설도−탕, 샤브샤브, 육회
③ 목심−불고기, 국거리
④ 우둔−산적, 장조림, 육포

37 젤라틴의 응고에 관한 설명으로 틀린 것은?

① 젤라틴의 농도가 높을수록 빨리 응고된다.
② 설탕의 농도가 높을수록 응고가 방해된다.
③ 염류는 젤라틴의 응고를 방해한다.
④ 단백질의 분해효소를 사용하면 응고력이 약해진다.

38 과일의 일반적인 특성과는 다르게 지방 함량이 가장 높은 과일은?

① 아보카도
② 수박
③ 바나나
④ 감

39 전자레인지의 주된 조리 원리는?

① 복사
② 전도
③ 대류
④ 초단파

40 물에 녹는 비타민은?

① 레티놀(Retinol)
② 토코페롤(Tocopherol)
③ 티아민(Thiamine)
④ 칼시페롤(Calciferol)

41 생선에 레몬즙을 뿌렸을 때 나타나는 현상이 아닌 것은?

① 신맛이 가해져서 생선이 부드러워진다.
② 생선의 비린내가 감소한다.
③ pH가 산성이 되어 미생물의 증식이 억제된다.
④ 단백질이 응고된다.

42 튀김의 특징이 아닌 것은?

① 고온 단시간 가열로 영양소의 손실이 적다.
② 기름의 맛이 더해져 맛이 좋아진다.
③ 표면이 바삭바삭해 입안에서의 촉감이 좋아진다.
④ 불미성분이 제거된다.

43 생선의 조리방법에 관한 설명으로 옳은 것은?

① 생선은 결제조직의 함량이 많으므로 습열 조리법을 많이 이용한다.
② 지방 함량이 낮은 생선보다는 높은 생선으로 구이를 하는 것이 풍미가 더 좋다.
③ 생선찌개를 할 때 생선 자체의 맛을 살리기 위해서 찬물에 넣고 은근히 끓인다.
④ 선도가 낮은 생선은 조림국물의 양념을 담백하게 하여 뚜껑을 닫고 끓인다.

44 계량방법이 잘못된 것은?

① 된장, 흑설탕은 꼭꼭 눌러 담아 수평으로 깎아서 계량한다.
② 우유는 투명기구를 사용하여 액체 표면의 윗부분을 눈과 수평으로 하여 계량한다.
③ 저울은 반드시 수평한 곳에서 0으로 맞추고 사용한다.
④ 마가린은 실온일 때 꼭꼭 눌러 담아 평평한 것으로 깎아 계량한다.

45 총원가에 대한 설명으로 맞는 것은?

① 제조간접비와 직접원가의 합이다.

② 판매관리비와 제조원가의 합이다.

③ 판매관리비, 제조간접비, 이익의 합이다.

④ 직접재료비, 직접노무비, 직접경비, 직접원가, 판매관리비의 합이다.

46 대상집단의 조직체가 급식운영을 직접 하는 형태는?

① 준위탁급식

② 위탁급식

③ 직영급식

④ 협동조합급식

47 수라상의 찬품 가짓수는?

① 5첩

② 7첩

③ 9첩

④ 12첩

48 덩어리 육류를 건열로 표면에 갈색이 나도록 구워 내부의 육즙이 나오지 않게 한 후 소량의 물, 우유와 함께 습열 조리하는 것은?

① 브레이징(Braising)

② 스튜잉(Stewing)

③ 브로일링(Broiling)

④ 로스팅(Roasting)

49 식품검수 방법의 연결이 틀린 것은?

① 화학적 방법 : 영양소의 분석, 첨가물, 유해 성분 등을 검출하는 방법

② 검경적 방법 : 식품의 중량, 부피, 크기 등을 측정하는 방법

③ 물리학적 방법 : 식품의 비중, 경도, 점도, 빙점 등을 측정하는 방법

④ 생화학적 방법 : 효소반응, 효소 활성도, 수소이온농도 등을 측정하는 방법

50 다음 중 적절한 작업 환경 안전 관리가 아닌 것은?

① 부식 및 발화 가연제 또는 위험물질은 별도로 구분하여 보관한다.

② 적정한 상대습도는 40~60%를 유지한다.

③ 조리작업장의 권장 조도는 100Lux 이하이다.

④ 작업장 주위의 통로나 작업장은 항상 청소한 후 작업한다.

51 인분을 사용한 밭에서 특히 경피적 감염을 주의해야 하는 기생충은?

① 십이지장충

② 요충

③ 회충

④ 말레이사상충

52 무구조충(민촌충) 감염의 올바른 예방대책은?

① 게나 가재의 가열 섭취

② 음료수의 소독

③ 채소류의 가열 섭취

④ 소고기의 가열 섭취

53 사람이 예방접종을 통하여 얻은 면역을 무엇이라고 하는가?

① 선천면역
② 자연수동면역
③ 자연능동면역
④ 인공능동면역

54 쥐에 의하여 옮겨지는 감염병은?

① 유행성이하선염
② 페스트
③ 파상풍
④ 일본뇌염

55 눈 보호를 위해 가장 좋은 인공조명 방식은?

① 직접조명
② 간접조명
③ 반직접조명
④ 전반확산조명

56 중금속과 중독 증상의 연결이 잘못된 것은?

① 카드뮴-신장기능 장애
② 크롬-비중격천공
③ 수은-홍독성 흥분
④ 납-섬유화 현상

57 국소진동으로 인한 질병 및 직업병의 예방대책이 아닌 것은?

① 보건교육
② 완충장치
③ 방열복 착용
④ 작업시간 단축

58 쓰레기 처리 방법 중 미생물까지 사멸할 수는 있으나 대기오염을 유발할 수 있는 것은?

① 소각법
② 투기법
③ 매립법
④ 재활용법

59 디피티(D.P.T) 기본접종과 관계없는 질병은?

① 디프테리아
② 풍진
③ 백일해
④ 파상풍

60 국가의 보건수준 평가를 위하여 가장 많이 사용되고 있는 지표는?

① 조사망률
② 성인병 발생률
③ 결핵 이환율
④ 영아 사망률

<table>
<tr><td rowspan="2">한식조리기능사</td><td>소요 시간</td><td>문항 수</td></tr>
<tr><td>1시간</td><td>총 60문항</td></tr>
</table>

수험번호 : _____

성   명 : _____

정답 & 해설 ▶ 280쪽

01 식품위생법규상 우수업소의 지정기준으로 틀린 것은?

① 건물은 작업에 필요한 공간을 확보하여야 하며, 환기가 잘 되어야 한다.

② 원료처리실 · 제조가공실 · 포장실 등 작업장은 분리 · 구획되어야 한다.

③ 작업장 · 냉장시설 · 냉동시설 등에는 온도를 측정할 수 있는 계기가 눈에 잘 보이지 않는 곳에 설치되어야 한다.

④ 작업장의 바닥 · 내벽 및 천장은 내부처리를 하여야 하며, 항상 청결하게 관리되어야 한다.

02 식품 등의 위생적 취급에 관한 기준으로 틀린 것은?

① 식품 등을 취급하는 원료보관실 · 제조가공실 · 포장실 등의 내부는 항상 청결하게 관리하여야 한다.

② 식품 등의 원료 및 제품 중 부패 · 변질이 되기 쉬운 것은 냉동 · 냉장시설에 보관 · 관리하여야 한다.

③ 식품 등의 제조 · 가공 · 조리 또는 포장에 직접 종사하는 자는 위생모를 착용하는 등 개인위생관리를 철저히 하여야 한다.

④ 유통기한이 경과된 식품 등은 판매의 목적으로 전시하여 진열 · 보관하여도 된다.

03 식품접객업 중 단란주점영업을 허가하는 자는?

① 시장 · 군수 · 구청장

② 시 · 도지사

③ 보건복지가족부장관

④ 식품의약품 안전처장

04 집단급식소를 설치·운영하는 자는 조리한 식품의 매회 1인분 분량을 보건복지가족부령이 정하는 바에 따라 몇 시간 이상 보관해야 하는가?

① 12시간

② 24시간

③ 144시간

④ 1,000시간

05 다음 중 조리사 면허를 받을 수 없는 사람은?

① 미성년자

② 마약중독자

③ 비전염성 간염환자

④ 조리사 면허의 취소처분을 받고 그 취소된 날부터 1년이 지난 자

06 칼슘(Ca)과 인(P)의 대사이상을 초래하여 골연화증을 유발하는 유해금속은?

① 철(Fe)
② 카드뮴(Cd)
③ 은(Ag)
④ 주석(Sn)

07 살모넬라 식중독 원인균의 주요 감염원은?

① 채소
② 바다생선
③ 식육
④ 과일

08 다음 중 국내에서 허가된 인공감미료는?

① 둘신(Dulcin)
② 사카린나트륨(Sodium Saccharin)
③ 사이클라민산나트륨(Sodium Cyclamate)
④ 에틸렌글리콜(Ethylene Glycol)

09 황색포도상구균에 의한 식중독에 대한 설명으로 틀린 것은?

① 잠복기는 1~5시간 정도이다.
② 감염형 식중독을 유발하며 사망률이 높다.
③ 주요 증상은 구토, 설사, 복통 등이다.
④ 장독소(Enterotoxin)에 의한 독소형이다.

10 화학 물질을 시험동물에 1회 또는 24시간 안에 반복 투여하거나, 흡입될 수 있는 화학 물질을 24시간 안에 노출시켰을 때 1일~2주 안에 나타나는 독성은?

① 급성독성
② 만성독성
③ 아급성독성
④ 특수독성

11 일반적으로 식품 1g 중 생균수가 약 얼마 이상일 때 초기부패로 판정하는가?

① 10^2개
② 10^4개
③ 10^7개
④ 10^{15}개

12 신선도가 저하된 꽁치, 고등어 등의 섭취로 인한 알레르기성 식중독의 원인 성분은?

① 트리메틸아민(Trimethylamine)
② 히스타민(Histamine)
③ 엔테로톡신(Enterotoxin)
④ 시큐톡신(Cicutoxin)

13 유동파라핀의 사용 용도는?

① 껌기초제
② 이형제
③ 소포제
④ 추출제

14 음식물과 함께 섭취된 미생물이 식품이나 체내에서 다량 증식하여 장관 점막에 위해를 끼침으로써 일어나는 식중독은?

① 독소형 세균성 식중독
② 감염형 세균성 식중독
③ 식물성 자연독 식중독
④ 동물성 자연독 식중독

15 장마철 후 저장 쌀이 적홍색 또는 황색으로 착색된 현상에 대한 설명으로 틀린 것은?

① 수분 함량이 15% 이상 되는 조건에서 저장할 때 발생한다.
② 기후 조건 때문에 동남아시아 지역에서 발생하기 쉽다.
③ 저장된 쌀에 곰팡이류가 오염되어 그 대사산물에 의해 쌀이 황색으로 변한 것이다.
④ 황변미는 일시적인 현상이므로 위생적으로 무해한다.

16 유화(Emulsion)와 관련이 적은 식품은?

① 버터
② 마요네즈
③ 두부
④ 우유

17 생선의 신선도가 저하되었을 때의 변화로 틀린 것은?

① 살이 물러지고 뼈와 쉽게 분리된다.
② 표피의 비늘이 떨어지거나 잘 벗겨진다.
③ 아가미의 빛깔이 선홍색으로 단단하여 꽉 닫혀있다.
④ 휘발성 염기물질이 생성된다.

18 먹다 남은 찹쌀떡을 보관하려고 할 때 노화가 가장 빨리 일어나는 보관 방법은?

① 상온 보관
② 온장고 보관
③ 냉동고 보관
④ 냉장고 보관

19 다음 영양소 중 열량소에 해당하지 않는 것은?

① 비타민
② 단백질
③ 지방
④ 탄수화물

20 캐러멜화(Caramelization) 반응을 일으키는 것은?

① 당류
② 아미노산
③ 지방질
④ 비타민

21 가열에 의해 고유의 냄새 성분이 생성되지 않는 것은?

① 장어구이
② 스테이크
③ 커피
④ 포도주

22 동물성 식품의 시간에 따른 변화 경로는?

① 사후강직 → 자기소화 → 부패
② 자기소화 → 사후강직 → 부패
③ 사후강직 → 부패 → 자기소화
④ 자기소화 → 부패 → 사후강직

23 다음 중 이당류가 아닌 것은?

① 설탕(Sucrose)
② 유당(Lactose)
③ 과당(Fructose)
④ 맥아당(Maltose)

24 각 식품에 대한 설명 중 틀린 것은?

① 쌀은 라이신, 트레오닌 등의 필수 아미노산이 부족하다.
② 당근은 비타민 A의 급원 식품이다.
③ 우유는 단백질과 칼슘의 급원 식품이다.
④ 육류는 알칼리성 식품이다.

25 하루 동안 섭취한 음식 중에 단백질 70g, 지질 35g, 당질 400g이 있었다면 이때 얻을 수 있는 열량은?

① 1,995kcal
② 2,095kcal
③ 2,195kcal
④ 2,295kcal

26 곡류의 특성에 관한 설명으로 틀린 것은?

① 곡류의 호분층에는 단백질, 지질, 비타민, 무기질, 효소 등이 풍부하다.
② 멥쌀의 아밀로오스와 아밀로펙틴의 비율은 보통 80:20이다.
③ 밀가루로 면을 만들었을 때 잘 늘어나는 이유는 글루텐 성분의 특성 때문이다.
④ 맥아는 보리의 싹을 틔운 것으로서 맥주 제조에 이용된다.

27 박력분에 대한 설명으로 맞는 것은?

① 경질의 밀로 만든다.
② 다목적으로 사용된다.
③ 탄력성과 점성이 약하다.
④ 마카로니, 식빵 제조에 알맞다.

28 아밀로펙틴에 대한 설명으로 틀린 것은?

① 찹쌀은 아밀로펙틴으로만 구성되어 있다.
② 기본단위는 포도당이다.
③ α-1,4 결합과 α-1,6 결합으로 되어 있다.
④ 요오드와 반응하면 보라색을 띤다.

29 식소다(Baking Soda)를 넣어 만든 빵의 색깔이 누렇게 되는 이유는?

① 밀가루의 플라본 색소가 산에 의해서 변색된다.

② 밀가루의 플라본 색소가 알칼리에 의해서 변색된다.

③ 밀가루의 안토시아닌 색소가 가열에 의해서 변색된다.

④ 밀가루의 안토시아닌 색소가 시간이 지나면서 퇴색된다.

30 훈연에 대한 설명으로 틀린 것은?

① 햄, 베이컨, 소시지가 훈연 제품이다.

② 훈연 목적은 육제품의 풍미와 외관 향상이다.

③ 훈연 재료는 침엽수인 소나무가 좋다.

④ 훈연하면 보존성이 좋아진다.

31 전분의 호정화(Dextrinization)가 일어난 예로 적합하지 않은 것은?

① 누룽지

② 토스트

③ 미숫가루

④ 묵

32 식품과 주요 특수 성분 간의 연결이 옳은 것은?

① 마늘 : 알리신

② 무 : 진저론

③ 후추 : 메틸메르캅탄

④ 고추 : 차비신

33 집단급식소에 해당하지 않는 것은?

① 군부대의 급식소

② 양로원의 급식소

③ 초등학교의 급식소

④ 호텔의 이벤트 급식소

34 다음 중 신선한 달걀의 특징에 해당하는 것은?

① 껍질이 매끈하고 윤기가 흐른다.

② 식염수에 넣었더니 가라앉는다.

③ 깨뜨렸더니 난백이 넓게 퍼진다.

④ 노른자의 점도가 낮고 묽다.

35 다음 원가요소에 따라 산출한 총 원가는?

- 직접재료비 : 250,000원
- 직접노무비 : 100,000원
- 직접경비 : 40,000원
- 제조간접비 : 120,000원
- 판매관리비 : 60,000원
- 이익 : 100,000원

① 390,000원

② 510,000원

③ 570,000원

④ 610,000원

36 미역에 대한 설명으로 틀린 것은?

① 칼슘과 요오드가 많이 함유되어 있다.

② 알칼리성 식품이다.

③ 갈조 식물이다.

④ 점액질 물질인 알긴산은 중요한 열량급원이다.

37 식품의 풍미를 증진시키는 방법으로 적합하지 않은 것은?

① 부드러운 채소 조리 시 그 맛을 제대로 유지하려면 조리시간을 단축해야 한다.
② 빵을 갈색이 나게 잘 구우려면 건열로 갈색 반응이 일어날 때까지 충분히 구워야 한다.
③ 사태나 양지머리와 같은 질긴 고기의 국물을 맛있게 맛을 내기 위해서는 약한 불에 서서히 끓인다.
④ 빵은 증기로 찌거나 전자 오븐으로 시간을 단축시켜 조리한다.

38 식품의 냉동에 대한 설명 중 틀린 것은?

① 완두는 씻어서 소금물에 살짝 데쳐 식힌 후 냉동시키면 선명한 녹색을 유지할 수 있다.
② 조리된 케이크, 빵, 떡 등은 부드러운 상태에서 밀봉하여 냉동 저장하였다가 상온에서 그대로 녹이면 거의 원상태로 돌아간다.
③ 파이껍질 반죽, 쿠키 반죽 등과 같은 반조리된 식품은 밀봉하여 냉동 저장하였다가 다시 사용할 수 없다.
④ 사과 등의 과일은 정량의 설탕이나 설탕시럽을 사용하여 냉동하면 향기나 질감의 손상을 어느 정도 막을 수 있다.

39 안토시아닌 색소가 함유된 채소를 알칼리 용액에서 가열하면 어떻게 변색하는가?

① 붉은색
② 황갈색
③ 무색
④ 청색

40 식단의 형태 중 자유선택식단(카페테리아 식단)의 특징이 아닌 것은?

① 피급식자가 기호에 따라 음식을 선택한다.
② 적온급식설비와 개별식기의 사용은 필요하지 않다.
③ 셀프서비스가 전제되어야 한다.
④ 조리 생산성은 고정 메뉴식보다 낮다.

41 시금치를 데칠 때 색을 보존하기 위한 조리 방법으로 옳은 것은?

① 뚜껑을 열고 다량의 조리수를 사용한다.
② 뚜껑을 열고 소량의 조리수를 사용한다.
③ 뚜껑을 덮고 다량의 조리수를 사용한다.
④ 뚜껑을 덮고 소량의 조리수를 사용한다.

42 식초의 기능에 대한 설명으로 틀린 것은?

① 생선에 사용하면 생선살이 단단해진다.
② 붉은 비츠(Beets)에 사용하면 선명한 적색이 된다.
③ 양파에 사용하면 황색이 된다.
④ 마요네즈를 만들 때 사용하면 유화액을 안정시켜 준다.

43 식품 조리의 목적으로 부적합한 것은?

① 영양소의 함량 증가
② 풍미향상
③ 식욕증진
④ 소화되기 쉬운 형태로 변화

44 달걀을 삶았을 때 난황 주위에 일어나는 암녹색의 변색에 대한 설명으로 옳은 것은?

① 100℃의 물에서 5분 이상 가열 시 나타난다.

② 신선한 달걀일수록 색이 진해진다.

③ 난황의 철과 난백의 황화수소가 결합하여 생성된다.

④ 낮은 온도에서 가열할 때 색이 더욱 진해진다.

45 조리장의 설비 및 관리에 대한 설명 중 틀린 것은?

① 조리장 내에는 배수시설이 잘 되어야 한다.

② 하수구에는 덮개를 설치한다.

③ 폐기물 용기는 목재 재질을 사용한다.

④ 폐기물 용기는 덮개가 있어야 한다.

46 우리 몸 안에서 수분의 작용을 바르게 설명한 것은?

① 영양소를 운반하는 작용을 한다.

② 5대 영양소에 속하는 영양소이다.

③ 높은 열량을 공급하여 추위를 막을 수 있다.

④ 호르몬의 주요 구성성분이다.

47 마요네즈를 만들 때 유화제 역할을 하는 것은?

① 식초

② 샐러드유

③ 설탕

④ 난황

48 튀김에 대한 설명으로 맞는 것은?

① 기름의 온도를 일정하게 유지하기 위해 가능한 적은 양의 기름을 사용한다.

② 기름은 비열이 낮기 때문에 온도가 쉽게 변화된다.

③ 튀김에 사용했던 기름은 철로 된 튀김용 그릇에 담아 그대로 보관한다.

④ 튀김 시 직경이 넓고, 얇은 용기를 사용하면 온도변화가 작다.

49 취식자 1인당 취식면적을 1.3m2, 식기회수 공간을 취식면적의 10%로 할 때, 1회 350인을 수용하는 식당의 면적은?

① $500.5m^2$

② $455.5m^2$

③ $485.5m^2$

④ $525.5m^2$

50 오징어 12kg을 25,000원에 구입하였다. 모두 손질한 후의 폐기율이 35%였다면 실사용량의 kg당 단가는 얼마인가?

① 5,556원

② 3,205원

③ 2,083원

④ 714원

51 순화독소(Toxoid)를 사용하는 예방접종으로 면역이 되는 질병은?

① 파상풍
② 콜레라
③ 폴리오
④ 백일해

52 B형 간염에 대한 설명 중 틀린 것은?

① 제3군 감염병이다.
② 후기에는 황달증상이 나타난다.
③ 감염된 사람의 혈액에 의해 전염된다.
④ 세균성 감염이다.

53 중간숙주가 제1중간숙주와 제2중간숙주로 두 가지인 기생충은?

① 요충
② 간디스토마
③ 회충
④ 아메바성 이질

54 먹는 물의 수질기준으로 틀린 것은?

① 색도는 7도 이상이어야 한다.
② 소독으로 인한 냄새와 맛 이외의 냄새와 맛이 있어서는 안 된다.
③ 대장균·분원성 대장균군은 100㎖에서 검출되지 않아야 한다(단, 샘물·먹는 샘물 및 먹는 해양심층수 제외).
④ 수소이온의 농도는 pH5.8 이상 8.5 이하이어야 한다.

55 어패류 매개 기생충 질환의 가장 확실한 예방법은?

① 환경위생 관리
② 생식금지
③ 보건교육
④ 개인위생 철저

56 세계보건기구(WHO)의 주요 기능이 아닌 것은?

① 국제적인 보건사업의 지휘 및 조정
② 회원국에 대한 기술지원 및 자료공급
③ 개인의 정신질환 치료 및 정신보건 향상
④ 전문가 파견에 의한 기술자문 활동

57 아래에서 설명하는 소독법은?

> 드라이오븐을 이용하여 유리 기구, 주사침, 유지, 글리세린, 분말 등에 주로 사용하며 보통 170℃에서 1~2시간 처리한다.

① 자비소독법
② 고압증기멸균법
③ 건열멸균법
④ 유통증기멸균법

58 소독약과 유효한 농도의 연결이 적합하지 않은 것은?

① 알코올 : 5%
② 과산화수소 : 3%
③ 석탄산 : 3%
④ 승홍수 : 0.1%

59 하천수의 용존 산소량이 적을 때의 원인으로 가장 적합한 것은?

① 하천수의 온도가 하강하였다.
② 가정하수, 공장폐수 등에 의해 오염되었다.
③ 중금속의 오염이 심각하였다.
④ 비가 내린 지 얼마 안 되었다.

60 심한 설사로 인하여 탈수 증상을 나타내는 감염병은?

① 콜레라
② 백일해
③ 결핵
④ 홍역

한식조리기능사	소요 시간	문항 수
	1시간	총 60문항

수험번호 : _____

성   명 : _____

정답 & 해설 ▶ 283쪽

01 식품첨가물에 대한 설명으로 틀린 것은?
① 보존료는 식품의 미생물에 의한 부패를 방지할 목적으로 사용된다.
② 규소수지는 주로 산화방지제로 사용된다.
③ 과산화벤조일(희석)은 밀가루 이외의 식품에 사용하여서는 안 된다.
④ 과황산암모늄은 밀가루 이외의 식품에 사용하여서는 안 된다.

02 다음에서 설명하는 중금속은?

> • 도료, 제련, 배터리, 인쇄 등의 작업에 많이 사용되며 유약을 바른 도자기 등에서 중독이 일어날 수 있다.
> • 중독 시 안면 창백, 연연(鉛緣), 말초 신경염 등의 증상이 나타난다.

① 납
② 주석
③ 구리
④ 비소

03 통조림, 병조림과 같은 밀봉 식품의 부패가 원인이 되는 식중독과 가장 관계 깊은 것은?
① 살모넬라 식중독
② 클로스트리디움 보툴리늄 식중독
③ 포도상구균 식중독
④ 리스테리아균 식중독

04 냉장고에 식품을 저장하는 방법에 대한 설명으로 옳은 것은?
① 생선과 버터는 가까이 두는 것이 좋다.
② 식품을 냉장고에 저장하면 세균이 완전히 사멸된다.
③ 조리하지 않은 식품과 조리한 식품은 분리해서 저장한다.
④ 오랫동안 저장해야 할 식품은 냉장고 중에서 가장 온도가 높은 곳에 저장한다.

05 빵 반죽 시 효모와 함께 물에 녹여 사용하면 효모의 작용을 약화시키는 식품첨가물은?
① 프로피온산 칼슘(Calcium Propionate)
② 2초산나트륨(Sodium Diaconate)
③ 파라옥시안식향산 에스테르
   (P-oxy benzoic Acid Ester)
④ 소르빈산(Sorbic Acid)

06 알코올 발효에서 펙틴이 있으면 생성되기 때문에 과실주에 함유되어 있으며, 과잉 섭취 시 두통, 현기증 등의 증상을 나타내는 것은?
① 붕산
② 승홍
③ 메탄
④ 포르말린

07 감염형 식중독의 원인균이 아닌 것은?

① 살모넬라균

② 장염비브리오균

③ 병원성대장균

④ 포도상구균

08 식품첨가물에 대한 설명으로 틀린 것은?

① 식품의 변질을 방지하기 위한 것이다.

② 식품 제조에 필요한 것이다.

③ 식품의 기호성 등을 높이는 것이다.

④ 우발적 오염물을 포함한다.

09 덜 익은 매실, 살구씨, 복숭아씨 등에 들어 있으며, 인체 장내에서 청산을 생산하는 것은?

① 솔라닌(Solanine)

② 고시폴(Gossypol)

③ 시큐톡신(Cicutoxin)

④ 아미그달린(Amygdalin)

10 식인성 병해 생성요인 중 유기성 원인 물질에 해당되는 것은?

① 세균성 식중독균

② 방사선 물질

③ 엔-니트로소(N-nitroso) 화합물

④ 복어독

11 중국에서 수입한 배추(절인 배추 포함)를 사용하여 국내에서 배추김치로 조리하여 판매하는 경우, 메뉴판 및 게시판에 표시하여야 하는 원산지 표시 방법은?

① 배추김치(중국산)

② 배추김치(배추 중국산)

③ 배추김치(국내산과 중국산을 섞음)

④ 배추김치(국내산)

12 식품 등의 표시기준에 의거하여 식품의 내용량을 표시할 경우, 내용물이 고체 또는 반고체일 때 표시하는 방법은?

① 중량

② 용량

③ 개수

④ 부피

13 식품의 조리 가공, 저장 중에 생성되는 유해 물질 중 아민이나 아미드류와 반응하여 니트로소 화합물을 생성하는 성분은?

① 지질

② 아황산

③ 아질산염

④ 삼염화질소

14 식품접객업을 신규로 하고자 하는 경우 몇 시간의 위생교육을 받아야 하는가?

① 2시간

② 4시간

③ 6시간

④ 8시간

15 식품위생법상 식품위생의 정의는?

① 음식과 의약품에 관한 위생을 말한다.

② 농산물, 기구 또는 용기·포장의 위생을 말한다.

③ 식품 및 식품첨가물만을 대상으로 하는 위생을 말한다.

④ 식품, 식품첨가물, 기구 또는 용기·포장을 대상으로 하는 음식에 관한 위생을 말한다.

16 어육연제품의 결착제로 사용되는 것은?

① 소금, 한천

② 설탕, MSG

③ 전분, 달걀

④ 솔비톨, 물

17 식품에서 다음과 같은 기능을 갖는 성분은?

유화성, 거품생성능력, 젤화, 수화성

① 단백질

② 지방

③ 탄수화물

④ 비타민

18 동물성 식품의 색에 관한 설명 중 틀린 것은?

① 식육의 붉은 색은 Myoglobin과 Hemoglobin에 의한 것이다.

② Heme은 페로프로토포피린(Ferroprotoporphyrin)과 단백질인 글로빈(Globin)이 결합된 복합 단백질이다.

③ Myoglobin은 적자색이지만 공기와 오래 접촉하여 Fe로 산화되면 선홍색의 Oxymyoglobin이 된다.

④ 아질산염으로 처리하면 가열에도 안정한 선홍색의 Nitrosomyoglobin이 된다.

19 식품의 조리 및 가공 시 발생되는 갈변 현상의 설명으로 틀린 것은?

① 설탕 등의 당류를 160~180℃로 가열하면 마이야르(Maillard) 반응으로 갈색 물질이 생성된다.

② 사과, 가지, 고구마 등의 껍질을 벗길 때 폴리페놀성 물질을 산화시키는 효소 작용으로 갈변 물질이 생성된다.

③ 감자를 절단하면 효소 작용으로 흑갈색의 멜라닌 색소가 생성되며, 갈변을 막으려면 물에 담근다.

④ 아미노-카르보닐 반응으로 간장과 된장의 갈변 물질이 생성된다.

20 동·식물체에 자외선을 쪼이면 활성화되는 비타민은?

① 비타민 A

② 비타민 D

③ 비타민 E

④ 비타민 K

21 조리 시 산패의 우려가 가장 큰 지방산은?

① 카프롤레산(Caproleic Acid)

② 리놀레산(Linoleic Acid)

③ 리놀렌산(Linolenic Acid)

④ 아이코사펜타에노산(Eicosapentaenoic Acid)

22 다음의 당류 중 영양소를 공급할 수 없으나 식이 섬유소로서 인체에 중요한 기능을 하는 것은?

① 전분

② 설탕

③ 맥아당

④ 펙틴

23 어패류 가공에서 북어의 제조법은?

① 염건법

② 소건법

③ 동건법

④ 염장법

24 양갱 제조에서 팥소를 굳히는 작용을 하는 재료는?

① 젤라틴

② 회분

③ 한천

④ 밀가루

25 강화 식품에 대한 설명으로 틀린 것은?

① 식품에 원래 적게 들어 있는 영양소를 보충한다.

② 식품의 가공 중 손실되기 쉬운 영양소를 보충한다.

③ 강화영양소로 비타민 A, 비타민 B, 칼슘(Ca) 등을 이용한다.

④ α-화 쌀은 대표적인 강화 식품이다.

26 다음 중 감미도가 가장 높은 것은?

① 설탕

② 과당

③ 포도당

④ 맥아당

27 우유 가공품 중 발효유에 속하는 것은?

① 가당연유

② 무당연유

③ 전지분유

④ 요구르트

28 하루 필요 열량이 2,700kcal일 때 이중 12%에 해당하는 열량을 단백질에서 얻으려 한다. 이때 필요한 단백질의 양은?

① 61g

② 71g

③ 81g

④ 91g

29 식품의 수분활성도(Aw)에 관련된 설명으로 틀린 것은?

① 임의의 온도에서 순수한 물에 대한 그 식품이 나타내는 수분 함량의 비율로 나타낸다.

② 소금 절임은 수분 활성을 낮게, 삼투압을 높게 하여 미생물의 생육을 억제하는 방법이다.

③ 식품 중의 수분 활성은 식품 중 효소 작용의 속도에 영향을 준다.

④ 식품 중 여러 화학 반응은 수분 활성에 큰 영향을 받는다.

30 생선의 훈연 가공에 대한 설명으로 틀린 것은?

① 훈연 특유의 맛과 향을 얻게 된다.

② 연기 성분의 살균 작용으로 미생물 증식이 억제된다.

③ 열훈법이 냉훈법보다 제품의 장기 저장이 가능하다.

④ 생선의 건조가 일어난다.

31 식당의 원가 요소 중 급식 재료비에 속하는 것은?

① 급료

② 조리 식품비

③ 수도 광열비

④ 연구 재료비

32 녹색 채소의 데치기에 대한 설명으로 틀린 것은?

① 데치는 조리수의 양이 많으면 영양소, 특히 비타민 C의 손실이 크다.

② 데칠 때 식소다를 넣으면 엽록소가 페오피틴으로 변해 선명한 녹색이 된다.

③ 데치는 조리수의 양이 적으면 비점으로 올라가는 시간이 길어져 유기산과 많이 접촉하게 된다.

④ 데칠 때 소금을 넣으면 비타민 C의 산화도 억제하고 채소의 색을 선명하게 한다.

33 다음 중 신선한 우유의 특징은?

① 투명한 백색으로 약간의 감미를 가지고 있다.

② 물이 담긴 컵 속에 한 방울 떨어뜨렸을 때 구름같이 퍼져가며 내려간다.

③ 진한 황색이며 특유한 냄새를 가지고 있다.

④ 알코올과 우유를 동량으로 섞었을 때 백색의 응고가 일어난다.

34 식단 작성 시 공급열량의 구성비로 가장 적절한 것은?

① 당질 50%, 지질 25%, 단백질 25%

② 당질 65%, 지질 20%, 단백질 15%

③ 당질 75%, 지질 15%, 단백질 10%

④ 당질 80%, 지질 10%, 단백질 10%

35 오징어에 대한 설명으로 틀린 것은?

① 가로로 형성되어 있는 근육섬유는 열을 가하면 줄어드는 성질이 있다.

② 무늬를 내고자 오징어에 칼집을 넣을 때에는 껍질이 붙어있던 바깥쪽으로 넣어야 한다.

③ 오징어의 4겹 껍질 중 제일 안쪽의 진피는 몸의 축 방향으로 크게 수축한다.

④ 오징어는 가로방향으로 평행하게 근섬유가 발달되어 있어 말린 오징어는 옆으로 잘 찢어진다.

36 튀김유의 보관 방법으로 옳지 않은 것은?

① 갈색병에 담아 서늘한 곳에 보관한다.

② 직경이 넓은 팬에 담아 서늘한 곳에 보관한다.

③ 이 물질을 걸러서 광선의 접촉을 피해 보관한다.

④ 철제 팬에 튀긴 기름은 다른 그릇에 옮겨서 보관한다.

37 다음의 식단 구성 중 편중되어 있는 영양가의 식품군은?

완두콩밥, 된장국, 장조림, 명란알찜, 두부조림, 생선구이

① 탄수화물군

② 단백질군

③ 비타민/무기질군

④ 지방군

38 다음 중 빵 반죽의 발효 시 가장 적합한 온도는?

① 15~20℃

② 25~30℃

③ 45~50℃

④ 55~60℃

39 조리된 상태의 냉동식품을 해동하는 가장 좋은 방법은?

① 실온해동

② 가열해동

③ 저온해동

④ 청수해동

40 트랜스지방은 식물성 기름에 어떤 원소를 첨가하는 과정에서 발생하는가?

① 수소

② 질소

③ 산소

④ 탄소

41 난백의 기포성에 대한 설명으로 틀린 것은?

① 난백에 올리브유를 소량 첨가하면 거품이 잘 생기고 윤기도 난다.

② 난백은 냉장 온도보다 실내온도에 저장했을 때 점도가 낮고 표면장력이 작아져 거품이 잘 생긴다.

③ 신선한 달걀보다는 어느 정도 묵은 달걀이 수양난백이 많아 거품이 쉽게 형성된다.

④ 난백의 거품이 형성된 후 설탕을 서서히 소량씩 첨가하면 안정성 있는 거품이 형성된다.

42 염화마그네슘을 함유하고 있으며 김치나 생선절임용으로 주로 사용하는 소금은?

① 호렴 ② 정제염
③ 식탁염 ④ 가공염

43 생선의 신선도를 판별하는 방법으로 틀린 것은?

① 생선의 육질이 단단하고 탄력성이 있는 것이 신선하다.
② 눈의 수정체가 투명하지 않고 아가미색이 어두운 것은 신선하지 않다.
③ 어체의 특유한 빛을 띠는 것이 신선하다.
④ 트리메틸아민(TMA)이 많이 생성된 것이 신선하다.

44 밀가루 반죽에 사용되는 물의 기능이 아닌 것은?

① 탄산가스 형성을 촉진한다.
② 소금의 용해를 도와 반죽에 골고루 섞이게 한다.
③ 글루텐의 형성을 돕는다.
④ 전분의 호화를 방지한다.

45 버터와 마가린의 지방 함량은 얼마인가?

① 50% 이상
② 60% 이상
③ 70% 이상
④ 80% 이상

46 계량컵을 사용하여 밀가루를 계량할 때 가장 올바른 방법은?

① 체로 쳐서 가만히 수북하게 담아 주걱으로 깎아서 측정한다.
② 계량컵에 그대로 담아 주걱으로 깎아서 측정한다.
③ 계량컵에 꼭꼭 눌러 담은 후 주걱으로 깎아서 측정한다.
④ 계량컵을 가볍게 흔들어 주면서 담은 후, 주걱으로 깎아서 측정한다.

47 급식인원이 500명인 단체급식소에서 가지조림을 하려고 한다. 가지의 1인당 중량이 30g이고, 폐기율이 6%일 때 총 발주량은?

① 약 15kg
② 약 16kg
③ 약 20kg
④ 약 25kg

48 다음 중 원가의 구성으로 틀린 것은?

① 직접원가 = 직접재료비 + 직접노무비 + 직접경비
② 제조원가 = 직접원가 + 제조간접비
③ 총원가 = 제조원가 + 판매경비 + 일반관리비
④ 판매가격 = 총원가 + 판매경비

49 음식의 색을 고려하여 녹색 채소를 무칠 때 가장 나중에 넣어야 하는 조미료는?

① 설탕
② 식초
③ 소금
④ 고추장

50 두류 조리 시 두류를 연화시키는 방법으로 틀린 것은?

① 1% 정도의 식염용액에 담갔다가 그 용액으로 가열한다.
② 초산용액에 담근 후 칼슘, 마그네슘이온을 첨가한다.
③ 약알칼리성의 중조수에 담갔다가 그 용액으로 가열한다.
④ 습열 조리 시 연수를 사용한다.

51 규폐증에 대한 설명으로 틀린 것은?

① 먼지 입자의 크기가 0.5~5.0㎛일 때 잘 발생한다.
② 대표적인 진폐증이다.
③ 납 중독, 벤젠 중독과 함께 3대 직업병이라고 하기도 한다.
④ 위험요인에 노출된 근무 경력이 1년 이후에 잘 발생한다.

52 병원체를 보유하였으나 임상 증상은 없으면서 병원체를 배출하는 자는?

① 환자
② 보균자
③ 무증상감염자
④ 불현성감염자

53 식품과 함께 입을 통해 감염되거나 피부로 직접 침입하는 기생충은?

① 회충
② 십이지장충
③ 요충
④ 동양모양선충

54 직업과 직업병과의 연결이 옳지 않은 것은?

① 용접공 – 백내장
② 인쇄공 – 진폐증
③ 채석공 – 규폐증
④ 용광로공 – 열쇠약

55 다음 중 공공부조에 해당하는 것은?

① 의료급여
② 건강보험
③ 산업재해 보상보험
④ 고용보험

56 건강선(Dorno Ray)이란?

① 감각온도를 표시한 도표
② 가시광선
③ 강력한 진동으로 살균 작용을 하는 음파
④ 자외선 중 살균 효과를 가지는 파장

57 우리나라에서 출생 후 가장 먼저 인공능동면역을 실시하는 것은?

① 파상풍
② 결핵
③ 백일해
④ 홍역

58 공기의 자정 작용에 속하지 않는 것은?

① 산소, 오존 및 과산화수소에 의한 산화 작용

② 공기자체의 희석 작용

③ 세정 작용

④ 여과 작용

59 물의 정수법 중 완속여과법과 급속여과법을 비교할 때 급속여과법의 특징은?

① 여과 속도가 느리다.

② 광대한 면적이 필요하다.

③ 건설비는 많이 들지만 유지비는 적게 든다.

④ 추운 지방이나 대도시에서 이용하기에 적당하다.

60 다음 중 제1 및 제2중간숙주가 있는 것은?

① 구충, 요충

② 사상충, 회충

③ 간흡충, 유구조충

④ 폐흡충, 광절열두조충

최신기출문제 01회
226쪽

01	②	02	④	03	③	04	③	05	①
06	③	07	①	08	④	09	②	10	②
11	③	12	③	13	④	14	②	15	③
16	④	17	②	18	④	19	③	20	②
21	③	22	①	23	②	24	④	25	②
26	②	27	①	28	②	29	④	30	③
31	③	32	③	33	③	34	③	35	③
36	①	37	③	38	③	39	①	40	②
41	②	42	④	43	③	44	④	45	③
46	③	47	①	48	④	49	③	50	③
51	①	52	③	53	①	54	③	55	①
56	④	57	④	58	④	59	②	60	③

01 ②
다환방향족탄화수소는 훈제육이나 태운 고기에서 다량 검출되는 발암 물질로 고온으로 가열할 때 생기는 유해물질이다.

02 ④
곰팡이의 생육 속도는 세균에 비하여 느리다.

오답 피하기
미생물 생육 수분활성도(Aw) : 세균(0.94) 〉 효모(0.88) 〉 곰팡이(0.80)

03 ③
대장균은 중온균으로 30~40℃에서 서식한다.

오답 피하기
• 저온균 : 최적온도 10~20℃인 세균으로 물속이나 냉장고에서도 번식한다.
• 중온균 : 최적온도 25~40℃인 세균으로 자연계에 가장 광범위하게 분포한다.
• 고온균 : 55℃ 이상에서 증식이 가능하고, 온천수에서도 번식한다.

04 ③
멸균은 병원 미생물뿐만 아니라 균, 아포, 독소 등을 사멸시키는 것이다.

오답 피하기
• 소독 : 병원성 미생물을 죽이거나 병원성을 약화시키지만 아포는 죽이지 못한다.
• 살균 : 미생물 사멸 또는 불활성화시키는 것을 말한다.
• 방부 : 미생물의 증식을 억제하여 균의 발육을 저지시켜 부패나 발효를 방지한다.

05 ①
살모넬라균은 가열에 의해 파괴되는 감염형 식중독이다.

오답 피하기
클로스트리디움 보툴리눔균, 황색포도상구균, 장구균은 열에 쉽게 파괴되지 않는 독소형 식중독이다.

06 ③
니트로사민은 아질산염과 아민류가 산성 조건하에서 반응하여 생성하는 물질로 강한 발암성을 갖는 물질이다. 햄, 베이컨, 소시지 등에 붉은색을 내고 장기 보관할 수 있도록 발색제로 아질산염을 첨가하는데, 식품의 아민과 반응하여 생성하기도 하고 체내의 위 내에서 합성될 가능성이 있다.

07 ①
산미료 : 구연산(결정), 구연산(무수), 빙초산, 이산화탄소, 젖산, 초산

오답 피하기
계피산, 말톨, 초산에틸 : 착향료

08 ④
오답 피하기
• 독버섯 : 무스카린(Muscarine)
• 감자 : 솔라닌(Solanine)
• 살구씨 : 아미그달린(Amygdalin)

09 ②
오답 피하기
• 산도 조절 : 산미료
• 산화에 의한 변패 방지 : 항산화제
• 가공과정에서 파괴되는 영양소 보충 : 강화제

10 ②
알레르기성 식중독은 세균이 직접적인 원인이 아니라 세균의 효소작용에 의해 유독 물질이 생산되어 발생하며, 식품 중의 아미노산의 분해로 히스타민이 생성된다. 원인균은 프로테우스 모르가니균이다.

오답 피하기
• 병원성 대장균 : 감염형 식중독
• 엔테로박터 사카자키 : 감염형 식중독
• 비브리오 콜레라 : 감염형 식중독

11 ③
영업자 및 유흥종사자를 둘 수 있는 식품접객업 영업자의 종업원은 매년 식품위생에 관한 교육을 받아야 한다. 또한 영업을 하려는 자는 미리 식품위생교육을 받아야 한다. 이는 식품의약품안전처장이 지정한다.

12 ③
식품위생법의 정의에 따른 기구란 식품 또는 식품첨가물에 직접 닿는 기계 · 기구나 그 밖의 물건이라고 명시되어 있다. 농산품 채취에 사용되는 기구는 해당하지 않는다.

13 ④
즉석판매제조 · 가공 대상식품
소비자가 원하는 만큼 덜어서 직접 최종 소비자에게 판매하는 식품을 말한다. 단 통 · 병조림 제품, 레토르트식품, 냉동식품, 어육제품, 특수용도식품(체중조절용 조제식품은 제외), 식초, 전분은 제외한다.

14 ②

위반 사항	1차 위반	2차 위반	3차 위반
식중독이나 위생과 관련한 중대한 사고 발생에 직무상의 책임이 있는 경우	업무정지 1개월	업무정지 2개월	면허취소

15 ③

영업자의 교육시간
- 식품제조 · 가공업, 즉석판매제조 · 가공업, 식품첨가물제조업 : 8시간
- 식품운반업, 식품소분 · 판매업 등 영업자, 식품보존업, 용기 · 포장류제조업 : 4시간
- 식품접객업 : 6시간
- 집단급식소를 설치 · 운영하려는 자 : 6시간

16 ④

카세인(Casein)은 칼슘과 결합된 형태로 존재하며 인단백질이다.

17 ②

식품을 냉장 보관하면 노화가 촉진되므로, 냉동 보관이나 온장고에 보관해야 한다.

18 ④

CA 저장은 산소와 탄산가스의 농도를 조절하여 과일, 난류를 저장하는 방법이다. 식품마다 다르지만 미생물이 번식할 수 없는 환경은 온도 0℃, 습도 80~85%가 적당하다.

19 ③

유지를 가열하면 불포화지방산이 분해되므로 요오드값은 낮아진다.

20 ②

클로로필(엽록소)의 포르피린 고리에 결합하고 있는 마그네슘을 구리이온으로 치환한 것으로 매우 안정적인 녹색이다.

21 ③

호박산 : 조개

22 ①

미생물 생육 수분활성도(Aw) : 세균(0.94) 〉 효모(0.88) 〉 곰팡이(0.80)

23 ②

- 단백질 4kcal, 당질 4kcal, 지방 9kcal
- 달걀 100g의 열량 = {(단백질 8g+당질 5g)×4kcal} + (지질 4.4g×9kcal) = 91.6kcal
- 달걀 5개 = 1개 50g×5개 = 250g
- 달걀 250g의 열량 = 91.6×2.5 = 229kcal

24 ④

당근은 지용성 비타민 A가 많아 기름에 볶으면 지용성 비타민 흡수율이 높아진다.

25 ②

달걀과 우유는 단백가가 100으로 단백가가 가장 높은 완전식품이다.

26 ②

중력분이 가정에서 많이 사용하는 다목적용이다.

종류	글루텐 함량	용도
강력분	13% 이상	빵, 마카로니, 스파게티
중력분	10~13%	칼국수면, 만두피
박력분	10% 이하	튀김옷, 케이크, 쿠키, 도너츠

27 ①

P, S, Cl, I가 많이 함유된 육류와 곡류는 산성 식품이다.

28 ②

카르보닐화합물(탄수화물, 당질)과 단백질 같은 질소 화합물의 반응을 마이야르 반응이라고 한다.

29 ④

딸기잼은 펙틴, 당, 산에 의해 젤라틴화 되는 것이다.

30 ③

난황(달걀의 노른자)의 황색 색소는 카로티노이드계열 색소이다.

오답 피하기
- 클로로필 : 녹색
- 안토시아닌 : 자색, 보라색
- 플라보노이드 : 흰색

31 ③

글루텐의 함량이 낮은 박력분이 튀김을 바삭하게 한다.

32 ④

발주량 = {정미중량÷(100−폐기율)}×인원수×100

오답 피하기
- 폐기율(%) = (폐기량÷전체 중량)×100
- 출고계수 = 1÷정미율×100

33 ③

간섭제 : 결정체 형성을 방해하여 매끄럽고 부드럽게 하는 역할을 하는 것으로 캔디나 셔벗을 만들 때 사용

오답 피하기
- 응고성 : 난백은 60~65℃, 난황은 65~70℃에서 응고한다.
- 팽창제 : 달걀 흰자의 머랭을 이용하여 시폰케이크, 머랭쿠키를 만드는 데 쓰인다.
- 유화성 : 달걀 노른자의 레시틴이 유화제 역할을 한다.

34 ③

식품을 냉장/냉동 보관하여도 세균의 번식과 침입이 일어나므로 유통기한, 포장일, 제조일 등을 표시하여 보관해야 한다.

35 ③

양배추는 무겁고 안이 꽉 차있는 것이 좋다.

36 ①

조리장의 내벽은 바닥으로부터 1.5m까지 밝은 색의 내수성으로 설비하거나 세균 방지용 페인트로 도색한다.

37 ③

고추장에는 엿기름, 쌀 등이 들어가서 단맛이 있다.

38 ③

제조원가 = 직접재료비 + 직접노무비 + 직접경비 + 간접재료비 + 간접노무비 + 간접경비

직접원가	직접경비 + 직접노무비 + 직접재료비		
제조원가	직접원가	제조간접비	
총원가	제조원가		판매관리비
판매원가	총원가		이익

39 ①

장조림에 처음부터 간장과 설탕을 넣으면 콜라겐이 젤라틴화 되기 전에 고기 내의 수분이 빠져나오면서 근육 섬유가 수축하므로 단단해진다.

40 ②

위생 점검은 식단 작성할 때 필요하지는 않고, 수시로 점검해야 한다.

41 ②

생선에 1~2%의 간을 하면 살이 단단해지고 수분이 빠져서, 구울 때 부서지지 않고 간이 배어든다.

42 ④

• 대치 식품량 = 원래 식품함량÷대치 식품함량×원래 식품량
• 40÷8.6×20.1 = 93.4g = 약 94g

43 ③

약과에서 기름과 설탕은 크루아상이나 파이처럼 결을 만들고 글루텐을 약하게 하고, 바삭한 질감을 준다. 그러나 지나치게 많이 넣으면 반죽이 뭉쳐지지 않아 풀어지는 현상이 일어난다.

44 ④

오답 피하기
• 육류를 오래 끓이면 질긴 단백질 조직인 콜라겐이 젤라틴화 된다.
• 목심, 양지, 사태는 질겨서 습열조리에 적당하다.
• 편육을 만들 때에는 고기 맛이 용출되지 않도록 끓는 물에 넣어 끓인다.

45 ③

단체급식에서 재고관리를 하여 필요할 때마다 매일, 1주일, 1개월 단위로 구입하여 사용한다.

46 ③

식혜의 당화온도는 50~60℃이다.

47 ①

콩을 삶거나 녹색채소를 데칠 때 중조(중탄산수소나트륨)를 넣으면 색이 보존되고 빨리 익는다는 장점이 있지만, 비타민 B_1이 파괴된다는 단점도 있다.

48 ④

아밀라아제는 아밀로오즈(탄수화물)를 분해하는 효소이다.

49 ④

찹쌀떡에는 아밀로펙틴이 거의 100%, 멥쌀떡에는 아밀로펙틴이 80%와 아밀로오즈가 20%가 있다. 아밀로펙틴이 많고 아밀로오즈의 함량이 적을수록 노화가 더디다.

50 ③

생선은 가시, 뼈, 내장의 양이 다른 식품에 비하여 많기 때문에 폐기율이 높다.

51 ①

하수의 위생 검사
• 화학적 산소요구량(COD) : 수치가 높을수록 오염 정도가 크고 산소량은 5ppm 이하여야 한다.
• 용존 산소(DO) : 수중에 용해되어 있는 산소량을 말하며 DO의 수치가 낮으면 하수 오염도가 높다는 말로 4~5ppm 이상이어야 한다.
• 생화학적 산소요구량(BOD) : 하수의 오염도를 나타내는 방법이며 수중 유기물을 20℃에서 5일간 측정한다. BOD의 수치가 높으면 하수 오염도가 높다는 말로 20ppm 이하여야 한다.

52 ②

살균력이 있는 일광은 자외선으로, 살균 파장은 2500~2800 Å 이다.

53 ①

폴리오는 소화기계 감염병이다.

오답 피하기
• 호흡기계 침입 : 인플루엔자, 천연두(두창), 홍역, 백일해, 디프테리아, 유행성 이하선염 등
• 소화기계 침입 : 급성회백수염(소아마비=폴리오), 유행성 간염 등

54 ③

학교 급식 교육 목적
• 올바른 식생활 습관 형성으로 식생활 관리를 한다.
• 영양적인 식사를 제공하고 건강을 유지, 증진시킨다.
• 식량의 분배, 소비 등에 관하여 바른 이해력을 길러준다.

55 ①

오답 피하기
• 폐흡충 : 다슬기, 가재, 게
• 선모충 : 돼지
• 무구조충 : 소

56 ④

감각온도의 3요소 : 기온, 기습, 기류
오답 피하기
온열조건인자 : 기온, 기습, 기류, 복사열

57 ④

인수공통감염병이란 사람과 동물 사이에서 동일한 병원체에 의해 발생하는 질병을 말한다.

질병	가축(품목)
결핵	소
탄저, 비저	양, 말
살모넬라증, 돈단독, 선모충, Q열	돼지
광견병	개
페스트	쥐, 벼룩
야토병	산토끼, 쥐, 다람쥐
파상열(부루셀라)	사람, 소, 양, 돼지

58 ④

아메바성 이질이 있다.

59 ②

석탄, 석유 쓰는 발전소, 쓰레기 소각, 염소계 표백공정, 자동차나 도시가스, 염소 등의 세정수에서 다이옥신이 검출된다.

60 ③

공중보건은 질병 치료, 격리 치료, 환자 치료, 감염병 치료 등과 관련이 없다. 치료라는 단어가 나오면 공중보건과 거리가 먼 것이다.

최신기출문제 02회 235쪽

01 ②	02 ①	03 ①	04 ④	05 ②
06 ④	07 ④	08 ③	09 ②	10 ②
11 ④	12 ②	13 ③	14 ④	15 ④
16 ②	17 ①	18 ④	19 ④	20 ②
21 ②	22 ③	23 ④	24 ②	25 ①
26 ④	27 ①	28 ②	29 ①	30 ③
31 ④	32 ③	33 ④	34 ③	35 ③
36 ④	37 ④	38 ①	39 ④	40 ②
41 ④	42 ③	43 ②	44 ①	45 ①
46 ③	47 ③	48 ④	49 ④	50 ①
51 ①	52 ④	53 ③	54 ③	55 ①
56 ①	57 ④	58 ①	59 ④	60 ④

01 ②

1일 섭취 허용량 : 인간이 한평생 매일 섭취하더라도 장해가 인정되지 않는다고 생각되는 화학물질의 1일 섭취량(mg/kg 체중/1일)

오답 피하기

- 최대무작용량 : 식품첨가물의 사용기준을 정하기 위한 각종 독성시험(급성, 만성, 발암, 변이원성 등)에서, 전혀 유해 작용이 확인되지 않는 투여량
- 50% 치사량 : 일정한 조건하에서 시험동물의 50%를 사망시키는 물질의 양

02 ①

베네루핀은 모시조개, 굴, 바지락에 있는 독성분이다.

오답 피하기

- 솔라닌 : 감자
- 무스카린, 아마니타톡신 : 독버섯

03 ①

황색포도상구균은 잠복기가 1~6시간(평균 3시간)이다.

04 ④

미생물에 번식에 영향을 가장 많이 끼치는 3대 요인은 온도, 영양분, 수분이다.

05 ②

세균성 식중독은 2차 감염이 없고, 병원성 소화기계 감염병은 2차 감염이 있지만 적은 편이다.

06 ④

관능을 만족시키는 식품첨가물은 착색제, 발색제, 착향제, 감미료가 해당된다. 소르빈산은 보존료이다.

오답 피하기

- 동클로로필린나트륨 : 착색제
- 질산나트륨 : 발색제
- 아스파탐 : 감미료

07 ④

식품의 부패 판정 : 관능검사, 생균수, VBN, TMA, K값, 히스타민, pH, 황화수소, 인돌, 암모니아, 피페리딘 등

08 ③

중금속은 체내에 다량 축적되어 배출되지 않고 증상이 늦게 발견되어 위험하다.

09 ②

일본 금속광업소에서 배출한 카드뮴이 녹아 있는 폐수를 사용한 쌀을 장기간 섭취하여 일어난 병이다. 카드뮴이 뼈 속의 칼슘 성분을 녹여서 칼슘 부족, 골절, 골연화증을 일으킨다.

10 ②

통조림에 철이 녹스는 것을 막기 위해 표면에 주석을 입히는데, 산성이 강한 과일, 캔, 주스 등에서 용출 가능성이 높다.

11 ④

조리사 면허의 취소처분을 받고 그 취소된 날부터 1년이 지나면 다시 자격이 주어진다.

12 ②

소비자 등의 위생검사를 요청할 때 지정된 최소량은 무상수거가 가능하다.

13 ③

청결하고 안전한 업소를 모범업소로 지정한다. 1회용 물컵 사용은 모범업소의 지정기준에 해당되지 않는다.

14 ④

식품위생법에서 식품의 공전, 표시기준 등은 식품의약품안전처에서 담당한다.

15 ④

어육제품, 식용유지, 특수용도식품, 통·병조림 제품, 레토르트식품, 전분, 장류 및 식초는 소분·판매하여서는 안 된다.

16 ②

호화는 쌀이 밥이나 떡이 되는 과정이다.

오답 피하기

• 거품생성 : 난백의 글로불린 단백질
• 유화 : 난황의 레시틴 단백질

17 ①

녹색채소를 데칠 때에는 소금을 넣어야 색이 선명해진다.

18 ④

효소적 갈변 반응에는 홍차, 사과와 감자의 갈변 반응이 해당된다.

오답 피하기

• 분말 오렌지 : 아스코르빅산화 반응
• 간장 : 마이야르 반응
• 캐러멜 : 카라멜화 반응

19 ④

맛의 대비현상(맛의 강화) : 서로 다른 맛 성분이 혼합되어 주된 맛 성분이 강화된다.

오답 피하기

• 맛의 상쇄현상 : 두 가지 맛이 상쇄되어 한 가지 맛을 단독으로 나타내지 못하고 약화 또는 소멸된다.
• 맛의 억제현상 : 서로 다른 맛의 혼합으로 각각의 맛이 약화된다.
• 맛의 변조현상 : 한 가지 맛을 느낀 후 다른 종류의 맛을 보면 정상적인 맛을 느낄 수 없는 현상이다.

20 ②

브로멜린은 파인애플에 있는 단백질 분해효소로 질긴 육류를 부드럽게 한다.

21 ②

식물성 유지(액체)에 수소를 첨가하고 니켈을 촉매제로 사용하여 결정화시킨 가공유지이다.

22 ③

식품을 저장할 때에도 신선한 것으로 저장해야 한다.

23 ④

콩의 단백질은 대부분이 글리시닌이다.

오답 피하기

• 글루텐 : 밀가루
• 글루텐 = 글리아딘 + 글루테닌

24 ②

감칠맛을 내는 글루탐산은 다시마에 많이 함유되어 있다.

오답 피하기

• 알라닌 : 육류, 어패류
• 리신 : 꽃게, 생선, 우유, 육류
• 트레오닌 : 닭, 달걀

25 ①

비타민 C는 열에 쉽게 파괴되기 때문에 가열하지 않고 생으로 섭취하는 것이 가장 많이 섭취할 수 있는 방법이다.

26 ④

포도주는 발효에 의해 향미가 달라지므로 가열에 의한 변화는 아니다.

27 ①

연제품이란 어묵 같은 식품을 말하는 것인데, 어육류의 미오신 단백질이 소금에 녹는 성질이 있어 첨가하여 어묵류를 만든다.

28 ①

• 질소계수 = 100÷질소함량(%)
• 100÷18 = 5.555 = 5.56%

29 ①

맥아당 = 포도당 + 포도당

오답 피하기

• 자당(서당) = 포도당 + 과당
• 유당 = 포도당 + 갈락토오즈

30 ③

- 탄수화물 : 4kcal/g
- 단백질 : 4kcal/g
- 지질 : 9kcal/g
- 알코올 : 7kcal/g

31 ③

냉동식품은 냉장고에서 완만 해동하는 것이 조직의 드립 용출이 적고, 맛이 좋다.

32 ③

닭고기의 관절 부위의 변색은 냉동을 하였거나 헤모글로빈의 산소화에 따른 변화일 수도 있다.

33 ④

신선한 달걀은 농후난백이 노른자를 감싸고 있는 것이 좋다.

34 ③

식혜의 당화온도는 50~60℃로 전기 밥솥을 이용할 수도 있다.

35 ③

신김치는 유산균의 작용으로 젖산, 초산 등에 의해 섬유소가 단단해진다.

36 ④

아일랜드형은 작업대를 분리시킨 형으로 동선을 단축시킬 수 있고 융통성 있는 공간활용이 가능하다. 가스레인지가 한 쪽에만 비치되어 있어 후드의 수를 최소화할 수 있다.

37 ④

우유를 60~65℃ 이상으로 가열하면 냄새가 나고, 우유의 지방구가 단백질과 엉겨 표면에 뜨기 때문에 수분이 증발하면 피막이 형성된다. 이러한 현상은 우유를 뚜껑을 열고 약한 불에서 저어가며 끓이거나 뚜껑을 닫고 약한 불에서 은근히 끓이면 방지할 수 있다.

38 ①

- 대치 식품량 = 원래 식품함량÷대치 식품함량×원래 식품량
- 29.2÷31.7×180 = 165.8g

39 ③

조리장을 신축할 때 가장 먼저 고려해야 하는 사항은 위생이다. 위생은 식품의 안전과 밀접한 관련이 있다. 경제적인 부분은 마지막에 고려한다.

40 ②

오징어와 먹물의 검은색 색소는 멜라닌 색소이다.

오답 피하기

- 타우린 : 오징어, 문어에 있는 아미노산의 일종으로 피로회복제의 성분이기도 하다.
- 미오글로빈 : 육류의 근육색소이다.
- 히스타민 : 알레르기 반응을 할 수 있는 아미노산이다.

41 ④

- 당질 : 4kcal/g, 단백질 : 4kcal/g, 지질 : 9kcal/g
- 수분과 섬유질, 무기질은 열량이 없는 식품이므로 이를 제외하고 계산을 한다.
- (40 + 5)×4kcal + 3×9kcal = 180 + 27 = 207kcal

42 ③

지하는 습하고 환기의 어려움이 있어 조리장으로는 적합한 장소가 아니다.

43 ②

버터의 대용품인 쇼트닝이나 마가린은 식물성 유지에 수소를 첨가하여 만든 가공 유지이다.

44 ①

설탕은 분자량이 커서 흡수 속도가 느리기 때문에 설탕부터 넣어야 골고루 양념이 잘 스며든다. 식초는 신맛이 휘발되므로 마지막에 넣는다.

45 ①

편육은 고기의 맛이 용출되지 않도록 끓는 물에 덩어리째 넣고 삶고, 식은 후 써는 것이 좋다.

오답 피하기

육수는 고기의 맛이 국물로 빠져나올 수 있도록 찬물에 넣어 끓인다.

46 ③

- **학교 급식의 목적**
  - 올바른 식생활 습관 형성으로 식생활 관리를 한다.
  - 영양적인 식사를 제공하고 건강을 유지, 증진시킨다.
  - 식량의 분배, 소비 등에 관하여 바른 이해력을 길러준다.
- **산업체 급식의 목적**
  - 연령, 성별, 노동 정도에 따라 적정한 영양이 급식되므로 영양필요량을 충족시킨다.
  - 동일한 장소에서 함께 식사를 하므로 동료 간 대화를 통해 원만한 인간관계를 형성한다.
- **병원 급식의 목적**
  - 간접적인 치료 방법이라는 사실을 생각하여 환자에 따라 적정한 식사를 제공한다.
  - 질병의 치유와 병상의 회복과 촉진을 도모한다.

47 ③

소화흡수가 잘 되도록 조리를 하고, 입에서도 여러 번 씹어 넘겨야 소화흡수가 빠르다.

48 ④

젤라틴은 단백질이므로 파인애플을 넣으면 부드러워진다. 보통 콜라겐의 질긴 육류에 과일을 넣어 부드럽게 조리를 하지만, 젤라틴에는 첨가하지 않는다.

49 ①

유지는 글루텐을 연하게 하는 연화작용이 있어 바삭하게 한다.

오답 피하기

- 소금은 글루텐을 강화시켜 쫄깃하게 한다.
- 설탕은 글루텐을 부드럽게 해서 바삭하고 질기지 않게 한다.
- 달걀을 넣으면 점성이 생겨 반죽이 쫄깃해진다.

50 ③

원가계산의 목적
- 가격결정의 목적 : 제품의 판매가격을 결정한 목적으로 원가를 계산한다.
- 원가관리의 목적 : 원가의 절감을 위한 원가관리의 기초자료를 제공한다.
- 예산편성의 목적 : 예산의 편성에 따른 자료를 제공하는 목적이다.
- 재무제표 작성의 목적 : 기업의 외부 이해 관계자에게 경영활동 결과를 보고하기 위한 재무제표를 작성하는데 기초자료 제공을 위하여 원가를 계산한다.

51 ①

취수 → 도수 → 정수(침사 → 침전 → 여과 → 소독) → 송수 → 배수 → 급수

52 ④

근무 경력이 15~20년 이후에 걸리지만, 분진의 농도에 따라 발병까지의 기간은 단축된다.

53 ③

질병을 예방할 수는 있으나 치료라는 단어가 나오면 틀린 내용이다.

54 ③

생균 백신 : 홍역, 결핵, 황열, 폴리오, 탄저, 두창

> **오답 피하기**

사균 백신 : 파라티푸스, 장티푸스, 콜레라, 백일해, 일본뇌염

55 ①

돼지고기와 관련된 기생충은 유구조충, 선모충이 있다.

> **오답 피하기**

- 무구조충 : 소
- 광절열두조충 : 물벼룩, 연어, 송어
- 간디스토마 : 왜우렁이, 붕어, 잉어

56 ①

- 소음 음압의 단위 : Decibel
- 소음 음의 크기 : phon

57 ④

> **오답 피하기**

일본뇌염, 공수병, 광견병 : 바이러스

58 ①

> **오답 피하기**

소화기계 감염병 : 장티푸스, 파라티푸스, 세균성 이질, 콜레라, 폴리오 등

59 ④

적외선의 파장은 7,800 Å 이상(780nm)이다.

> **오답 피하기**

- 자외선 : 2,000~3,800 Å
- 가시광선 : 3,900~7,700 Å

60 ④

- 벼룩 : 페스트
- 설치류 : 렙토스피라증

최신기출문제 03회　　　　243쪽

01 ①	02 ④	03 ②	04 ②	05 ③
06 ①	07 ①	08 ②	09 ①	10 ④
11 ④	12 ④	13 ④	14 ②	15 ①
16 ①	17 ③	18 ②	19 ①	20 ①
21 ①	22 ②	23 ①	24 ①	25 ①
26 ①	27 ②	28 ①	29 ②	30 ③
31 ①	32 ①	33 ③	34 ③	35 ④
36 ②	37 ③	38 ①	39 ④	40 ③
41 ①	42 ④	43 ②	44 ②	45 ②
46 ③	47 ④	48 ①	49 ②	50 ③
51 ①	52 ④	53 ④	54 ②	55 ②
56 ④	57 ③	58 ①	59 ②	60 ④

01 ①

독소인 엔테로톡신은 열에 강하지만, 포도상구균은 열에 약하여 80℃에서 30분 가열 시 파괴된다.

02 ④

섭조개 : 삭시톡신

> **오답 피하기**

- 테트로도톡신 : 복어
- 셉신 : 부패된 감자
- 베네루핀 : 바지락, 굴

03 ②

TMA(트리메틸아민)의 값이 1μg이면 맛이 저하되고, 2~3μg 정도이면 부패된 어류이다.

04 ②

표고버섯에는 유독성분이 없다.

> **오답 피하기**

- 피마자 : 리신
- 미숙한 매실 : 아미그달린
- 모시조개 : 베네루핀

05 ③

1956년 일본 규수 미나마타시에서 한 해에만 52만 명에게 발생한 미나마타병이 대표적이다. 일본질소비료에서 강으로 흘려 보낸 유기수은이 어패류에 축적되었다가 오염된 어패류를 섭취한 인근 주민들에게 언어장애, 보행장애, 난청 등의 증상이 나타나면서 사망하였다.

06 ①

발색제는 색의 변색 방지와 발색을 위해 사용한다. 식육에 사용하는 발색제 종류로는 아질산나트륨, 질산나트륨, 질산칼륨이 있다.

07 ①

석탄산은 비교적 안정적이고 유기물에도 소독력이 약화되지 않으므로 살균력의 지표가 된다.

08 ②

발효 : 탄수화물 식품이 미생물에 의해 알코올과 유기산을 생성하여 유용한 물질을 만들어 내는 현상

09 ①

농약	종류
유기인제	파라티온, 말라티온, 다이아지논, TEPP
유기염소제	DDT, BHC
비소화합물	산성비산납, 비산석회
카바메이트제	BPMC, MIMC, NAC

10 ④

호박산은 산도조절제이면서 감칠맛의 성분이다.

오답 피하기
- 삼이산화철, 이산화티타늄 : 착색료
- 명반 : 팽창제

11 ④

식중독 발생 시 의사나 한의사는 지체 없이 관할 시장 · 군수 · 구청장에게 보고하여야 한다.

12 ④

조리사 면허의 취소처분을 받고 그 취소된 날로부터 1년이 지나지 아니한 경우

13 ④

실온에서 보관해야 하는 식품도 있으므로 모든 식품이라고 말할 수는 없다.

14 ②

허위표시 등의 금지
- 허위표시, 과대광고, 비방광고 및 과대포장의 범위와 그 밖에 필요한 사항은 총리령으로 정한다.
- 질병의 예방 및 치료에 효능 · 효과가 있거나 의약품 또는 건강기능식품으로 오인 · 혼동할 우려가 있는 내용의 표시 · 광고
- 사실과 다르거나 과장된 표시 · 광고
- 소비자를 기만하거나 오인 · 혼동시킬 우려가 있는 표시 · 광고
- 다른 업체 또는 그 제품을 비방하는 광고

15 ①

식품첨가물 : 식품을 제조 · 가공 또는 보존하는 과정에서 식품에 넣거나 섞는 물질 또는 식품을 적시는 등에 사용되는 물질

오답 피하기
화학적 합성품 : 화학적 수단으로 원소 또는 화합물에 분해 반응 외의 화학 반응을 일으켜서 얻은 물질

16 ①

전분이 날것인 상태를 베타전분(β−전분)이라고 한다. 이 베타전분을 물로 가열하면 분자에 금이 가며 물 분자가 전분으로 들어가서 팽윤한 상태가 되고 점성이 높은 반투명의 콜로이드 상태가 되는데 이것을 전분의 호화라고 한다.

17 ③

지방은 '지방산 3분자 + 글리세롤의 에스테르' 결합이다.

18 ②

새우젓의 소금 사용량은 20% 정도가 적당하다.

19 ①

결합수	자유수
용질에 대하여 용매로 작용하지 않음	전해질을 잘 녹임(용매 작용)
건조로 쉽게 제거되지 않음	건조로 쉽게 제거됨
−20℃에서도 동결되지 않음	0℃ 이하에서 쉽게 동결됨
미생물 증식에 이용되지 못함	미생물의 번식과 발아에 이용됨
밀도가 큼	표면 장력, 점성, 비열이 큼

20 ①

요구르트는 발효유의 일종으로 우유류에 젖산균을 접종 · 발효시켜 응고시킨 제품이다.

21 ①

- 알칼리성 식품 : Ca, Mg, Na, K, Fe, Cu, Mn, Co, Zn(야채, 과일, 해조류)
- 산성 식품 : P, S, Cl, I(육류, 곡류)

22 ②

우유의 균질화(Homogenization) : 우유 지방구에 물리적 충격을 가하여 크기를 작게 분쇄하는 작업으로 지방의 분리를 방지하기 위한 방법이다.

23 ①

적채에 있는 자색 색소는 안토시아닌이고, 안토시아닌은 산성에 안정하고 알칼리에 불안정하다.

오답 피하기

색소	산성	알칼리성
플라보노이드	안정	불안정
안토시안	안정	불안정
클로로필	불안정	안정
카로티노이드	안정	안정

24 ①

한천에 산은 강도를 약하게 한다. 다당류로 소화되지 않는 난소화성 식품이다.

25 ①

젤리화 만드는 조건은 펙틴 1~1.5%, 유기산 3%를 함유한 과즙에 설탕 60% 이상을 첨가해 설탕이 펙틴을 침전시켜 형성되는 것이다.

26 ①

- 5탄당 : 리보오스(Ribose), 아라비노오스(Arabinose), 크실로스(Xylose, 자일로즈)
- 6탄당 : 포도당, 과당, 갈락토오스, 만노오스, 소르보스

27 ②

- 산소와 탄산가스의 농도를 조절하여 과일, 난류를 저장하는 방법이다.
- 식품마다 다르지만 미생물이 번식할 수 없는 온도는 0℃, 습도는 80~85%가 적당하다.
- 사과 : 산소 15%, 탄산가스 10~15%, 혼합기체 12℃로 저장한다.
- 토마토 : 산소와 탄산가스를 각각 5%의 혼합기체로 하여 12℃에서 저장한다.
- 달걀 : 흰자의 수양화가 지연된다.

28 ①

분자에 황원자를 포함하는 아미노산의 총칭이다. 단백질의 구성성분으로는 메티오닌, 시스틴, 시스테인이 있다.

29 ②

- 단백질 : 4kcal/g
- 단백질 하루 필요 열량 = 2,500kcal×0.18 = 450kcal
- 단백질 필요량 = 450÷4 = 112.5g

30 ③

산소와 접촉에 의한 과일이나 채소의 갈변, 효소에 의한 홍차, 감자, 우엉의 갈변, 금속에 의한 양상추의 색 변화가 있다.

31 ①

냉동식품은 급속 냉동하는 것이 좋다.

32 ③

알루미늄이 열전도율이 커서 가열이 빠르게 쉽게 된다는 장점이 있지만, 음식이 식거나 온도가 유지되지 않는다는 단점이 있다. 알루미늄 조리기구를 손으로 접촉할 때에는 뜨거울 수 있으므로 주의해야 한다.

33 ③

치즈는 우유에 산이나 레닌을 첨가하여 만든 제품이다.

오답 피하기

커스터드 : 달걀, 우유, 설탕, 향료를 혼합하여 가열한 것이다.

34 ③

식품에 소금을 넣으면 삼투압 작용에 의해 소금은 식품 내부로 침투하고, 식품의 수분은 용출된다. 식품의 수분이 제거되므로 생육할 수 있는 조건이 억제되는 것이다.

35 ④

밀가루의 글루텐 함량에 따라 용도별로 분류한다.

종류	글루텐 함량	용도
강력분	13% 이상	빵, 마카로니, 스파게티
중력분	10~13%	칼국수면, 만두피
박력분	10% 이하	튀김옷, 케이크, 쿠키, 도너츠

36 ②

설도는 고기의 결과 질이 우둔과 비슷해서 퍽퍽하고 질긴 편이기 때문에 불고기, 육포 등으로 사용한다.

37 ③

젤라틴에서 약간의 소금은 응고를 시켜주는 역할을 한다.

38 ①

아보카도는 어떠한 과일보다도 높은 지방분과 단백질 함유량을 가지며 단맛은 없다.

39 ④

전자레인지는 초단파를 이용하여 짧은 시간 내에 고열로 조리하는 방법이다.

40 ③

수용성 비타민 : 티아민(비타민 B₁)

오답 피하기

지용성 비타민 : 레티놀(비타민 A), 토코페롤(비타민 E), 칼시페롤(비타민 D)

41 ①

생선에 식초(산) 제품을 뿌리면 탄력이 생겨서 살이 단단해지고, 신선도가 증가한다.

42 ④

튀김조리를 한다고 재료의 불미성분까지 제거되지는 않는다. 신선도가 낮은 식품은 여전히 좋지 못한 맛을 갖고 있을 수 있다.

43 ②

지방 함량이 높은 고등어, 꽁치 등이 구웠을 때 고소한 맛이 더 높다.

오답 피하기

- 생선은 결체조직인 콜라겐이 적고, 습열과 건열 조리 모두에 적합하다.
- 생선찌개를 할 때 생선 자체의 맛을 살리기 위해서 물이 끓으면 넣고 생선이 익을 때까지 끓여야 살이 부서지지 않고 맛이 좋다.
- 선도가 낮은 생선은 조림 국물의 양념을 진하게 하여 뚜껑을 열고 끓여야 냄새가 휘발된다.

44 ②

우유는 투명기구를 사용하여 액체 표면의 아랫부분을 눈과 수평으로 하여 계량한다.

45 ②

총원가 = 판매관리비 + 제조원가

직접원가	직접경비 + 직접노무비 + 직접재료비		
제조원가	직접원가	제조간접비	
총원가	제조원가		판매관리비
판매원가	총원가			이익

46 ③

직영급식의 장단점

- 장점 : 정해진 예산을 효과적으로 활용, 고객의 필요와 요구를 만족
- 단점 : 직원들의 직무 부담, 인력관리

47 ④

사대부집에서는 9첩 반상까지만 차리도록 제한했고, 12첩 반상은 수라상이다. 밥을 주식으로 하는 상차림으로 밥, 국, 김치, 장외에 반찬의 수에 따라 3첩, 5첩, 7첩, 9첩, 12첩 반상으로 나눈다.

48 ①

습열 조리 : 끓이기(Boiling), 찌기(Steaming), 데치기(Blanching), 스튜잉(Stewing)

오답 피하기

건열 조리 : 굽기(Grilling, Roasting, Broiling), 튀기기(Frying), 베이킹(Bakeing)

49 ②

검경적 방법 : 현미경을 이용하여 식품의 세포나 조직의 모양, 불순물, 병원균 등의 존재를 검사하는 것이다.

50 ③

조리작업장의 권장 조도는 161~143Lux이다.

51 ①

십이지장충(구충)은 경피 침입될 수 있는 기생충이므로 맨발로 작업하지 않도록 한다.

52 ④

무구조충은 소고기에 기생하는 기생충이다.

53 ④

능동면역	자연능동면역	• 질병 감염 후 얻은 면역 • 두창, 소아마비
	인공능동면역	• 예방접종 후 얻은 면역 • 생균 백신 : 홍역, 결핵, 황열, 폴리오, 탄저, 두창 • 사균 백신 : 파라티푸스, 장티푸스, 콜레라, 백일해, 일본뇌염 • 순화독소 접종 : 세균의 독성을 약하게 한 것. 디프테리아, 파상풍
수동면역	자연수동면역	태반, 모유 등 모체로부터 얻은 면역
	인공수동면역	• 수혈 후 얻은 면역 • 글로불린 주사, 성인 또는 회복기 환자의 혈청

54 ②

해충	감염병
파리	소화기계, 호흡기계 감염병
모기	말라리아, 사상충증, 황열, 뎅구열
이	발진티푸스, 재귀열
벼룩	발진티푸스, 페스트, 발진열, 재귀열
바퀴	소화기계 질병, 소아마비
진드기	쯔쯔가무시, 재귀열, 유행성출혈열, 양충병
쥐	유행성출혈열, 쯔쯔가무시, 페스트, 서교증, 와일씨병, 발진열

55 ②

간접조명은 조명 효율이 낮고 설비의 유지비가 다소 많이 들지만, 눈에 안정적이다.

56 ④

납 중독 : 연빈혈, 칼슘대사 이상, 신장장애, 적혈구 수 증가

57 ③

방열복은 열을 차단하는 작업복이므로 진동과는 관련이 없다.

58 ①

소각법 : 가장 위생적인 방법이지만, 대기 오염이 심하고 처리 비용이 비싸다.

59 ②

• D : 디프테리아(Diphtheriae)
• P : 백일해(Pertussis)
• T : 파상풍(Tetanus)

60 ④

• 한 지역사회나 국가의 보건수준을 나타내는 보건 지표로 영아 사망률, 조사망률, 질병 이환율, 사인별 사망률, 모성 사망률, 평균 수명 등으로 평가하는데 영아 사망률은 대표적인 지표가 된다.
• 영아 사망의 3대 원인 : 폐렴 및 기관지염, 장염 및 설사, 신생아 고유질환 및 사고

251쪽

01 ③	02 ④	03 ①	04 ③	05 ②
06 ②	07 ③	08 ②	09 ②	10 ①
11 ③	12 ②	13 ②	14 ②	15 ④
16 ③	17 ③	18 ④	19 ①	20 ①
21 ④	22 ①	23 ③	24 ④	25 ③
26 ②	27 ③	28 ④	29 ②	30 ③
31 ④	32 ①	33 ④	34 ②	35 ③
36 ④	37 ④	38 ③	39 ④	40 ②
41 ①	42 ③	43 ①	44 ③	45 ③
46 ①	47 ④	48 ②	49 ①	50 ②
51 ①	52 ③	53 ②	54 ①	55 ③
56 ③	57 ③	58 ①	59 ②	60 ①

01 ③

작업장 · 냉장시설 · 냉동시설 등에는 온도를 측정할 수 있는 계기가 눈에 잘 보여야 한다.

02 ④

유통기한이 경과된 식품 등은 판매의 목적으로 전시하여 진열 및 보관하여서는 아니 된다.

03 ①

허가를 받아야 하는 영업 및 허가관청
• 식품조사처리업 : 식품의약품안전처장
• 단란주점영업과 유흥주점영업 : 특별자치도지사 또는 시장 · 군수 · 구청장

04 ③

조리 · 제공한 식품의 매회 1인분 분량을 144시간 이상 보관한다.

오답 피하기

보존식은 섭씨 영하 18℃ 이하에서 144시간 이상 보관하여야 한다.

05 ②

조리사 결격사유
• 정신질환자
• 감염병환자(B형 간염환자는 제외한다)
• 약물 중독자
• 조리사 면허의 취소처분을 받고 그 취소된 날부터 1년이 지나지 아니한 자

06 ②

카드뮴(Cd) : 칼슘(Ca)과 인(P)의 대사이상을 초래하여 골연화증과 같은 이타이타이병을 유발하는 유해금속이다.

07 ③

살모넬라 식중독 : 어패류, 달걀, 육류 등의 식품에서 기인된다.

08 ②

허가된 인공감미료 : 사카린나트륨, D-소르비톨액, 글리실리진산 2 나트륨, 아스파탐

오답 피하기

유해감미료 : 에틸렌글리콜, 파라니트로오르토톨루이딘(설탕의 200배), 둘신(설탕의 250배), 페릴라틴(설탕의 2,000배), 사이클라메이트(설탕의 40~50배), 니트로아닐린

09 ②

독소형 : 포도상구균(엔테로톡신), 보툴리누스균(뉴로톡신)

오답 피하기

감염형 : 살모넬라균, 장염비브리오균, 병원성대장균, 웰치균

10 ①

급성독성 : 화학 물질을 시험동물에 1회 또는 24시간 안에 반복 투여하거나, 흡입될 수 있는 화학물질을 24시간 안에 노출시켰을 때 1일~2주 안에 나타나는 독성이다.

오답 피하기

• 만성독성 : 시험동물에게 6개월 또는 그 이상, 검사물을 연속적으로 투여하여 장기간에 나타나는 독성이다.
• 아급성독성 : 시험동물에게 시험물질을 3개월 이상 연속적으로 투여하여 나타나는 독성이다.
• 특수독성 : 발암성, 최기형성, 변이원성 등을 통틀어 특수독성이라 한다.

11 ③

식품 1g 중 생균수가 10^7~10^8이면 초기부패로 판정한다.

12 ②

히스타민 : 어육 중 4~10mg%이 축적되면 알레르기성 식중독을 일으킨다.

오답 피하기

• 트리메틸아민(TMA) : 어패류의 신선도 검사
• 엔테로톡신 : 포도상구균 독소
• 시큐톡신 : 독미나리 식중독 독소

13 ②

이형제 : 빵을 제조할 때 형태를 손상시키지 않고 빵을 분리해 내기 위한 식품첨가물이다.

14 ②

감염형 세균성 식중독 : 음식물과 함께 섭취된 미생물이 식품이나 체내에서 다량 증식하여 장관 점막에 위해를 끼침으로써 일어나는 식중독이다.

15 ④

황변미 중독 : 페니실리움 속 곰팡이가 기생하면서 유독한 독성물질을 생성하는데 신경독 증상을 일으키며 위생적으로 유해하다. 곰팡이가 비정상적으로 핀 식품은 버려야 한다.

16 ③

대두단백질 글리시닌은 황산칼슘($CaSO_4$), 염화마그네슘($MgCl_2$), 염화칼슘($CaCl_2$) 등의 두부응고제와 열(70℃)에 응고되는 성질을 이용하여 두부를 만든다.

17 ③

아가미의 빛깔이 선홍색으로 단단하여 꽉 닫혀있으면 신선한 생선이다.

18 ④

전분은 온도가 0~5℃일 때, 수분이 30~60%일 때, 아밀로오스의 함량 비율이 높을수록, pH가 낮을수록 노화되기 쉽다.

19 ①

열량소 : 단백질, 탄수화물, 지방

조절소 : 비타민

20 ①

캐러멜화 : 당의 농후액을 가열하면 분해반응을 일으켜 갈색으로 착색하는 현상이다.

21 ④

포도주 : 발효에 의한 냄새 성분이 생성된다.

22 ①

어육류의 부패 과정 : 사후강직(어육이 맛있는 시점) → 자가소화(숙성단계/연화과정 효소분해로 숙성돼서 어육류가 맛있는 시점) → 부패

23 ③

과당은 단당류이다.

24 ④

육류는 산성 식품이다.

25 ③

• 단백질 4kcal, 탄수화물 4kcal, 지방 9kcal
• {(단백질 70g + 당질 400g) × 4kcal} + (지질 35g × 9kcal) = 2,195kcal

26 ②

멥쌀의 아밀로오스와 아밀로펙틴의 비율은 보통 20 : 80이다.

27 ③

종류	글루텐 함량	용도
강력분	13% 이상	빵, 마카로니, 스파게티
중력분	10~13%	칼국수면, 만두피
박력분	10% 이하	튀김옷, 케이크, 쿠키, 도너츠

28 ④

아밀로펙틴은 요오드와 반응하면 적갈색을 띤다.

29 ②

플라보노이드는 알칼리에 불안정하여 밀가루 반죽에 소다를 넣으면 황색으로 변한다.

30 ③

훈제 나무는 사과나무, 참나무, 피칸나무, 체리나무, 단풍나무, 히코리, 벚나무, 떡갈나무, 향나무 등이 좋다.

31 ④

전분의 호정화 : 전분에 160℃ 이상의 건열로 가열하면 여러 단계의 가용성 전분을 거쳐 덱스트린으로 분해되는 과정이다.

32 ①

• 생강 : 진저론
• 후추 : 캐비신
• 고추 : 캡사이신

33 ④

집단급식소 : 비영리 목적으로 계속적으로 특정 다수인에게 음식을 제공하는 기숙사, 학교, 병원, 기타 후생기관 등의 급식시설이다.

34 ②

• 껍질이 까칠한 것이 신선하다.
• 난백이 퍼지지 않고 농후난백이 많은 것이 좋다.
• 계란의 점도가 높다.

35 ③

총 원가 = 직접재료비 + 직접노무비 + 직접경비 + 제조간접비 + 판매관리비 = 250,000 + 120,000 + 100,000 + 40,000 + 60,000 = 570,000원

36 ④

알긴산 : 저칼로리 식품이며 식이섬유가 있어 배변 작용을 원활하게 한다.

37 ④

증기나 오븐으로 시간을 단축시킬 경우 갈색 반응 등의 풍미가 충분히 나타나지 않는다.

38 ③

반조리된 식품은 냉동 저장 후 다시 해동하여 사용할 수 있다.

39 ④

알칼리에 불안정하여 가지를 삶을 때 백반을 넣으면 청자색이 된다.

40 ②

자유선택식단이라도 적온급식설비와 개별식기는 필요하다.

41 ①

시금치를 데칠 때 색을 보존하기 위한 방법
• 삶는 물의 양은 재료의 5배가 좋고, 끓는 물에 넣어 단시간 내 데친 다음 찬물로 헹군다.
• 수산(옥살산)을 제거하기 위해 뚜껑을 열고 데친다. 수산은 체내에서 칼슘의 흡수를 방해하여 신장결석을 일으킨다.
• 중탄 산소다를 넣으면 색이 선명해지나, 비타민의 파괴와 조직의 연화가 있다.
• 1%의 식염수에 데치면 색이 선명해지고 물러지지 않으며 조직이 파괴되지 않는다.

42 ③

양파는 식초에 안정하여 반응을 일으키지 않는다.

43 ①

식품 조리의 목적
- 기호성 : 식품의 외관을 좋게 하며 맛있게 하기 위함이다.
- 소화성 : 소화를 용이하게 하여 영양 효율을 높이기 위함이다.
- 안전성 : 위생상 안전한 음식으로 만들기 위함이다.
- 저장성 : 저장성을 높이기 위함이다.

44 ③

오답 피하기
- 5분을 가열하면 달걀은 반숙이 되고, 오래 삶았을 경우 암녹색화 된다.
- 오래된 달걀일수록 색이 진해진다.
- 높은 온도에서 가열할 때 색이 진해진다.

45 ③

폐기물 용기는 오물, 악취 등이 누출되지 않도록 내수성 재질을 사용한다.

46 ①

물의 기능
- 영양소 운반, 노폐물 배출, 고열이 있을 때 수분을 섭취하면 열이 내려
간다.
- 성인은 1일 2~3L 정도의 물이 필요하다.

47 ④

난황의 유화성은 주로 레시틴(Lecithin)에 의한다.

48 ②

오답 피하기
- 가능한 많은 양의 기름을 사용하는 것이 온도를 유지하고 바삭한 튀김을
하는 데 좋다.
- 튀김에 사용했던 기름은 유리병에 담고 밀폐시켜 직사광선을 피해 보관
한다.
- 튀김 시 직경이 넓고, 두꺼운 용기를 사용하는 것이 좋다.

49 ①

- 필요면적 + 식기회수공간 10% = 식당의 면적
- (1.3 + 0.13) × 350 = 500.5m²

50 ②

- 실제사용량(정미량) = $\dfrac{발주량 \times 정미율}{100}$ = $\dfrac{12(kg) \times 65}{100}$ = 7.8kg
- $\dfrac{25000(원)}{7.8\,(kg)}$ = 3,205원

51 ①

파상풍, 디프테리아는 예방접종으로 면역이 가능하다.

52 ④

B형 간염의 병원체는 바이러스이다.

53 ②

중간숙주가 2개인 것으로는 간디스토마, 폐디스토마, 광절열두조충, 요꼬가
와흡충이 있다.

오답 피하기
요충, 회충은 중간숙주가 없다.

54 ①

먹는 물의 수질 기준으로 색도는 5도, 탁도는 2도 이하여야 한다.

55 ②

가장 확실한 예방법은 생식을 금지하는 것이고, 그밖에 조리 기구를 소독하
고 개인위생을 철저히 하는 방법이 있다.

56 ③

세계보건기구(WHO)의 주요 기능
- 국제적인 보건사업의 지휘 및 조정
- 회원국에 대한 기술 지원 및 자원공급
- 전문가 파견에 의한 기술자문 활동

57 ③

오답 피하기
- 자비소독법 : 100℃에서 10~20분간 식기, 행주 등을 소독한다.
- 고압증기멸균법 : 121℃에서 15~20분간 멸균하고 통조림, 고무제품 등에
사용한다.
- 유통증기멸균법 : 100℃의 증기에서 30분씩 3회간 멸균한다.

58 ①

에틸알코올을 70% 희석한다.

59 ②

- 용존 산소량이 적으면 오염된 하수이다.
- 오염된 물은 유기물, BOD(생화학적 산소요구량), COD(화학적 산소요구
량)가 높고 산소, DO(용존 산소량)는 낮다.

60 ①

콜레라 : 콜레라균에 의하여 일어나는 소화기 계통의 감염병으로 증세로는
심한 설사와 구토를 수반한다.

최신기출문제 05회

260쪽

01 ②	02 ①	03 ②	04 ③	05 ①
06 ③	07 ④	08 ④	09 ④	10 ③
11 ②	12 ①	13 ③	14 ③	15 ④
16 ③	17 ①	18 ③	19 ①	20 ②
21 ④	22 ④	23 ③	24 ③	25 ②
26 ②	27 ④	28 ③	29 ①	30 ②
31 ②	32 ②	33 ②	34 ②	35 ②
36 ②	37 ②	38 ②	39 ②	40 ①
41 ①	42 ①	43 ④	44 ④	45 ④
46 ①	47 ②	48 ④	49 ②	50 ②
51 ④	52 ②	53 ④	54 ②	55 ①
56 ④	57 ②	58 ④	59 ④	60 ④

01 ②

산화방지제 : 식품의 산화에 의한 변질 현상을 방지하기 위한 식품첨가물이다.

오답 피하기

규소수지(실리콘수지) : 소포제, 거품을 없애는 목적으로 사용한다.

02 ①

납 : 인체 섭취의 60%가 음식으로부터 섭취하게 된다. 중독 식품으로는 쌀, 어패류, 통조림 식품이 있고, 소변에서 코프로포르피린이 검출된다.

오답 피하기

비소 : 발열, 구토, 탈수증상, 복통, 혈압저하, 체온저하, 사망

03 ②

클로스트리디움 보툴리눔 식중독 : 살균이 불충분한 저산성 통조림 식품에 의해 발생되는 세균성 식중독의 원인균이기도 하다.

오답 피하기

• 살모넬라 : 닭고기, 달걀에 균이 존재할 때
• 포도상구균 : 화농성질환자가 식품을 조리 · 가공할 때
• 리스테리아균 : 비살균우유, 식육 및 식육가공품, 채소, 치즈, 수산가공품

04 ③

오답 피하기

• 식품을 냉장고에 저장하면 부패를 방지하지만, 오랫동안 보관하면 상할 수 있다.
• 오랫동안 저장해야 할 식품은 냉장고 중에서 낮은 온도에 보관을 하거나, 냉동한다.

05 ①

프로피온산 칼슘을 사용하면 빵 효모의 활성저해가 일어나 발효가 지연되고, 발육을 약간 억제하기 때문에 가능한 나중에 첨가하는 것이 바람직하다.

06 ③

• 각종 술의 메탄올 함량은 소주, 맥주, 막걸리에서 0.01mg 이하로 가장 낮았고, 위스키에서 0.04mg, 포도주에서 0.26mg이 검출된다.
• 메탄올은 간의 소화효소에 의해 포름알데하이드로 분해되는데, 눈과 코, 뇌를 자극하여 심할 경우 실명하거나 사망하기도 한다.

07 ④

포도상구균은 독소형 식중독이다.

08 ④

식품첨가물 : 식품을 제조 · 가공 또는 보존하는 과정에서 식품에 넣거나 섞는 물질 또는 식품을 적시는 등에 사용되는 물질을 말한다.

09 ④

오답 피하기

• 솔라닌 : 감자
• 고시폴 : 목화씨
• 시큐톡신 : 독미나리

10 ③

엔-니트로소(N-nitroso) : 식육 및 어육제품의 가공 시 첨가되는 아질산과 이급아민이 반응하여 생기는 발암물질이다.

11 ②

배추김치의 원산지 표시 방법

• 국내산 배추를 사용하여 국내에서 배추김치를 조리하여 판매 · 제공한 경우 : 배추김치(배추 국내산)
• 중국에서 제조 · 가공한 배추김치를 수입하여 조리하여 판매 · 제공한 경우 : 배추김치(중국산)
• 고춧가루 등 모든 원료가 국내산인 경우 : 배추김치(국내산)

12 ①

식품 등의 표시 기준에 따라 내용량은 내용물의 성상에 따라 중량 · 용량 또는 개수로 표시하여야 하며, 이 경우 내용물이 고체 또는 반고체일 경우 중량으로, 액체일 경우 용량으로, 고체와 액체의 혼합물(직접 음용하지 아니하는 액체를 포함한다)일 경우 중량 또는 용량으로 표시하고, 개수로 표시할 때에는 중량 또는 용량을 괄호 속에 표시하여야 한다.

13 ③

• 식품에서는 안정하지만, pH2 이상에서 불안정하여 파괴된다.
• 아민과 아질산의 반응에 의해 생성된다.
• 가열하면 증가한다.
• 육류의 발색제인 아질산염과 질산염은 클로스트리디움 보툴리눔의 억제 효과를 가지는 유용한 첨가물이긴 하나 다른 형태의 발암물질이다.

14 ③

영업자

• 식품제조 · 가공업, 즉석판매제조 · 가공업, 식품첨가물제조업 : 8시간
• 식품운반업, 식품소분 · 판매업 등 영업자, 식품보존업, 용기 · 포장류제조업 : 4시간
• 식품접객업 : 6시간
• 집단급식소를 설치 · 운영하려는 자 : 6시간

15 ④

오답 피하기

의약으로 섭취하는 것은 제외한다.

16 ③

섬유상 단백질의 미오신 함량은 가용성 단백질의 60%를 차지하고 소금에 녹는 성질이 있어 어묵 형성에 이용된다. 이때 점탄성을 부여하기 위해 전분을 첨가한다.

17 ①

- 유화성 : 난황의 레시틴
- 거품생성능(기포성) : 난백
- 젤화 : 젤라틴
- 수화성 : 열

18 ③

고기가 노출되면 미오글로빈(Myoglobin)의 Fe에 산소가 결합하게 되어 선홍색을 띠는 옥시미오글로빈(Oxymyoglobin)이 된다. Fe로 산화된다는 내용이 잘못되었다.

19 ①

설탕 등의 당류를 160~180℃로 가열하면 캐러멜화로 갈색 물질이 생성된다.

> **오답 피하기**
> 마이야르 반응 : 아미노산과 환원당(포도당, 과당, 맥아당 등)이 작용하여 갈색의 중합체인 멜라노이딘(Melanoidin : 갈변 물질)을 만드는 반응이다.

20 ②

자외선은 비타민 D를 형성하여 구루병을 예방하고, 관절염 치료에 효과적이다.

21 ④

등푸른 생선에는 어유가 많은데 이 기름인 EPA(아이코사펜타엔노산)는 심혈관 질환 발생을 억제하는 효과가 있다.

22 ④

펙틴 : 다당류의 한 종류로 과실류, 감귤류의 껍질에 많다.

23 ③

동건법 : 얼렸다 건조하는 방법이다.

> **오답 피하기**
> - 염건법 : 소금간하여 말리는 방법이다.
> - 소건법 : 날것을 불로 가열하거나 햇볕을 쬐어 말리는 방법이다.
> - 염장법 : 소금 10% 정도의 농도에서 저장하는 방법이다.

24 ③

한천 : 우뭇가사리 등의 홍조류를 삶아서 얻은 액을 냉각, 동결, 건조한 것이다.

25 ④

α-화 쌀은 호화된 쌀을 말한다.

26 ②

감미도가 높은 순서 : 과당 → 설탕 → 포도당 → 맥아당

27 ④

> **오답 피하기**
> - 가당연유 : 우유를 ⅓로 농축시키고 설탕을 첨가한 가공품이다.
> - 무당연유 : 우유를 ⅓로 농축시킨 가공품이다.
> - 전지분유 : 원유를 가루 형태, 즉 분말화시킨 제품이다.

28 ③

- 단백질에서 얻고자 하는 양 = 2,700kcal × 0.12 = 324kcal
- 단백질은 1g당 4kcal의 열량을 내므로 324kcal ÷ 4 = 81g이 된다.

29 ①

수분활성도는 동일 온도에서 순수한 물의 증기압에 대한 그 식품 중에 수분의 증기압 비율이다.

30 ③

냉훈법 : 제품의 장기 저장을 목적으로 행하는 방법으로 훈연 기간이 길어서 중량의 감소가 큰 결점이나 훈연 공정 중에 건조와 숙성이 일어나므로 보존성이 좋고 향이 뛰어나다.

31 ②

> **오답 피하기**
> - 급료 : 노무비, 수도 광열비
> - 연구 재료비 : 경비

32 ②

페오피틴은 산이나 가열에 의해 엽록소가 변한 것으로 갈색이다.

33 ②

우유를 떨어뜨렸을 때 뿌옇게 흩어지면 신선하지 않은 것이다.

34 ②

성별, 연령, 노동의 강도에 따라 다르지만 일반인은 '당질:지질:단백질 = 65:20:15'로 권장하고 있다.

35 ②

칼집을 넣을 때에는 내장이 있던 안쪽에 넣어야 한다.

36 ②

표면적이 넓으면 산패가 일어난다.

37 ②

단백질 식품 : 콩, 된장, 쇠고기, 달걀, 두부, 생선 등

38 ②

효모(Yeast)의 발효온도는 25~30℃이다.

39 ②

조리된 상태의 냉동식품은 데치거나 익혀서 가열하여 해동한다.

40 ①

식물성유지에 수소와 촉매제를 첨가하여 경화유인 마가린, 쇼트닝을 만드는 과정 중에 생긴다.

41 ①

올리브유와 기포성은 관계가 없다.

42 ①

호렴 : 알이 굵고 정제되지 않은 천일염이다.

오답 피하기
- 정제염 : 불순물과 중금속을 제거한 정제한 소금이다.
- 식탁염 : 식성에 따라 간을 맞추어 먹도록 식탁 위에 놓아두는 고운 소금이다.
- 가공염 : 볶음, 태움 등의 방법으로 원형을 변형하거나 식품첨가물을 더하여 가공한 소금이다.

43 ④

트리메틸아민(TMA) : 비린내 성분으로 수용성이어서 물에 씻으면 어취가 감소한다.

44 ④

물은 전분의 호화를 돕는다.

45 ④

버터는 100g당 약 715kcal를 내는 고열량 식품으로서 지방 함량이 80% 이상으로 매우 높고 단백질 함량은 낮다.

46 ①

오답 피하기
- 지방 : 버터, 마가린과 지방은 저울로 계량하는 것이 바람직하나, 컵이나 스푼으로 계량할 때는 실온에서 계량컵에 꼭꼭 눌러 담아 깎아서 계량한다.
- 설탕 : 흑설탕은 꼭꼭 눌러서 계량한다.
- 액체 : 물엿, 꿀과 같은 점성이 큰 것은 큰 계량컵을 사용하고 눈금과 액체 표면의 아래 부분을 눈과 같은 높이로 맞추어 계량한다.

47 ②

- 가식부율(정미율)은 94%이고, 정미량은 30g이다.
- 1인 발주량 = $\dfrac{정미량}{정미율} \times 100 = \dfrac{30}{94} \times 100 = 약 31.9g$
- 500명 × 31.9 = 15950g = 약 16kg

48 ④

판매가격 = 총원가 + 이익

49 ②

산은 엽록소가 페오피틴(Pheophytin)으로 변해서 갈색으로 변하므로 식초는 먹기 직전에 첨가한다.

50 ②

대두단백질 글리시닌은 황산칼슘($CaSO_4$), 염화마그네슘($MgCl_2$), 염화칼슘($CaCl_2$) 등의 두부응고제와 열(70℃)에 응고되는 성질을 이용하여 두부를 만든다. 연화시키는 방법과는 거리가 있다.

51 ④

근무 경력이 15~20년 이후에 걸리지만, 분진의 농도에 따라 발병까지의 기간은 단축된다.

52 ②

보균자 : 병원체를 보유하고 있지만 증상은 나타나지 않는 자로 관리가 어렵다.

53 ②

구충(십이지장충) : 오염된 토양에서 맨발로 작업할 경우 피부로 감염될 수 있다.

오답 피하기
- 회충 : 경구 침입을 통해 감염된다.
- 요충 : 감염자의 항문 주위나 사용한 침구, 물건 등을 만져 요충 알이 묻어 구강을 통해 감염된다.
- 동양모양선충 : 내염성, 절임채소에도 붙어 감염된다.

54 ②

진폐증 : 건축공사장, 채석장

55 ①

생활능력이 없는 빈곤층에 대한 국가적 차원의 책임규정으로 최저생활보장의 원칙을 두고 있다.

56 ④

건강선 : 자외선에 해당되는 파장으로 살균력이 강하여 소독에 이용된다.

오답 피하기
- 감각온도 : 적외선
- 건강선에는 진동 음파가 없다.

57 ②

인공능동면역은 예방접종 후 얻은 면역으로 출생 후 BCG(결핵) 주사를 먼저 맞는다.

58 ④

오답 피하기
공기의 자정 작용
- 자외선에 의한 살균 작용
- CO_2와 O_2의 교환 작용 : 광합성에 의한 교환

59 ④

완속사여과법	급속사여과법
사면대치	역류세척
보통침전	약품침전
넓은 면적이 필요	좁은 면적이 필요

60 ④

기생충	제1중간숙주	제2중간숙주
간흡충(간디스토마)	왜우렁이	붕어, 잉어
요꼬가와흡충	다슬기	담수어, 은어, 잉어
광절열두조충(긴촌충)	물벼룩	연어, 송어

오답 피하기
- 중간숙주가 없는 것 : 구충, 요충, 회충, 사상충
- 중간숙주가 하나인 것 : 유구조충
- 중간숙주가 두 개인 것 : 간흡충

MEMO

MEMO